·全国高职高专院校“十三五”医疗器械规划教材·

医疗器械
经营质量管理实务

（供医疗器械类专业使用）

主　编　毛　伟　阎华国
副主编　李毅彩　盛　瑜　黄先涛
编　者　（以姓氏笔画为序）
王春艳（江西省医药技师学院）
毛　伟（浙江药科职业大学）
卢凌美（浙江药科职业大学）
李毅彩（广东食品药品职业学院）
赵　宇（中国医疗器械有限公司）
黄先涛（河北北方学院附属第一医院）
盛　瑜（北华大学）
阎华国（山东药品食品职业学院）
谭彦琦（湖南食品药品职业学院）

中国健康传媒集团
中国医药科技出版社

内容提要

本教材为“全国高职高专院校‘十三五’医疗器械规划教材”之一，系根据本套教材的编写指导思想和原则要求，结合专业培养目标和本课程的教学目标、内容与任务要求编写而成。本教材以《医疗器械经营质量管理规范》和《医疗器械经营质量管理规范现场检查指导原则》为纲，以医疗器械经营企业经营过程为主线，紧跟医疗器械流通领域的发展趋势，吸纳具有丰富实践经验的医疗器械经营企业人员参与编写，具有较强的实用性和针对性；内容涵盖医疗器械采购、收货、验收、入库、贮存、检查、销售、出库、运输及售后服务等。本教材为书网融合教材，即纸质教材有机融合电子教材、教学配套资源（PPT、微课、视频等）、题库系统、数字化教学服务（在线教学、在线作业、在线考试）。

本教材可供高职高专院校医疗器械经营与服务、医疗器械维护与管理、医用电子仪器技术等专业教学使用，也可供医疗器械行业相关从业人员培训或参考使用。

图书在版编目（CIP）数据

医疗器械经营质量管理实务 / 毛伟，阎华国主编 .—北京：中国医药科技出版社，2020.8

全国高职高专院校“十三五”医疗器械规划教材

ISBN 978-7-5214-1826-2

Ⅰ.①医… Ⅱ.①毛… ②阎… Ⅲ.①医疗器械—商业经营—质量管理—中国—高等职业教育—教材 Ⅳ.① F721.8

中国版本图书馆 CIP 数据核字（2020）第 084658 号

美术编辑 陈君杞

版式设计 南博文化

出版 **中国健康传媒集团** | 中国医药科技出版社

地址 北京市海淀区文慧园北路甲 22 号

邮编 100082

电话 发行：010-62227427 邮购：010-62236938

网址 www. cmstp. com

规格 889 × 1194mm $^{1}/_{16}$

印张 11 $^{1}/_{4}$

字数 269 千字

版次 2020 年 8 月第 1 版

印次 2022 年 11 月第 2 次印刷

印刷 三河市万龙印装有限公司

经销 全国各地新华书店

书号 ISBN 978-7-5214-1826-2

定价 35.00 元

全国高职高专院校“十三五”医疗器械规划教材

出版说明

为深入贯彻落实《国家职业教育改革实施方案》和《关于推进高等职业教育改革创新引领职业教育科学发展的若干意见》等文件精神，不断推动职业教育教学改革，推进信息技术与职业教育融合，规范和提高我国高职高专院校医疗器械类专业教学质量，满足行业人才培养需求，在教育部、国家药品监督管理局的领导和支持下，在全国食品药品职业教育教学指导委员会医疗器械专业委员会主任委员、上海健康医学院唐红梅等专家的指导和顶层设计下，中国医药科技出版社组织全国70余所高职高专院校及其附属医疗机构150余名专家、教师精心编撰了全国高职高专院校“十三五”医疗器械规划教材，该套教材即将付梓出版。

本套教材包括高职高专院校医疗器械类专业理论课程主干教材共计10门，主要供医疗器械相关专业教学使用。

本套教材定位清晰、特色鲜明，主要体现在以下方面。

一、编写定位准确，体现职教特色

教材编写专业定位准确，职教特色鲜明，突出高职教材的应用性、适用性、指导性和创造性。教材编写以高职高专医疗器械类专业的人才培养目标为导向，以职业能力的培养为根本，融传授知识、培养能力、提高素质为一体，突出了“能力本位”和“就业导向”的特色，重视培养学生创新、获取信息及终身学习的能力，满足培养高素质技术技能型人才的需要。

二、坚持产教融合，校企双元开发

强化行业指导、企业参与，广泛调动社会力量参与教材建设，鼓励“双元”合作开发教材，注重吸收行业企业技术人员、能工巧匠等深入参与教材编写。教材内容紧密结合行业发展新趋势和新时代行业用人需求，及时吸收产业发展的新技术、新工艺、新规范，满足医疗器械行业岗位培养需求，对接行业岗位技能要求，为学生后续发展奠定必要的基础。

三、遵循教材规律，注重“三基”“五性”

遵循教材编写的规律，坚持理论知识“必需、够用”为度的原则，体现“三基”“五性”“三特定”的特征。结合高职高专教育模式发展中的多样性，在充分体现科学性、思想性、先进性的基础上，教材建设考虑了其全国范围的代表性和适用性，兼顾不同院校学生的需求，满足多数院校的教学需要。

四、创新编写模式，强化实践技能

在保持教材主体完整的基础上，设置“知识目标”“能力目标”“案例导入”“拓展阅读”“习题”等模块，以培养学生的自学能力、分析能力、实践能力、综合应用能力和创新能力，增强教材的实用性和可读性。教材内容真正体现医疗器械临床应用实际，紧跟学科和临床发展步伐，凸显科学性和先进性。

五、配套增值服务，丰富教学资源

全套教材为书网融合教材，即纸质教材有机融合数字教材、教学配套资源、题库系统、数字化教学服务。通过“一书一码”的强关联，为读者提供全免费增值服务。按教材封底的提示激活教材后，读者可通过电脑、手机阅读电子教材和配套课程资源（PPT、微课、视频、图片等），并可在线进行同步练习，实时获取答案和解析。同时，读者也可以直接扫描书中二维码，阅读与教材内容相关联的课程资源，从而丰富学习体验，使学习更便捷。教师可通过电脑在线创建课程，与学生互动，开展布置和批改作业、在线组织考试、讨论与答疑等教学活动，学生通过电脑、手机均可实现在线作业、在线考试，提升学习效率，使教与学更轻松。

编写出版本套高质量的全国高职高专院校医疗器械类专业规划教材，得到了行业知名专家的精心指导和各有关院校领导与编者的大力支持，在此一并表示衷心感谢！2020年新型冠状病毒肺炎疫情突如其来，本套教材很多编委都奋战在抗疫一线，在这种情况下，他们克服重重困难，按时保质保量完稿，在此我们再次向他们表达深深的敬意和谢意！

希望本套教材的出版，能受到广大师生的欢迎，并在教学中积极使用和提出宝贵意见，以便修订完善，共同打造精品教材，为促进我国高职高专院校医疗器械类专业教育教学改革和人才培养做出积极贡献。

全国高职高专院校“十三五”医疗器械规划教材

建设指导委员会

张洪运（山东药品食品职业学院）
陈文山（福建卫生职业技术学院）
周雪峻［江苏联合职业技术学院南京卫生分院（南京卫生学校）］
胡亚荣（广东食品药品职业学院）
胡良惠（湖南食品药品职业学院）
钟伟雄（福建卫生职业技术学院）
郭永新［山东第一医科大学（山东省医学科学院）］
唐　睿（山东药品食品职业学院）
阎华国（山东药品食品职业学院）
彭胜华（广东食品药品职业学院）
蒋冬贵（湖南食品药品职业学院）
翟树林（山东医药技师学院）

数字化教材编委会

主　编　毛　伟　阎华国

副主编　李毅彩　盛　瑜　黄先涛

编　者（以姓氏笔画为序）

王春艳（江西省医药技师学院）

毛　伟（浙江药科职业大学）

卢凌美（浙江药科职业大学）

李毅彩（广东食品药品职业学院）

赵　宇（中国医疗器械有限公司）

黄先涛（河北北方学院附属第一医院）

盛　瑜（北华大学）

阎华国（山东药品食品职业学院）

谭彦琦（湖南食品药品职业学院）

前言 <<<

QIANYAN

为加强医疗器械经营质量管理，规范医疗器械经营管理行为，保障公众用械安全有效，2014年12月12日，原国家食品药品监督管理总局制定的《医疗器械经营质量管理规范》发布并施行。这对医疗器械经营企业和相关从业人员提出了更高的要求。

为迎合行业监管和发展的需要，作为为医疗器械流通领域输送大量专业技术人才的主力军，不少高职高专院校已经开设或即将开设与《医疗器械经营质量管理规范》相关的课程。尽管《医疗器械经营质量管理规范》至今施行已五年多，但市面上仍难觅与此相关的教材。由此编者团队积极承担了本教材的编写工作，一来为开设相关课程的院校缓解缺乏教材之苦，二来抛砖引玉，希望能促进相关教材的建设与发展。

本教材系根据《医疗器械经营质量管理实务》教学大纲的基本要求和课程特点编写而成。教材严格以《医疗器械经营质量管理规范》和《医疗器械经营质量管理规范现场检查指导原则》为指导，先对经营企业的“软件”（职责与制度、人员与培训）和“硬件”（设施与设备）进行了介绍；然后以医疗器械经营企业的经营过程为主线，系统地介绍了医疗器械采购、收货、验收、入库、贮存、检查、销售、出库、运输及售后服务等环节。本教材紧跟医疗器械流通领域的发展趋势，吸纳具有丰富实践经验的医疗器械经营企业人员参与编写，有较强的实用性和针对性。

本教材共分十章，结构基本上与《医疗器械经营质量管理规范》中的章节一一对应，以便于读者将教材与《医疗器械经营质量管理规范》对应起来学习。此外，加入了“医疗器械网络销售监督管理”一章，以完善《医疗器械经营质量管理规范》“第九章　附则”的第六十五条，使得教材在内容上更加全面；最后一章是“现场检查”，加入了《医疗器械经营质量管理规范》中不直接体现出来，但又十分重要的内容，如现场检查的流程等，具有很强的实践经验性。教材中所列举的案例，绝大多数来源于国家药品监督管理局公布的飞行检查结果。

这里需要说明的是，由于《医疗器械经营质量管理规范》是2014年发布实施的，当时负责医疗器械监管的部门为各级食品药品监督管理部门；而2018年我国进行了机构改革，目前负责医疗器械监管的部门为各级药品监督管理部门，监管部门的名称发生了变化。为了与原文保持一致，本教材在引用2018年前发布实施的法规条款时，仍沿用原来的称谓，但在做一般性陈述时，则采用当前的称谓。

本教材编写人员及分工：毛伟编写第一章、第四章，谭彦琦编写第二章，王春艳编写第三章，阎华国编写第五章，黄先涛编写第六章，李毅彩编写第七章，盛瑜编写第八章，卢凌美编写第九章，赵宇编写第十章。

本教材主要供全国高职高专院校医疗器械类专业（医疗器械经营与服务、医疗器械维护与管理、医用电子仪器技术等专业）教学使用，也可供医疗器械行业相关从业人员培训或参考使用。

在本教材的编写过程中，得到了浙江药科职业大学（原浙江医药高等专科学校）及兄弟院校的大力支持，中国医疗器械有限公司提供了资料及咨询，在此一并表示诚挚的感谢。

由于受编者水平所限，教材中疏漏之处在所难免，恳请广大读者批评指正，以待不断完善。

编　者

2020年4月

目录

MULU

第一章　绪　论

微课

知识目标

1. **掌握**　医疗器械经营的概念和两种经营行为；《医疗器械经营质量管理规范》的结构、实施的目的、适用范围及总体要求。

2. **熟悉**　与医疗器械经营相关的法规文件及其相互关系；分类管理在《医疗器械经营质量管理规范》中的体现。

3. **了解**　医疗器械经营环节的与其他环节的关系；GSP的含义及与《医疗器械经营质量管理规范》的关系。

能力目标

1. **学会**　判断企业的某个行为是否属于经营范畴。

2. **具备**　从整体上把握《医疗器械经营质量管理规范》各章节之间逻辑关系的能力。

第一节　医疗器械与医疗器械质量

PPT

一、医疗器械

关于医疗器械，目前国内普遍采用的是《医疗器械监督管理条例》中的定义：医疗器械是指直接或者间接用于人体的仪器、设备、器具、体外诊断试剂及校准物、材料以及其他类似或者相关的物品，包括所需要的计算机软件；其效用主要通过物理等方式获得，不是通过药理学、免疫学或者代谢的方式获得，或者虽然有这些方式参与但是只起辅助作用；其目的如下：①疾病的诊断、预防、监护、治疗或者缓解；②损伤的诊断、监护、治疗、缓解或者功能补偿；③生理结构或者生理过程的检验、替代、调节或者支持；④生命的支持或者维持；⑤妊娠控制；⑥通过对来自人体的样本进行检查，为医疗或者诊断目的提供信息。

从事医疗器械经营质量管理工作的人员，应首先掌握医疗器械的概念，并能识别或判断所经营的产品是否属于医疗器械的范畴，从而能有针对性地开展质量管理工作。

二、医疗器械质量

医疗器械是一种特殊的商品，对质量要求极高。与药品类似，医疗器械的质量与人们的健康息息相关，某些医疗器械产品甚至直接关系到患者的生命安全，因此，对医疗器械最基本的要求之一就是“安全”。其次是“有效”，即医疗器械应按照设计的预期目的正常工作，实现其预期的功能。

医疗器械品种繁多，不同种类的医疗器械在原理、结构上差别较大，其涉及的学科涵盖了医学、生物学、化学、物理学、电子学、材料学、工程学等多学科。随着互联网技术的不断深入，人工智能技术的不断普及，医疗器械也在发生着深刻的变化。

正是由于医疗器械的这些特殊性，医疗器械引入了“风险管理”“全生命周期管理”等概念，这些管理方法均是为了更好地保证医疗器械产品的安全和有效。譬如2019年10月1日起施行的《医疗器械唯一标识系统规则》，就是为了进一步加强医疗器械全生命周期的监督管理。它通过建立医疗器械唯一标识系统，运用信息化手段实现对医疗器械在生产、经营和使用各环节的快速、准确识别，实现产品监管数据的共享和整合，从而加强医疗器械全生命周期管理，实现政府监管与社会治理相结合，提升公众用械安全有效的保障水平。

PPT

第二节　医疗器械经营

一、概念

医疗器械经营是指以购销的方式提供医疗器械产品的行为，包括采购、验收、贮存、销售、运输、售后服务等。根据《医疗器械经营监督管理办法》，经营行为包括批发和零售，其中，医疗器械批发是指将医疗器械销售给医疗器械生产企业、医疗器械经营企业、医疗器械使用单位或者其他有合理使用需求的单位的医疗器械经营行为；医疗器械零售是指将医疗器械直接销售给消费者个人使用的医疗器械经营行为。由此可见，判断企业的经营行为是批发还是零售，关键是看销售对象，与所售产品的数量无关。

从医疗器械全生命周期的角度来看，经营环节是介于生产、使用环节之间的中间环节，医疗器械经营企业是连通医疗器械生产企业和医疗器械使用单位的“桥梁”。即使是出厂检验合格的医疗器械产品，也可能因为经营环节上的问题（如运输、贮存不当），导致产品不再符合质量要求，甚至失效。如果消费者购买了这样的产品，或者医疗器械使用单位（如医院）将这样的产品作用于患者，那么势必会直接影响消费者或患者的人身安全。

因此，医疗器械经营企业应当在医疗器械采购、验收、贮存、销售、运输、售后服务等环节采取有效的质量控制措施，保障经营过程中医疗器械产品的质量安全。

图1-1表示医疗器械经营环节和前后两个环节之间的关系，以及各个环节对应的法规性文件。

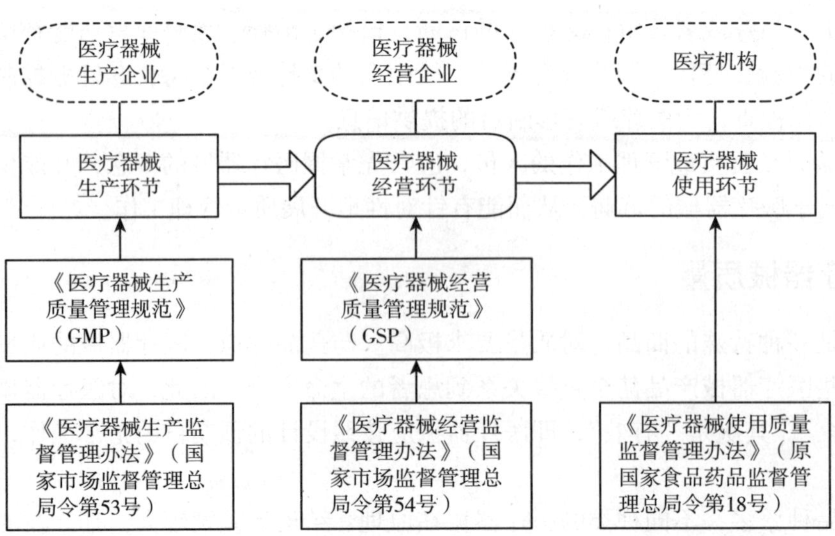

图1-1　医疗器械的生产、经营和使用环节的关系

二、相关法规

1.《医疗器械监督管理条例》 由国务院制定的，涉及医疗器械研制、生产、经营、使用活动及其监督管理的法规，是医疗器械经营活动的顶层监管依据。《医疗器械监督管理条例》可谓医疗器械领域的“根本大法”，地位高，涉及的范围广，因此不管是对医疗器械经营活动，还是对其他活动，都显得比较宏观。

2.《医疗器械经营监督管理办法》 由国家市场监督管理总局制定的，涉及医疗器械经营活动及其监督管理的规章，体现了坚持分类管理、企业主体责任、严格监管、追踪溯源等原则。在企业经营质量管理方面，进一步强化了企业的质量责任，更加注重经营全过程的质量管理。

3.《医疗器械经营质量管理规范》 由原国家食品药品监督管理总局制定的，涉及医疗器械经营活动的规范性文件。它直接面向经营者，与医疗器械企业的经营活动密切相关，其内容更为具体、翔实、直接。

从最顶层的《医疗器械监督管理条例》到最“接地气”的《医疗器械经营质量管理规范》，三个规范性文件一脉相承、环环相扣，形成了医疗器械经营环节完整的管理链，构建了医疗器械经营管理牢固的“防火墙”。图1-2表示了三个规范性文件之间的层级关系。

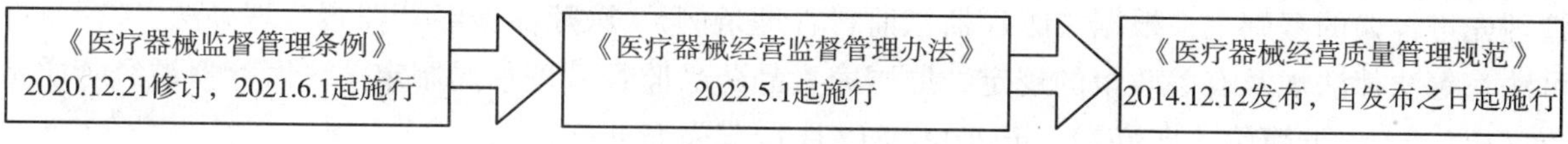

图1-2 医疗器械经营相关的规范性文件层级

《医疗器械经营质量管理规范》的第一条指出：“根据《医疗器械监督管理条例》和《医疗器械经营监督管理办法》等法规规章规定，制定本规范。”因此，《医疗器械经营质量管理规范》应符合两个上位法的需求。

知识链接

法律、行政法规、规章和规范性文件

法律：有广义、狭义两种理解。广义上讲，法律泛指一切规范性文件；狭义上讲，仅指全国人民代表大会或全国人大常委会制定的规范性文件，如《中华人民共和国药品管理法》(主席令第31号)。

行政法规：由国务院制定的关于国家行政管理活动的规范性文件，如《医疗器械监督管理条例》。

规章：由国务院的组成部门和直属机构在它们的职权范围内制定的规范性文件，不需要经国务院批准，如《医疗器械经营监督管理办法》。

规范性文件：广义一般是指属于法律范畴（宪法、法律、行政法规、地方性法规、自治条例、单行条例、国务院部门规章和地方政府规章）的立法性文件和除此以外的，由国家机关和其他团体、组织制定的，具有约束力的非立法性文件的总和，如《医疗器械经营质量管理规范》。

规范性文件是不能制定罚则的。如果要进行处罚，必然依据上位法《医疗器械监督管理条例》相应条款内容进行处罚。

第三节 《医疗器械经营质量管理规范》简介

PPT

一、编制背景

随着我国医疗事业的发展和医院设备的更新换代，医疗器械行业发展迅速；2014年多个医疗器械法规密集出台或修改更新，标志着医疗器械行业进入了科学监管时代。

当时，我国医疗器械经营领域还缺乏可执行的质量管理规范，而且大多数医疗器械经营企业规模小、管理规范化程度不高，缺乏质量管理人员，导致经营过程中不规范的经营行为和违法案件较多，例如：医疗器械经营企业只重视准入许可环节，而轻视经营过程环节；不按照要求进行储存和运输医疗器械；企业在办理完许可证以后擅自降低经营条件，退掉部分甚至全部经营场所或仓库；企业采购、验收、销售记录不全甚至缺失，导致不良事件无处追根溯源……这些不规范的经营行为增加了医疗器械产品的风险，给公众健康带来了极大的威胁。因此，出台一部直接面向医疗器械经营企业的、可操作性强的规范性文件，具有十分重要的意义。

为加强医疗器械经营质量管理，规范医疗器械经营管理行为，在积极吸收国外医疗器械流通管理先进经验的基础上，根据《医疗器械监督管理条例》《医疗器械经营监督管理办法》《行政许可法》等法律法规及有关政策的规定，原国家食品药品监督管理总局制定了《医疗器械经营质量管理规范》（以下简称《规范》），于2014年12月12日发布并施行。

《规范》的目的就是查找医疗器械流通过程中各种影响医疗器械质量的安全隐患，采取切实可行的管理措施加以控制，保证经营活动中医疗器械的安全性和有效性。它以建立严格的医疗器械监管制度为原则，以促进医疗器械流通行业提升水平为方向，对医疗器械经营行为的管理进行了大幅度的提高，规范了医疗器械经营中不符合医疗器械监管和流通发展要求的、与医疗器械经营管理实际不相适应的内容，重点解决医疗器械流通中存在的突出问题和难点问题。

该规范的出台有利于促进我国医疗器械经营质量管理与国际医疗器械流通质量管理的逐步接轨。

二、目的

《规范》的第一条指出："为加强医疗器械经营质量管理，规范医疗器械经营管理行为，保证医疗器械安全、有效，根据《医疗器械监督管理条例》和《医疗器械经营监督管理办法》等法规规章规定，制定本规范。"

由此可见，制定和实施《规范》的目的就是为了加强医疗器械经营质量管理、规范经营企业的经营管理行为，从而保证医疗器械在经营各环节的质量安全、功能有效，安全地进入医疗器械使用环节，最终为公众用械安全提供保障。

此外，《规范》把互联网经营医疗器械也纳入质量管理范围，凸显了在"互联网+"的时代下，不仅要规范传统医疗器械经营企业的质量管理，而且要迎合互联网器械销售的新形势，规范医药电商的经营行为。

因此，《规范》的发布、实施可进一步起到净化市场环境、规范竞争秩序、淘汰失范企业、提升市场活力的作用。

三、适用范围及总体要求

1.适用范围 《规范》的第二条指出："本规范是医疗器械经营质量管理的基本要求，适用于所有从事医疗器械经营活动的经营者。"

前面已经提到过，医疗器械经营是指以购销的方式提供医疗器械产品的行为，包括采购、验收、贮存、销售、运输、售后服务等。因此，只要企业向其他医疗器械经营企业、使用单位或消费者提供医疗器械，均为医疗器械经营行为，都必须符合《规范》的要求。

这里要注意的是此句中最后提及的"经营者"，它既包括需要获得备案凭证的从事第二类医疗器械经营的企业，也包括需要获得《医疗器械经营许可证》的从事第三类医疗器械经营的企业，还包括既不需要备案、也不需要许可的从事第一类医疗器械经营的企业和个体工商户。因此，此处使用了"经营者"这个称谓，这也是《规范》中唯一用到此称谓的地方。

2.总体要求 《规范》第二条又指出："医疗器械经营企业应当在医疗器械采购、验收、贮存、销售、运输、售后服务等环节采取有效的质量控制措施，保障经营过程中产品的质量安全。"

因此，企业应当正确贯彻实施本《规范》，建立有效的质量管理体系，实现确保医疗器械质量的目标，在关键环节采取有效的质量控制措施，切实发挥质量管理的监督、控制作用，并形成文件记录，保证全程可追溯。图1-3是医疗器械各经营环节中应管控的重点和相应记录的信息。

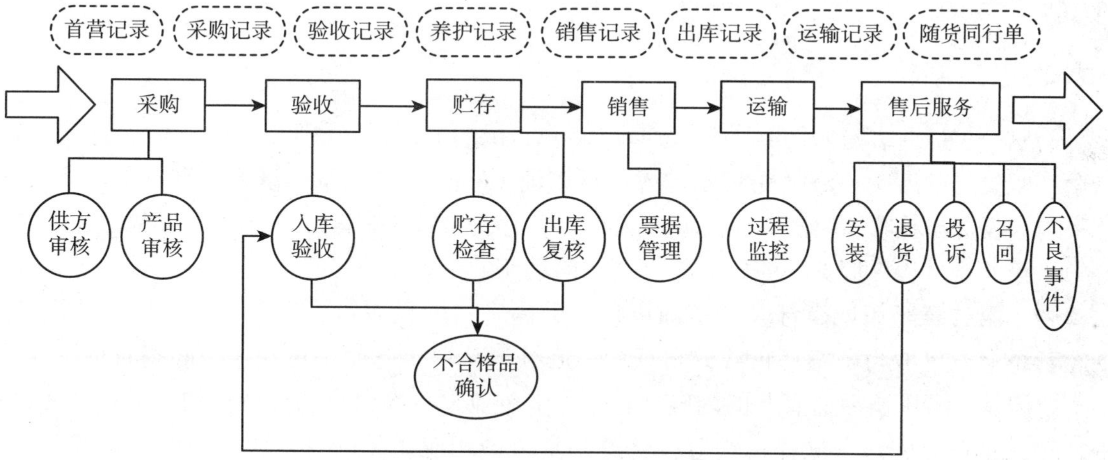

图1-3 各经营环节的管控重点及记录

四、经营的分类管理

《医疗器械监督管理条例》（2020年修订）第六条指出："国家对医疗器械按照风险程度实行分类管理。第一类是风险程度低，实行常规管理可以保证其安全、有效的医疗器械。第二类是具有中度风险，需要严格控制管理以保证其安全、有效的医疗器械。第三类是具有较高风险，需要采取特别措施严格控制管理以保证其安全、有效的医疗器械。评价医疗器械风险程度，应当考虑医疗器械的预期目的、结构特征、使用方法等因素。"

《规范》从医疗器械经营层面也体现了分类管理的要求。企业应当按照所经营医疗器械的风险类别实行风险管理，并采取相应的质量管理措施。经营风险最高的第三类医疗器械的企业，

《规范》的很多条款均体现了严格的质量管理要求；而经营风险较低的第一、二类医疗器械的企业，《规范》对其质量管理的要求相对低一些。

不同风险管理类别产品，不同监管要求，这是分类监管理念的体现，放宽对经营风险较低的第一类医疗器械的企业要求，对从事第二类医疗器械经营在记录、计算机系统等方面的要求都做了简化要求，重点监管第三类医疗器械经营企业。

作为经营企业，应根据医疗器械在经营（采购、验收、贮存、销售、运输、售后服务）环节中的状态或要求，考虑其风险等级，例如无菌耗材类、冷链类、植介入类等，采取相应的管理措施。

五、对经营企业的要求

企业应当诚实守信，依法经营；禁止任何虚假、欺骗行为。医疗器械经营企业应当在“诚实守信，依法经营”的前提下，正确贯彻实施《规范》，确保企业各项业务经营和管理活动符合规范的要求。因此，企业负责人必须建立正确的医疗器械产品质量观，打消诸如“实施《规范》是为了应付监管部门的检查”等被动、消极的思想态度，主动、积极地学习《规范》的要求，自觉地遵守《规范》的底线。

企业应当对提交的资料或记录的信息负责，确保其内容、数据的真实性，杜绝任何弄虚作假、谎报瞒报的行为。监管部门在现场检查过程中，将根据企业所提供的资料进行核查，若发现实际与资料内容严重不相符，或者发现资质证明造假、票据及凭证造假、数据记录造假等虚假欺骗行为，不仅将直接判定企业通不过检查，而且依据《医疗器械监督管理条例》还将对企业进行处罚。

六、主要结构

《规范》的主要结构如图1–4所示。共分9章，共计66条，分别是：第一章　总则（4条），第二章　职责与制度（5条），第三章　人员与培训（6条），第四章　设施与设备（16条），第五章　采购、收货与验收（9条），第六章　入库、贮存与检查（6条），第七章　销售、出库与运输（9条），第八章　售后服务（9条），第九章　附则（2条）。

其中，第二章至第四章涉及“事前审批”的内容，即只有符合制度、人员、设施设备的要求，经营企业方可取得备案凭证或许可证，为后续运行奠定基础，可视作“静态管理”；第五章至第八章涉及“事中事后监管”的内容，它是伴随企业发生经营行为而产生的，即企业在运行过程中，每一单业务、每一项操作均应符合这些章节中相应条款的要求，可视作“动态管理”或“过程管理”，是医疗器械监管部门重点检查的内容。

此外，得益于现代物流技术的不断发展，经过多年实践，医疗器械第三方物流经营模式实现了成本降低与效率提升，提供了优于普通经营企业的质量安全保障能力。但由于标准不统一，行业的发展存在一些亟待解决的问题。2022年11月1日，国家药品监督管理局发布了《医疗器械经营质量管理规范附录：专门提供医疗器械运输贮存服务的企业质量管理》，自2023年1月1日起施行。该附录主要特点如下：①落实新版《医疗器械监督管理条例》《医疗器械经营监督管理办法》的要求；②严格落实企业主体责任；③充分听取与回应行业诉求；④引导行业规范发展，鼓励行业不断创新。同时，鼓励企业利用现代新技术，推动医疗器械唯一标识（UDI）的落地实施，推进医疗器械全程可追溯。受篇幅限制，该附录未列入图1–4。

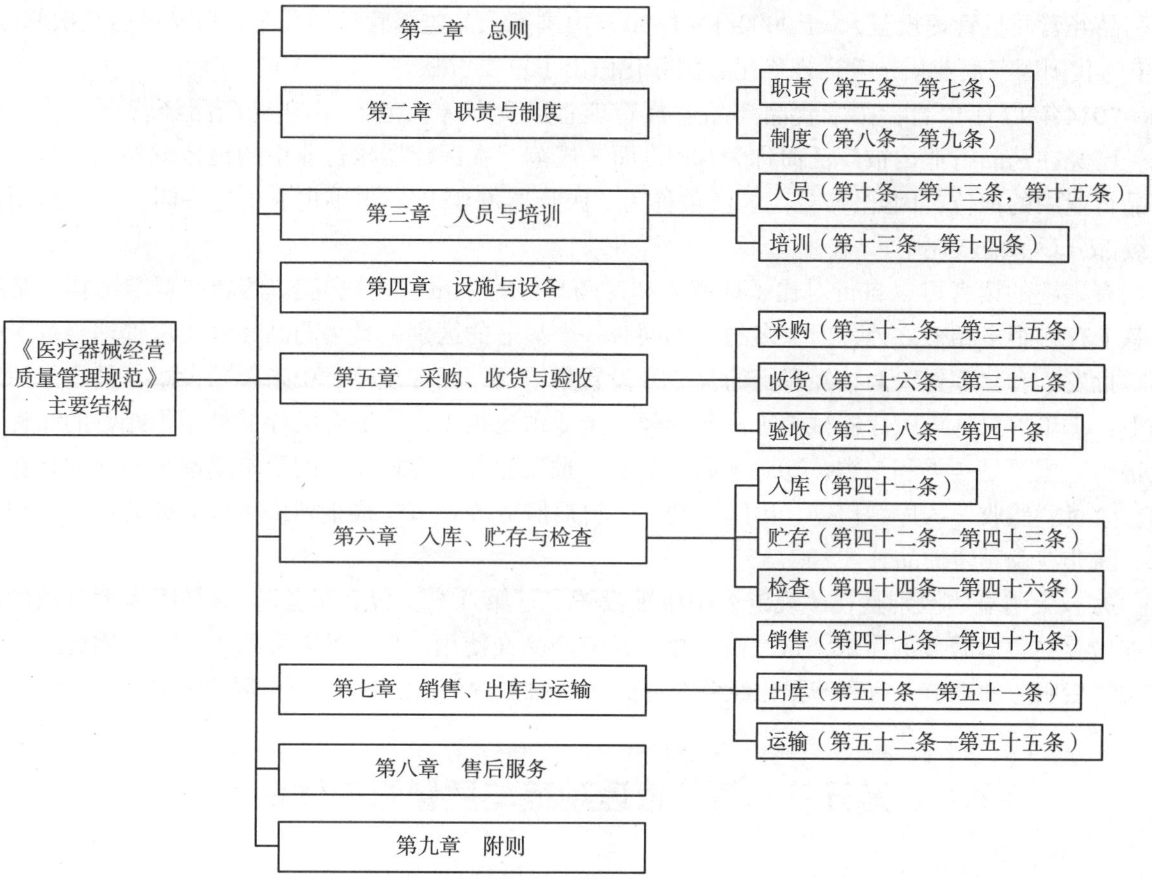

图1-4 《医疗器械经营质量管理规范》的主要结构

七、特点

《规范》不设行政许可，也不发证，它作为医疗器械经营企业开办、经营过程中（包括许可延续、变更等）的质量管理要求，也是各级药品监督管理部门对经营企业进行检查、评价的依据。《规范》更加注重经营全过程的监管，落实产品追溯的要求；对不同风险管理类别的产品，提出不同的监管要求，尤其重点监管从事第三类医疗器械经营的企业；鼓励企业采用信息化技术，提升行业管理水平。

八、有关说明

本《规范》不对医疗器械生产企业的经营行为进行管理。此外，在某些条款上，本规范未和《医疗器械生产质量管理规范》协调统一，导致某些要求不一致，如《规范》“第五章　采购、收货与验收”中的第三十六条明确要求上游企业必须提供随货同行单，并且明确了随货同行单应包含的内容；而《医疗器械生产质量管理规范》中未提及随货同行单，这可能会在实际操作中带来一定的困扰。这些问题，在将来有望通过法规的修订进一步得到完善。

第四节　《医疗器械经营质量管理规范》与GSP

GSP是英文“Good Supply Practice”的缩写，即“良好的供应规范”，最先用于药品流通环节的管理。它是防止质量事故发生，保证药品符合质量标准的一整套标准和规程。我国的GSP即

《药品经营质量管理规范》，于2000年4月30日由国家药品监督管理局公布，后又经历几次修改。GSP为我国医药商业质量管理现代化、国际化做出了重要贡献。

2014年12月12日，国家食品药品监督管理总局发布《规范》。由于《药品经营质量管理规范》已经在药品行业内被广泛简称为GSP，而《规范》在医疗器械行业中的地位就相当于GSP在药品行业中的地位，因此，《规范》就被称为“医疗器械GSP”。本书也采纳这一叫法，将运用在后续部分章节的叙述中。

有兴趣的读者可以自行对比《规范》和《药品经营质量管理规范》，两者在章节结构、某些条款上存在很多相似之处，但更多的是不同。一个显著的区别就是《药品经营质量管理规范》中对“批发”和“零售”两种经营行为是分开设置章节的，而《规范》中未单独设章，其主要原因如下：①单独只从事医疗器械零售业务的经营企业占比很少；②适合医疗器械零售经营的品种占比很少，主要是一类和二类；③对于质量管理，批发业务和零售业务的要求基本是相同的，在采购、收货、验收、入库、检查、出库、销售、售后服务等环节中很难列出零售业务的特殊管理要求，除非涉及具体的品种。

另一个明显的区别是在《规范》中单独设置了“第八章　售后服务”。这是因为大多数的医疗器械存在售后服务的需求，这是由医疗器械与药品在使用结果上的差异所决定的。因此，增加有关售后服务的章节，有利于强化经营企业的售后服务责任，加强对医疗器械售后服务的管理。

PPT

第五节　质量管理规范与质量管理体系

一、质量管理规范

质量管理规范是根据监管部门的日常监管需求制定的，更能满足监管要求，许多条款都是为了方便监管而设置的。规范的条款明确，实施更容易；但规范不是企业自发行为，所以企业在贯彻实施中容易流于形式。质量管理规范适用于所有类型的经营企业，是必须做到的，具有法规性质。

二、质量管理体系

质量管理体系主要要求企业的必须有相关设置，质量管理体系的要求比较高，更适合大中型企业。质量体系的具体要求通常由企业自己确定，只要能达到法规要求就行（如不会强制企业设置质量管理部和质量管理人员等）；质量管理体系通常采用国际标准（ISO 9001和ISO 13485），这些标准对经营企业来说是一个推荐性的标准，可以采纳也可以不采纳，为非强制性的要求。

本章小结

医疗器械是一种特殊的商品，其质量的好坏直接关系到人们的生命健康。它经历了从设计研发到生产制造，从经营流通到使用、维护、维修直至报废，而其中的经营流通环节是医疗器械全生命周期中承上启下的关键一环，对其管理的好坏会直接影响医疗器械的安全性和有效性。从另一个角度来看，如果说医疗器械生产环节是“第一道防线”，那么经营环节就是“第二道防线”，它必须保证进入使用环节的医疗器械是安全有效的，防止把不合格的医疗器械销售给消费者（零售行为）或医疗机构（批发行为）。

因此，为了加强医疗器械经营质量管理，规范医疗器械经营管理行为，保证医疗器械安全、有效，原国家食品药品监督管理总局制定了《规范》，其适用于所有从事医疗器械经营活动的经营者。

《规范》共分9章，共计66条，前4章主要对医疗器械经营企业必须具备的“软件”（职责与制度、人员与培训）和“硬件”（设施与设备）做了规定和要求，后5章按照医疗器械的流通顺序，规范了医疗器械经营中的各个主要环节——采购、收货与验收，入库、贮存与检查，销售、出库与运输，售后服务。

在行业内，《规范》又被称为“医疗器械GSP”。

习题

习题

一、单项选择题

1. 医疗器械经营不包括（　）。

A. 生产　　B. 验收　　C. 贮存　　D. 售后服务

2. 小张从某药店一次性购买了10台电子血压计，请问该药店的这种经营行为属于（　）。

A. 批发　　B. 零售

C. 与药店的性质有关　　D. 无法确定

3. 某医疗器械经营企业向某医院销售了一台B超诊断仪，请问该企业的这种经营行为属于（　）。

A. 批发　　B. 零售

C. 与经营企业的性质有关　　D. 无法确定

4. 《医疗器械经营质量管理规范》是（　）年12月12日公布施行的。

A. 2012　　B. 2013　　C. 2014　　D. 2015

5. 以下法规文件中，层级最高的是（　）。

A.《医疗器械监督管理条例》　　B.《医疗器械经营监督管理办法》

C.《医疗器械经营质量管理规范》　　D.《医疗器械生产质量管理规范》

6. 《医疗器械经营质量管理规范》共有（　）。

A. 6章，66条　　B. 6章，99条　　C. 9章，66条　　D. 9章，99条

7. 有时又将《医疗器械经营质量管理规范》称为“医疗器械（　）”。

A. GCP　　B. GLP　　C. GMP　　D. GSP

8. 《医疗器械经营质量管理规范》适用于（　）。

A. 所有从事医疗器械经营活动的经营者　　B. 从事第三类医疗器械经营的企业

C. 从事第二类医疗器械经营的企业　　D. 从事第一类医疗器械经营的企业

二、简答题

1. 分别简述两种医疗器械经营行为。

2. 某医院向某医疗器械经营企业采购了一批心电图机，请问《医疗器械经营质量管理规范》对于医院的这种采购行为是否适用？

3. 实施《医疗器械经营质量管理规范》的目的是什么？

（毛　伟）

微课

第二章　职责与制度

知识目标

1. 掌握　企业关键人员的职责；质量管理记录的保存年限。
2. 熟悉　质量管理机构或人员的职责；质量管理制度和质量管理记录制度应涵盖的内容。
3. 了解　医疗器械经营企业组织机构的设置和各部门的职责。

能力目标

1. 学会　审查企业人员职责和制度内容。
2. 具备　编写质量管理制度的能力。

“无规矩不成方圆”，现代企业稳定、高效的运行离不开健全的企业制度。现代企业制度以完善的企业法人制度为基础，以有限责任制度为保证，以公司制企业为主要形式，以产权清晰、权责明确、管理科学为条件。现代企业制度的核心是企业的组织机构。组织机构是企业内部环境的有机组成部分，也是企业开展风险评估、实施控制活动、促进信息沟通、强化内部监督的基础设施和平台载体。企业具有高效科学、分工明确的组织机构，可以使企业内部各层级之间、企业与外部利益相关者之间及时、准确、顺畅地传递，提升企业的监督力度和效能。

PPT

第一节　组织机构

科学、合理、高效的组织机构，是医疗器械经营企业健康发展的重要支撑，也是企业能够有效实施医疗器械经营质量管理的基本保障。

一、概念

组织机构，又称为组织结构，是指企业依据国家有关法律法规、股东（大）会决议、企业章程并结合企业实际情况，以明确董事会、监事会、经理层和企业内部各层级机构设置、职责权限、人事编制、工作程序和相关要求的制度安排。组织机构是组织在职能、责任、权限方面的动态结构体系，其本质是为实现组织战略目标而采取的一种分工协作体系。

二、设置原则

企业在设置组织机构时，应根据有关法律法规及外在环境变化的要求，结合自身的实际情况来对企业的各种资源进行充分而有效的整合和优化，按需定岗。同时应协调好组织中部门之间的关系、人员与任务间的关系，以岗位定责，使员工明确自己在组织中应有的权利和应承担的责任，有效地保证组织活动的开展，实现企业资源价值最大化和组织绩效最大化。对于中小企业而言，合理的组织结构设置更是在人力资源有限的情况下提高执行力和战斗力的必要策略。

根据企业经营类型与规模确定部门的设置、层次结构与部门职责；根据企业经营类型与规模确定员工数量、岗位及相应职责。质量职责是指对企业各部门和各级各类人员在质量管理活动中所承担的任务、责任和权限的具体规定。只有明确质量职责、权限和相互关系，才能真正做到质量工作事事有人管，人人有专责，把所有的质量职能活动切实落实到每个部门和工作岗位。

总之，企业组织机构的设置应充分考虑企业的行业特征、企业性质、经营模式、规模大小等因素，使组织机构的建立与企业经营管理实际相适应，从而确保企业管理结构能满足质量管理的需求。由于医疗器械商品的特殊性，其安全性与有效性必须得到严格的保障。因此，医疗器械经营企业必须依照国家相关法律法规与《医疗器械监督管理条例》及其配套的指导性文件来进行合理设置，并对各个部门的职责、权利及其相互关系进行界定。

三、作用

组织机构是企业管理的核心内容。企业组织机构就是分工协作关系与领导隶属关系有机交织而形成的各种机构的总体。企业管理的成效取决于机构设置是否合理、是否协调。

科学合理的企业组织机构，其主要作用体现在以下6个方面。

1.确定战略归属 企业战略确定之后通常会以目标方式呈现，不同的战略目标需要不同的部门承载。如人才战略承载部门一般为企业的人力资源管理部，市场战略通常为企业的市场营销管理部，资金战略则由财务管理部承担。

2.确定部门组合 企业部门划分取决于企业规模，规模小的企业自然部门就应该少，规模大的企业相对而言部门就可能多。也可能受制于企业性质，技术复杂程度高的企业可能部门多，技能简单如劳动密集型企业可能部门少。多元化跨区域企业部门多，单一化小区域企业部门少。部门组合是企业性质和规模的体现。

3.确定部门功能 部门设立之后，企业员工可以从部门名称知晓其职能，方便工作沟通、任务配合及目标达成。

4.确定授权路径 企业战略是由董事会确定的，董事长将企业战略传递给总经理，总经理再将各项工作分授给各部门负责人。组织架构明确了总经理的授权路径。

5.确定管理幅度 组织架构的层级划分传导的就是管理幅度。幅度适中是最理想的结构，幅度大可能产生管理真空，幅度小可能导致人浮于事。

6.确定管理模式 组织架构的设立就是管理模式的确定，从中可以体现出是集权管控，还是分权管理；是垂直管理，还是交叉管理。

四、设置要求

医疗器械经营企业的组织机构一般应设置质量管理、采购、运输、仓储、销售、财务、人力资源和行政办公等单位或部门。其中质量管理机构为医疗器械经营企业必须设置的专职部门，其职能不仅要参与日常经营过程的业务流程和岗位操作，同时还要负责各岗位对法律、法规及本企业质量管理制度的执行、监督、指导。质量管理机构应当在本企业履行医疗器械质量管理和质量控制的职责，保证企业医疗器械经营全过程的质量控制。质量管理部门应设置质量管理部门负责人、医疗器械质量管理、医疗器械验收等岗位，明确质量管理职责，承担具体的医疗器械质量管理与控制工作。

同时，医疗器械经营企业质量管理部门的岗位设置及人员配备应与企业的经营规模相适应，能够实现包括质量方针、目标的制定，以及质量策划、质量控制、质量保证和质量改进等系列活动。加强本企业从采购、收货、验收、入库、销售、售后服务等全过程的量管理活动，并制度化、标准化，从而实现加强医疗器械经营质量管理，规范医疗器械经营行为，保障公众用械安全、有效的目的。

1. 部门设置 部门是指组织为完成规定的任务而设置的有权管辖一个或多个特定领域事物的机构。部门设置，主要是针对管理工作进行分工，解决组织的横向结构问题，目的在于确定组织中各项任务的分配与责任的归宿，以求分工合理、职责分明。除了配备一般企业具有的行政部、人力资源部、财务部等职能部门外，医疗器械经营企业必须设置质量管理部门和企业质量负责人。其中质量管理部门的职责不得由其他部门及人员履行，企业质量负责人应当由高层管理人员担任，全面负责医疗器械质量管理工作，独立履行职责，在企业内部对医疗器械质量管理具有裁决权。

下面以医疗器械批发企业为例，对其部门设置做一简介。

医疗器械批发企业是指将购进的医疗器械销售给具有资质的经营企业或者使用单位的医疗器械经营企业。为了保证批发经营过程中的质量管理，医疗器械批发企业一般应设置质量管理、采购、仓储、运输、销售、售后、维修、财务、人力资源和行政等部门。每个部门均应有部门负责人，负责部门内部工作的正常运行并有效协调本部门与其他部门之间的关系，从而保证企业总体目标的实现。

图 2-1 是某医疗器械批发企业组织机构的框架图。

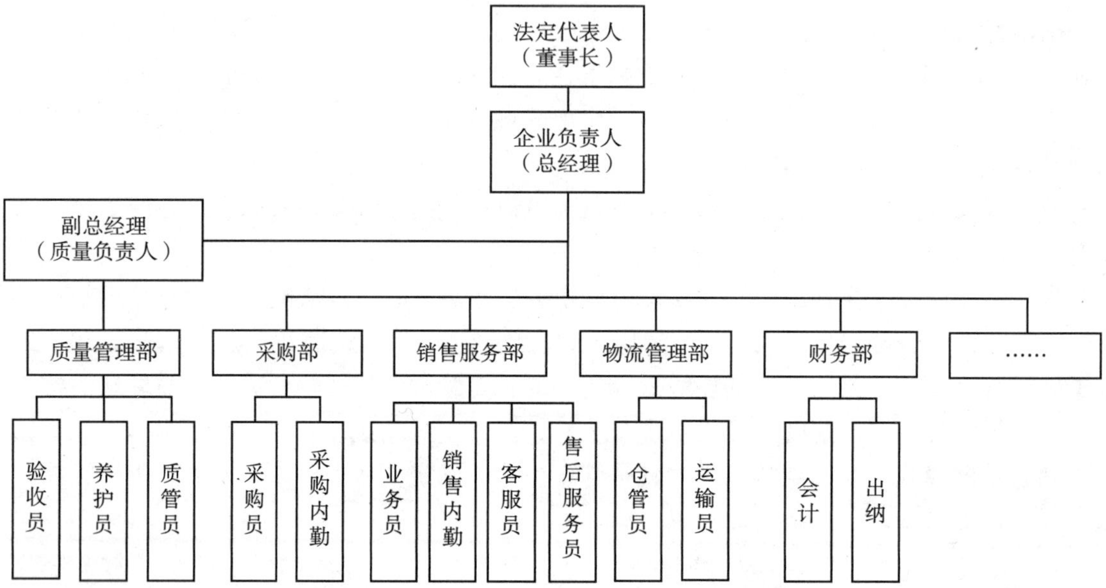

图 2-1　某医疗器械批发企业组织机构框架图

2. 岗位设置 岗位是指组织要求个体完成的一项或多项责任以及为此赋予个体的权利的总和，岗位与人相对应。它是组织为完成某项任务而确立的，由工种、职务、职称和等级等性质所组成，必须归属于一个人。每个岗位需有相应岗位负责人。合理高效的岗位设置，能够让企业管理者及企业员工了解自身工作岗位的工作内容、任务及职责范围，从而提高企业运营的效率。

PPT

第二节　职　责

职责是指企业各部门和各级人员为履行一定的组织职能或完成工作使命，所负责的范围和承担的一系列工作任务，以及完成这些工作任务所需承担的相应责任。部门职责是指该部门必须承担的工作范围、工作任务和工作责任；岗位职责是指一个岗位所需要完成的工作内容以及应当承担的责任范围。

职责是职务与责任的统一，由授权范围和相应的责任两部分组成。只有明确职责、权限和相互关系，才能真正地做到管理工作事事有人管、人人有专责，把所有的职能活动切实落实到每个部门和工作岗位。

一、部门职责

1.采购部职责

（1）负责医疗器械产品采购工作，确保产品供应。

（2）负责收集有关供货单位及购进产品合法性的证明文件材料。

（3）负责供货单位及购进产品品种的选择，确保所购医疗器械的合法性。

（4）负责供应商的管理与维护。

（5）做好采购记录。

2.质量管理部职责

（1）组织制定质量管理制度，指导、监督制度的执行，并对质量管理制度的执行情况进行检查、纠正和持续改进。

（2）负责收集与医疗器械经营相关的法律、法规等有关规定，实施动态管理。

（3）督促相关部门和岗位人员执行医疗器械的法规、规章及规范。

（4）负责对医疗器械供货者、产品、购货者资质的审核。

（5）负责不合格医疗器械的确认，对不合格医疗器械的处理过程实施监督。

（6）负责医疗器械质量投诉和质量事故的调查、处理及报告。

（7）组织验证、校准相关设施设备。

（8）组织医疗器械不良事件的收集与报告。

（9）负责医疗器械召回的管理。

（10）组织对受托运输的承运方运输条件和质量保障能力的审核。

（11）组织或者协助开展质量管理培训。

（12）其他应当由质量管理机构或者质量管理人员履行的职责。

3.销售部职责

（1）认真审核购货者的资质，核实其证明文件、经营范围等，防止医疗器械产品流向没有资质的组织。

（2）贯彻执行有关医疗器械产品质量管理的法律、法规和行政规章，严禁销售未经注册、无合格证明、过期、失效或者淘汰的医疗器械产品。

（3）了解本公司库存医疗器械产品的质量、数量及效期情况，积极催销近效期的产品。

（4）做好医疗器械产品销售记录。

（5）及时反馈客户对医疗器械产品质量的意见和要求，配合质量管理人员处理质量查询、投诉。

（6）积极做好医疗器械产品不良事件的收集和按规定操作规程上报。

（7）服从质管部门的质量否决。

4.仓储部职责

（1）严格执行收货、验货及入库规定，把好产品入库质量关。

（2）严格按照标签、说明书标明的条件规范贮存医疗器械。

（3）严格执行出库复核规定。

（4）保证仓库设施设备的正常运行。

（5）执行防火、防盗、防虫、防鼠、防污染、防潮措施。

（6）做好相关记录。

5.运输部职责

（1）按规定的运输工具和运输线路做好医疗器械的运输准备工作。

（2）根据随货同行单凭证，核实所需运输医疗器械的购货单位，医疗器械的名称、规格（型号）、注册证号或者备案凭证编号、生产批号或者序列号、生产日期和有效期（或者失效期）、生产企业、数量、出库日期等内容。

（3）保证医疗器械的运输安全，严格按照外包装图示标志要求堆放，不得将医疗器械倒置、重压。

（4）运输需要冷藏、冷冻的医疗器械时，应当严格按照相关要求进行装卸作业，并确保全程监控不断链。

（5）在运输过程中发现医疗器械有质量问题时，应中止该医疗器械的发货，及时上报质量管理部门处理，并做好相应记录。

（6）对所运输医疗器械的安全、质量、数量负责。

6.财务部职责

（1）对企业财务、资金、成本、费用实施宏观管理。

（2）健全企业内部财务运作规范和经济责任制度，并实施监督管理。

（3）组织企业年、季、月财务收支计划的编制和实施，控制费用支出，合理使用资金，实现企业经济指标。

（4）编制会计报表及相关收支统计报表。

（5）根据所收集的财务信息，进行财务分析，做好企业的成本核算，并提出控制成本的办法。

（6）建立健全各种票据、账、表的管理制度，并认真执行，做到票、账、货相符。

7.售后服务部职责

（1）坚持“质量第一、客户第一”的理念，将售后服务工作，提高到与产品质量要求同步。

（2）广泛征求购货单位对本公司商品质量、服务质量的意见和要求，同时做好记录。

（3）对客户提出的问题，应认真做好接待处理工作；沟通和加强与客户之间的联系，并做好相关记录。

（4）对客户的意见应及时反馈到有关部门领导，提出改进措施，并组织实施。

（5）售后服务管理员应当及时将售后服务处理结果等信息记入档案，以便查询和跟踪。

8.行政人事部职责

（1）根据企业发展计划和各部门人员使用需求，编制公司用工计划和人员招聘计划，上报经批准后，开展人员招聘，满足企业发展对人员的需求。

（2）负责企业员工的培训管理、培训实施、培训考核及评定工作、员工上岗证管理等工作；根据各部门员工情况，编制员工培训计划，经质量管理部门审核后，负责员工培训、考核，建立员工培训档案。

（3）负责员工健康体检工作，建立员工健康档案。

（4）负责协调各部门开展工作，处理好与其他职能部门的共事合作关系。

二、岗位职责

此处重点介绍《规范》中涉及的关键人员的岗位职责及应注意的事项。

1.企业法定代表人或负责人　由于法定代表人在现代企业中的职责越来越重要，因此，在《规范》中把企业的法定代表人规定为主要责任人之一：企业法定代表人或者负责人是医疗器械经营质量的主要责任人，全面负责企业日常管理。对企业所经营的医疗器械的质量承担法律责任。

因此，企业应有相关的制度或职责权限文件，明确企业法定代表人或者负责人是医疗器械经营质量的主要负责人。那么，如何才能体现企业法定代表人或者负责人全面负责企业日常管理，是医疗器械经营质量的主要责任人呢?

以从事第三类医疗器械经营企业为例。首先，查看企业的《医疗器械经营许可证》，从上面可获得“法定代表人”或“企业负责人”的信息。然后检查企业签发的文件、合同（如库房租赁合同、计算机信息管理软件采购合同等）等材料上，是否有上述人员的签名。若有，则可证明上述人员确实在履行职责，全面负责企业的日常管理。

企业法定代表人或者负责人应当提供必要的条件，保证质量管理机构或者质量管理人员有效履行职责，确保企业按照本规范要求经营医疗器械。

企业应在组织机构图上，明确标明本企业中设置了质量管理机构或者质量管理人员：对于大中型经营企业，应单独设立质量管理部门；对于中小型经营企业，不具备单独设立质量管理机构的，可设立质量管理专员。并制定质量管理部门或质量管理人员的职责制度或说明。上述人员的信息应与企业的员工名册一致，并为其配备必要的办公条件（如办公室、办公桌、电话、计算机、网络环境、传真机、档案柜等），以保证其能有效履行质量管理职责。

2.企业质量负责人　质量负责人的职责是负责医疗器械质量管理工作。《规范》要求质量负责人应当能独立履行职责，在企业内部对医疗器械质量管理具有裁决权，并承担相应的质量管理责任。

为了保证质量负责人的上述权力，应当由前述的“法定代表人”或“企业负责人”签发任命书，并明确质量负责人的职责与权限（图2-2）。此外，在企业各项质量管理制度、记录（如退货管理、不合格医疗器械管理、不良事件监测和报告等）中，凡是涉及“批准人”“审核人”之处，均应署上质量负责人的姓名，以体现其确实在独立履行职责，并承担质量管理的责任。

质量负责人任命书

依据《医疗器械经营监督管理办法》以及《医疗器械经营质量管理规范》的要求，任命×××担任本公司质量负责人，负责医疗器械质量管理工作，独立履行职责，在企业内部对医疗器械质量管理具有裁决权，承担相应的质量管理责任。

总经理：×××

年　月　日

图2-2　质量负责人任命书示例

监管部门在检查中，发现一些企业的质量负责人存在虚挂、不在职或兼职的现象；质量负责人不属于企业的高层管理人员，不具备独立履职的能力；或未获得质量管理的裁决权，不能对不符合《规范》的现象说“不”。这些不规范的现象必将极大地影响这些企业的管理质量，最终影响经营的医疗器械产品的质量安全。

3.质量管理人员 企业质量管理机构或者质量管理人员应当履行以下职责。

（1）组织制定质量管理制度，指导、监督制度的执行，并对质量管理制度的执行情况进行检查、纠正和持续改进。

（2）负责收集与医疗器械经营相关的法律、法规等有关规定，实施动态管理。

（3）督促相关部门和岗位人员执行医疗器械的法规、规章及规范。

（4）负责对医疗器械供货者、产品、购货者资质的审核。

（5）负责不合格医疗器械的确认，对不合格医疗器械的处理过程实施监督。

（6）负责医疗器械质量投诉和质量事故的调查、处理及报告。

（7）组织验证、校准相关设施设备。

（8）组织医疗器械不良事件的收集与报告。

（9）负责医疗器械召回的管理。

（10）组织对受托运输的承运方运输条件和质量保障能力的审核。

（11）组织或者协助开展质量管理培训。

（12）其他应当由质量管理机构或者质量管理人员履行的职责。

企业制定的质量管理部门职责或质量管理人员职责，其内容应当至少包含上述12条，但不限于这12条。企业宜结合自身实际情况，根据经营规模和经营范围，适当扩充这12条的内容，使其有针对性并具体化，从而更具本企业的特点。

在实际检查中，监管人员可能会随机抽查上述12条中的某几条职责，企业应能提供相应的制度或记录。如上述第（2）条，企业质量管理机构或者质量管理人员应能提供所收集的与医疗器械经营相关的法律、法规等有关的最新规定，不仅要包括国家的法律、法规，还要包含企业所在地的地方性规定，如北京市的企业应收集《北京市〈医疗器械经营监督管理办法〉实施细则（2017年修订版）》（注：2022.9.27发布了该细则的“2022修订版（征求意见稿）”）。

示例一

××医疗器械有限公司质量管理部职责

1.目的

明确质量管理部的质量职责。

2.依据

根据《医疗器械监督管理条例》《医疗器械经营质量管理规范》等相关法律、法规，结合本企业经营实际制定本制度。

3.范围

质量管理部。

4.责任部门

质量管理部。

5.内容

5.1坚持“质量第一”的原则，贯彻执行有关医疗器械质量管理的法律、法规和行政规章，督促相关部门和岗位人员执行医疗器械管理的法律法规及《规范》的要求。

5.2具体负责并维护质量管理体系的正常运行。

5.3组织制定质量管理制度，指导、监督制度的执行，并对质量管理制度的执行情况进行检查、纠正和持续改进。

5.4负责收集与医疗器械经营相关的法律、法规等有关规定，实施动态管理。

5.5督促相关部门和岗位人员执行医疗器械的法规、规章及规范。

5.6负责对医疗器械供货者、产品、购货者资质的审核。

5.7负责不合格医疗器械的确认，对不合格医疗器械的处理过程实施监督。

5.8负责医疗器械质量投诉和质量事故的调查、处理及报告。

5.9组织验证、校准相关设施设备。

5.10组织医疗器械不良事件的收集与报告。

5.11负责医疗器械召回的管理。

5.12组织对受托运输的承运方运输条件和质量保障能力的审核。

5.13组织或者协助开展质量管理培训。

5.14其他应当由质量管理机构或者质量管理人员履行的职责。

第三节 制 度

PPT

案例讨论

案例 监管部门在检查某医药物流企业时，发现企业质量管理制度（编号：××××-××-001-1.0~××××-××-028-1.0）未有效修正和执行，未制定与受托储运相关的质量管理制度。

讨论 物流企业上述行为存在哪些不符合《规范》要求的情况？

从宏观上说，制度是指在特定的社会范围内统一的，调节人与人之间社会关系的一系列习惯、道德、法律、规章等的总和，它是用来规范个体行为的一种社会结构。简单来说，制度就是要求大家共同遵守的办事规程或行动准则。

企业管理制度是企业为了规范自身建设，加强企业成本控制、维护工作秩序、提高工作效率、增加企业利润、增强企业品牌影响力，通过一定的程序所制定出的管理企业的依据和准则。

一、质量管理制度

为了保障企业的良好运营，企业会制定各项管理制度，如员工招聘管理制度、财务管理制度等。质量管理制度无疑是医疗器械经营企业管理制度中极其重要的一项制度，它是指导和控制企业与质量有关的相互协调的办事规程或行动准则。

根据《规范》的要求，企业应当建立覆盖医疗器械经营全过程的质量管理制度，并保存相关记录或者档案。《规范》要求企业的质量管理制度至少包括14项内容，可归纳为以下6个方面的规定，如图2-3所示。

企业可以根据这14项内容（但不限于这14项）分别制定14项制度，也可以对某几项内容进行合并，但制度中的内容必须完全涵盖这14项规定，不可遗漏。

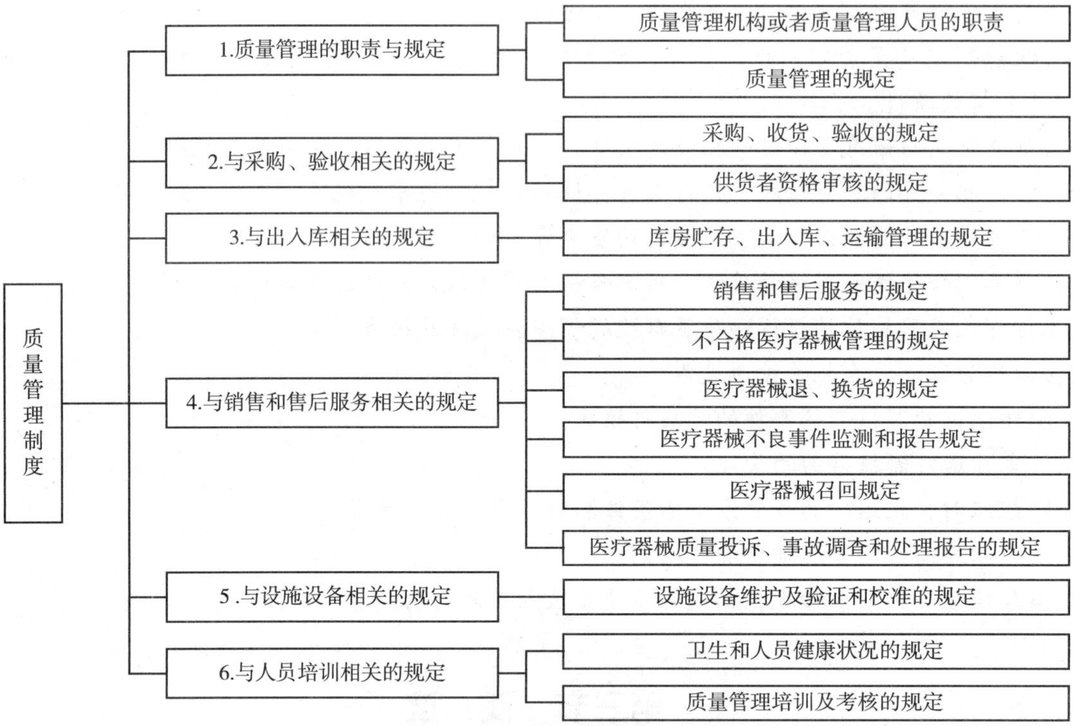

图2–3　质量管理制度应包含的内容

企业应根据这14项内容认真制定适合本企业的质量管理制度，然后要严格执行，使其在企业日常管理中具有权威性和约束力。这些制度要符合企业经营实际，体现经营产品的特点。质量管理制度、操作规程（或控制程序）和人员职责等共同组成质量管理的体系文件。建议规模较大的经营企业可以将这3个方面分开制定，规模小的企业可以把管理制度和操作规程适当合并在一起。

《规范》第八条所列的14项内容中有11项后面添加了括号进行说明，如“采购、收货、验收的规定（包括采购记录、验收记录、随货同行单等）”。这里的“采购记录、验收记录、随货同行单”指的是质量记录制度。

在实际检查中，发现有些企业存在如下问题：①制定的质量管理制度中未完全涵盖上述14项内容，或缺少某个岗位或环节的质量管理制度；②质量管理制度未得到有效执行，或者与企业实际执行有出入，存在“两张皮”现象；③没有关注新法规的要求，未对质量管理制度及时更新、修订；④企业人员不知道与岗位工作有关的质量管理制度。

如本节案例中的企业，虽然制定了质量管理制度，但并未真正落实和执行，而且未能根据相关法规、文件做出更新或修正。有些企业可能直接“复制”了其他企业的管理制度，导致制度与本企业的实际经营状况“脱节”，即制度中存在不适用的内容或者遗漏了某些内容。因为该物流企业为其他医疗器械经营企业承担储运服务，所以，在质量管理制度中必须包含受托储运相关的制度。

因此，企业负责制定质量管理制度的机构或人员，首先应熟知《规范》的要求，根据本企业开展的各项业务、各个岗位和环节，制定相应的质量管理制度，保证制度的完整性；然后实时跟踪国家法律、法规的新变化，关注当地监管部门出台的文件，保证制度的时效性；最后通过一定的行政手段，让企业每位员工，尤其是质量关键岗位的工作人员，都熟知与自身岗位有关的质量管理制度，并切实执行，保证制度的有效性，如将制度上墙，或在企业网站或办公系统上发布质量管理制度，供员工随时查询。

如前所述，企业在制定质量管理制度时，应至少包括14项内容，但不限于此：①对于从事第二类医疗器械批发业务的企业，《规范》要求应当制定购货者资格审核、医疗器械追踪溯源、质量管理制度执行情况考核的规定；②对于第三类医疗器械经营企业，除了要制定①中的制度外，还应当建立质量管理自查制度。

这两条要求可以看作对前述14项制度的补充，主要针对从事第二类医疗器械批发业务的经营企业和第三类医疗器械经营企业。因此，从事第二类医疗器械批发业务的经营企业至少应建立17项制度，而第三类医疗器械经营企业则至少应建立18项制度。

表2-1为从事第三类医疗器械经营的某企业的质量管理制度的目录。

表2-1　某医疗器械经营企业质量管理制度目录

签发时间	文件编号	文件名称及附件	版本	备注
2019.11	××××-ZD-01	质量管理机构（质量管理人员）职责	1.0	
2019.11	××××-ZD-02	质量管理规定	1.0	
2019.11	××××-ZD-03	采购、收货、验收管理制度	1.0	
2019.11	××××-ZD-04	供货者资格审查和首营品种质量审核制度	1.0	
2019.11	××××-ZD-05	仓库贮存、养护、出入库管理制度	1.0	
2019.11	××××-ZD-06	销售和售后服务管理制度	1.0	
2019.11	××××-ZD-07	不合格医疗器械管理制度	1.0	
2019.11	××××-ZD-08	医疗器械退、换货管理制度	1.0	
2019.11	××××-ZD-09	医疗器械不良事件监测和报告管理制度	1.0	
2019.11	××××-ZD-10	医疗器械不良事件监测和报告管理制度	1.0	
2019.11	××××-ZD-11	设施设备维护及验证和校准管理制度	1.0	
2019.11	××××-ZD-12	卫生和人员健康状况管理制度	1.0	
2019.11	××××-ZD-13	质量管理培训及考核管理制度	1.0	
2019.11	××××-ZD-14	医疗器械质量投诉、事故调查和处理报告管理制度	1.0	
2019.11	××××-ZD-15	购货者资格审查管理制度	1.0	
2019.11	××××-ZD-16	医疗器械追踪溯源管理制度	1.0	
2019.11	××××-ZD-17	质量管理制度执行情况考核管理制度	1.0	
2019.11	××××-ZD-18	质量管理自查制度	1.0	

第三类医疗器械经营企业应按照所在地设区的市级药品监督管理部门的要求，于每年年底前提交年度自查报告。自查报告的内容和要求可参考企业所在地药品监督管理部门的模板。

二、质量管理记录制度

上面介绍了企业必须建立覆盖医疗器械经营全过程的质量管理制度，并使其有效执行。那么如何确认或发现企业是否真正落实并执行了这些制度呢？其中一个重要的方式就是通过建立相应的质量记录来体现，或者从某一个角度来说，这些质量记录就是执行质量管理制度的佐证材料。

医疗器械企业除了应当建立必要的质量管理制度外，还应根据经营范围和经营规模建立相应的质量管理记录制度。从监管部门的角度来看，他们在检查过程中，主要就是查看企业的各项记录。医疗器械经营企业是否良好地贯彻执行《规范》，一个重要的评判标准就是企业是否能够提供日常经营过程中的各项记录；监管人员通过查看这些记录，就能了解企业日常经营的实际情况，从而判断企业是否符合《规范》的具体要求。因此，企业必须树立“记录”的意识，建立一套科学、规范的记录制度，并在日常的经营过程中对每一次操作都进行必要的记录。

（一）内容

以下内容对主要的记录进行介绍，但不限于所介绍的记录项。

（1）企业应当根据经营范围和经营规模建立相应的质量管理记录制度。重点就是要做好经营全过程中各个操作环节的记录和质量管理档案的建立。

在《医疗器械监督管理条例》中，要求经营企业建立记录制度的是第四十五条，而且只涉及"进货查验记录制度"和"建立销售记录制度"，其中提到"医疗器械经营企业……购进医疗器械时，应当查验供货者的资质和医疗器械的合格证明文件，建立进货查验记录制度。从事第二类、第三类医疗器械批发业务以及第三类医疗器械零售业务的经营企业，还应当建立销售记录制度"。这并不意味着其他记录制度就不重要，因此，在《规范》第八条列出的11项管理制度中，以添加括号说明的形式进行了补充，如"（十四）医疗器械质量投诉、事故调查和处理报告的规定（包括质量投诉、事故调查和处理报告相应的记录及档案等）"，即企业不仅要制定医疗器械质量投诉、事故调查和处理报告的规定，还要建立质量投诉、事故调查和处理报告相应的记录制度及管理档案等。

在《医疗器械经营质量管理规范现场检查指导原则》的2.9.1条款中，也列出了包括进货查验记录、销售记录在内的16项记录制度。

1）首营企业/首营品种审核记录。

2）购进记录。

3）进货查验（包括采购、验收）记录。

4）在库养护、检查记录。

5）出库、运输、销售记录。

6）售后服务记录。

7）质量查询、投诉、抽查情况记录。

8）退货记录。

9）不合格品处置相关记录。

10）仓库（温、湿度等）等贮藏条件监控记录。

11）运输冷链/保温监测记录。

12）计量器具使用、检定记录。

13）质量事故调查处理报告记录。

14）不良事件监测报告记录。

15）医疗器械召回记录。

16）质量管理制度执行情况检查和考核记录等。

质量管理记录及质量管理档案的内容至少包括质量管理记录表单和管理档案的建立、填写、保存、修改、批准等方面，记录内容应真实、完整、准确、有效。企业在制定质量记录制度时，可结合企业自身实际的经营情况，将上述两个方面的要求相结合，制定出一套全面的质量记录制度。

示例二

质量体系文件管理程序

1.目的

为使本公司内部质量体系文件的编制、审批、修订、撤销程序规范化，确保其编号统一，格式规范，类别清楚，便于文件的控制与管理，特制定本程序。

2.范围

适用于公司所有部门关于质量体系文件的操作管理。

3. 责任部门

质管部、采购部、销售部、售后服务部、储运部、财务部。

4. 内容

4.1 职责

4.1.1 总经理

负责质量管理制度、操作程序、质量职责的批准发布。

4.1.2 质量副总经理

负责质量管理制度、操作程序、质量职责的审核；有关质量记录表格的审核批准。

4.1.3 质管部

4.1.3.1 负责与质量方针和目标相适应，相关法律、法规规定的质量管理体系基础性文件的编制、审核、修订和换版。

4.1.3.2 负责对质量管理文件内容的解释及使用，培训指导有关人员正确理解质量管理文件的基本内容和基本要求，正确规范地使用各类文件（记录）。

4.1.3.3 负责对各有关部门编制的质量文件（含质量记录表格）的审核。

4.1.3.4 负责对现有质量体系文件的评审。

4.1.3.5 负责规定有关文件（记录）的分发、使用范围，检查有关文件（记录）的使用及保管情况，提出改进意见，并对改进实施情况进行验证检查。

4.1.4 各有关部门

4.1.4.1 负责本部门有关质量文件的拟制。

4.1.4.2 负责本部门质量管理体系文件的使用与保管。

4.2 质量管理体系文件分类

4.2.1 质量管理制度类（ZD）

4.2.2 质量管理操作程序文件类（CX）

4.2.3 质量管理工作职责类（ZZ）

4.2.4 质量管理记录表格类（JL）

4.3 质量管理体系文件的编码管理

质量管理体系文件实行编码管理，应当标明题目、种类、目的，以及文件编号和版本号。

4.3.1 文件编码规则

文件编号由4个英文字母的公司代码、文件分类号、3位阿拉伯数字的文件序号和4位阿拉伯数字的年号编码组合而成，如下图所示：

□□□□-□□-□□□-□□□□

公司代码–文件分类号–文件序号–年号

4.3.1.1 公司代码：XXYY。

4.3.1.2 文件分类号：见4.2说明。

4.3.1.3 文件序号：质量管理体系文件按文件类别分别用3位阿拉伯数字，从“001”开始顺序编号。

4.3.1.4 年号：该文件成版时的公元年号，如2019。

4.3.2 文件编号的应用

4.3.2.1 文件编号应标注于文件表头“编号”的相应位置。

4.3.2.2 质量管理体系文件的文件编号不得随意更改。如需更改或废止，应提出文件、编制修订申请。

4.3.2.3 纳入质量管理体系的文件，必须依据本制度进行统一编码或修订。

4.3.2.4文件由主要使用部门起草，质管部依据国家有关法律、法规及相关规定，并结合公司实际，负责质量管理文件的组织、制定。

4.4质量管理体系文件的编制原则

4.4.1合法性原则。让管理体系文件要符合国家相关法律、法规，并与之保持同步变动，及时调整，充分做到与国家现行的法律、法规及行政规章相一致。

4.4.2实用性原则。质量管理体系文件必须实事求是，既要与有关法规、标准的要求相衔接，又要充分考虑其有效性，应与企业医疗器械经营与质量管理的实际紧密结合。

4.4.3先进性原则。质量管理体系文件的编制既来源于实际，又要适当高于实际，具有一定的前瞻性。

4.4.4指令性原则。质量管理体系文件在行文中必须明确指出企业、部门、岗位应该做什么，不可以做什么，该做的要在文件中给予明确详细的规定。

4.4.5系统性原则。编制的文件既要层次清晰，又要前后协调，各部门质量管理程序、职责应紧密衔接。

4.4.6可操作性原则。质量管理体系文件必须具有可操作性，文件的所有规定都是实际工作中能够达到和实现的。

4.4.7可检查性原则。质量管理体系文件对各部门、各环节的质量职责和工作要求应明确具体，质量活动的实现要求尽可能给予量化，以便于监督和检查、审核。

（2）企业应当建立并执行进货查验记录制度。前面已经介绍过，企业应建立采购、收货、验收的规定，并有效执行形成相应的记录，如采购记录、验收记录、随货同行单等。

（3）从事第二类、第三类医疗器械批发业务以及第三类医疗器械零售业务的经营企业应当建立销售记录制度。同样地，企业应建立销售相关的质量管理制度，并有效执行形成相应的记录，如销售人员授权书、购货者档案、销售记录、合同、出库单等。

（4）进货查验记录（包括采购记录、验收记录）和销售记录信息应当真实、准确、完整。《规范》第四条要求“企业应当诚实守信，依法经营。禁止任何虚假、欺骗行为”，企业应当对所有记录的真实性负责，禁止任何弄虚作假的行为，例如个别企业为了将医疗器械销售给没有资质的企业或个人，而虚构销售记录及相关材料。其实，不仅是进货查验和销售记录，经营过程中的所有记录，均应真实、准确、完整。

（5）从事医疗器械批发业务的企业，其购进、贮存、销售等记录应当符合可追溯要求。批发企业应保证每一批，甚至每一件医疗器械均可追溯其来源、在库情况或销售去向，确保进、存、销的账目与货物实际情况相符。对体外诊断试剂、无菌医疗器械、植入/介入类医疗器械等产品，尤其要详细、准确地记录其批号或序列号，以便于追溯。

（6）鼓励企业采用信息化等先进技术手段进行记录。这里的“先进技术手段”主要是指与计算机相关的智能化、自动化硬件设备。《规范》的第三十条要求：“经营第三类医疗器械的企业，应当具有符合医疗器械经营质量管理要求的计算机信息管理系统，保证经营的产品可追溯。”因此，对于经营第一类、第二类医疗器械的企业，《规范》并未要求，这些企业可根据自身情况选择记录手段。

经营第三类医疗器械的企业应建立计算机信息管理系统，绝大多数的记录均应在该系统中进行操作，但也可以适当结合传统的纸质记录手段，如从供货企业获取的资质复印件、授权书、采购/销售合同等纸质材料，可建立文件夹归类后放置于专门的文件柜保存。

（7）进货查验记录和销售记录应当保存至医疗器械有效期后2年；无有效期的，不得少于5

年。植入类医疗器械进货查验记录和销售记录应当永久保存。

企业应根据经营范围和具体医疗器械的品种，对进货查验记录和销售记录的保存期限做出规定。但要注意的是，尽管《规范》里只提及了进货查验记录和销售记录的保存期限，但其他相关记录也应保持一致。例如，某医疗设备的采购记录、入库验收记录、养护记录、销售记录等，均应保存至少5年。

（8）鼓励其他医疗器械经营企业建立销售记录制度。“其他医疗器械经营企业”是指《规范》第九条未涉及的经营企业，即第一类医疗器械经营企业和从事第二类医疗器械零售企业。

（二）要求

（1）质量记录字迹要清楚、正确完整，不得用铅笔填写，不得撕毁或任意涂改，需要更改时应在更改处加盖本人名章，保证其具有真实性、规范性和可追溯性。

（2）质量记录可采用书面，也可用计算机方式保存，记录应易于检索。书面格式与计算机格式的项目、内容应保持一致。

（3）质量管理控制过程中，需明确质量责任的关键环节，质量记录应采用书面形式，由相关人员签字留存。

（4）质量记录应妥善保存，防止损坏、变质、丢失；计算机格式的质量记录，应及时做好备份。

（5）应在有关程序文件中规定质量记录的保存时间。

（6）台账记录和签名一律用蓝色或黑色笔；签名、盖章需用全名。

（7）质量记录的编码要求。建议企业为内部的质量管理制度和质量管理记录文件进行统一的编码，以方便查阅、管理。一般由质量管理部统一编码，并规定编码的规则。如前面的示例中，该企业规定了编码的格式为：□□□□-□□-□□□-□□□□，依次对应：公司代码、文件分类号、文件序号、年号。具体编码格式，每个企业可根据自己的要求来制定。

（8）质量记录的收集、编目、归档、保管、查阅和处理：①各种质量记录应及时收集，年终汇总、编目、归档，以便使用查阅；②各种质量记录在规定保存期限内不得遗失或擅自处理；③到期的质量记录需处理时，应报质量管理机构监督实施并记录。

本章小结

企业的经营和管理是围绕组织机构开展的。组织机构的作用体现在确定战略归属、部门组合、部门功能、授权路径、管理幅度、管理模式等方面。医疗器械经营企业的组织机构一般有质量管理、采购、运输、仓储、销售、财务、人力资源和行政办公等部门。

各个部门有各自的职责，每个岗位也有相应的职责。部门职责是指该部门必须承担的工作范围、工作任务和工作责任；岗位职责是指一个岗位所需要完成的工作内容以及应当承担的责任范围。其中企业法定代表人或者负责人是医疗器械经营质量的主要责任人，全面负责企业日常管理；质量负责人负责医疗器械质量管理工作，在企业内部对医疗器械质量管理具有裁决权。按照《规范》的要求，质量管理机构或者质量管理人员应当履行12项职责。

企业应当建立至少14项质量管理制度。从事第二类医疗器械批发业务的企业还要再增加3项制度，第三类医疗器械经营企业则再增加4项制度。

不管是职责还是制度，关键在于切实履行或执行，而检查其效果的最好手段就是查阅相应的质量管理记录。因此，企业必须建立质量管理记录制度。根据在《医疗器械经营质量管理规范现场检查指导原则》的2.9.1条款，共有16项记录制度。应根据产品有效期或是否为植入类器械来决定上述记录的保存年限。

习题

习题

一、单项选择题

1. 企业的（　）是医疗器械经营质量的主要责任人，全面负责企业日常管理。

A. 公司高管　　B. 部门经理

C. 法定代表人或者负责人　　D. 质量负责人

2. 企业的（　）负责医疗企业质量管理工作，承担相应的质量管理责任。

A. 公司高管　　B. 部门经理

C. 法定代表人或者负责人　　D. 质量负责人

3. 医疗器械企业进货查验记录和销售记录应当保存至医疗器械有效期后（　）年。

A. 5　　B. 3　　C. 2　　D. 1

4. 下列关于质量负责人的职责或权力，叙述错误的是（　）。

A. 应当独立履行职责

B. 在企业内部对医疗器械质量管理具有裁决权

C. 承担相应的质量管理责任

D. 在质量管理方面，应适当听取领导的意见

5. 销售人员获知医疗器械不良事件后，应当立即向（　）报告。

A. 企业负责人　　B. 质量管理部门　　C. 采购部门　　D. 储运部门

6. 企业采购医疗器械时，负责对供货者资质审核的是（　）。

A. 企业负责人　　B. 质量管理部门　　C. 采购部门　　D. 储运部门

7. 从事医疗器械（　）的企业，其购进、贮存、销售等记录应当符合可追溯要求。

A. 零售　　B. 批发　　C. 零售和批发　　D. 以上都不对

8. 某医疗器械产品若无有效期，则其进货查验记录和销售记录应当保存（　）。

A. 至少3年　　B. 至少5年　　C. 至少10年　　D. 永久

9.（　）医疗器械进货查验记录和销售记录应当永久保存。

A. 植入类　　B. 无菌类　　C. 无源类　　D. 有源类

10.（　）医疗器械经营企业需要每年提交年度自查报告。

A. 第一类　　B. 第二类　　C. 第三类　　D. 第二类和第三类

二、简答题

1. 简述医疗器械经营企业组织机构设置的原则和要求。

2. 简述质量管理部门的职责。

3. 简述质量管理记录制度的要求。

（谭彦琦）

第三章　人员与培训

微课

知识目标

1. 掌握　企业中重要人员的任职资格。

2. 熟悉　人员的培训内容与考核要求。

3. 了解　人员的健康要求及卫生要求。

能力目标

1. 学会　合理配备对企业人员的资质进行审核；对人员健康状况识别。

2. 具备　制订培训计划的能力，对人员进行相关培训的能力；相关表格的记录与填制的能力。

组织机构设置合理与否，直接关系到医疗器械GSP实施的效率。人员是医疗器械经营活动中最活跃、最关键的要素。有资质的人员是开办医疗器械经营企业的重要前提，也是企业从事医疗器械经营活动的必备条件，高素质的人员能够自觉地、创造性地按照医疗器械GSP的要求经营，更好地保证医疗器械质量；对人员的培训与考核，是提高医疗器械经营人员素质的重要途径，企业必须有组织、有计划地进行培训与教育工作；对人员的卫生管理与健康检查，为医疗器械产品质量的安全有效提供重要保障。

第一节　人员资质要求

PPT

案例讨论

案例　监管部门在检查某医疗器械经营企业（经营范围包含第三类医疗器械）时，查看质量负责人黄某简历，发现不符合“3年以上医疗器械经营质量管理工作经验”的相关要求，现场询问其对不良事件的处置，黄某称目前尚处于学习状态，还未学到不良事件相关内容。

讨论　企业这种做法是否符合《规范》的要求？如果你是检查人员，你会如何提出整改意见？

一、人员的总体要求

人员是实施医疗器械GSP的保证。人员的素质水平是保证医疗器械经营企业产品质量和服务水平的首要条件。医疗器械经营企业必须配备一定的经过资格认定的医疗器械专业技术人员，有一定的工作经验，并经过足够的培训，熟悉医疗器械特性的人员。医疗器械经营是专业性较强的一项技术业务工作，由于医疗器械在整个流通环节的过程中，在各种内外因素的作用下，随时有可能发生质量问题。当这些医疗器械发生质量问题的时候，要求质量工作的负责人，应对所发生的质量问题，运用专业知识，及时地做出客观、正确的判断，并采取相应的处理措施，以保证公众使用医疗器械的安全。对所有从事医疗器械经营、验收、保管、养护、运输的各个岗位人员，必须经过专业的培训，使他们懂得产品的特性，以便他们能动地做好产品的验收、保管、养护等工作。根据医疗器械GSP的要求，需要配备一定的专业技术职称的岗位如下：企业负责人、质量管理机构负责人、质量验收人员、库房管理人员和售后服务人员等。

根据医疗器械GSP要求，医疗器械经营企业从事与质量管理相关工作的人员应符合相关的资质要求（表3-1），具体内容将在本节后面做进一步介绍。

表3-1　医疗器械经营企业质量相关岗位人员资格要求一览表

<table>
<tr><th>人员</th><th>企业经营的医疗器械类别或种类</th><th>专业</th><th>学历或职称</th><th>工作经历</th><th colspan="2">其他要求或说明</th></tr>
<tr><td>企业法定代表人或负责人</td><td>/</td><td>/</td><td>/</td><td>/</td><td rowspan="2" colspan="2">（1）熟悉医疗器械监督管理的法律法规、规章规范和所经营医疗器械的相关知识
（2）无相关法律法规禁止从业的情形</td></tr>
<tr><td rowspan="2">质量负责人</td><td>第一类
第二类</td><td>相关专业</td><td>国家认可的学历或者职称</td><td>/</td></tr>
<tr><td>第三类</td><td>医疗器械相关专业*</td><td>大专以上学历或者中级以上专业技术职称</td><td>3年以上医疗器械经营质量管理工作经历</td><td colspan="2">除满足上述的（1）、（2）要求外，还应做到在职在岗</td></tr>
<tr><td rowspan="3">质量管理人员</td><td rowspan="2">体外诊断试剂</td><td>/</td><td>主管检验师</td><td>/</td><td rowspan="2">至少有1人应满足左侧两种情形之一</td><td rowspan="3">除满足上述的（1）、（2）要求外，若涉及第三类医疗器械经营的，人员应在职在岗</td></tr>
<tr><td>检验学相关专业</td><td>大学以上学历</td><td>3年以上检验相关工作经历</td></tr>
<tr><td>其他</td><td>相关专业</td><td>国家认可的学历或者职称</td><td>/</td><td>/</td></tr>
<tr><td>验收或售后服务人员</td><td>体外诊断试剂</td><td>检验学相关专业</td><td>中专以上学历或者具有检验师初级以上专业技术职称</td><td>/</td><td colspan="2">/</td></tr>
<tr><td rowspan="2">经营人员</td><td>植入和介入类</td><td>医学相关专业</td><td>大专以上学历</td><td>/</td><td colspan="2">经过生产企业或者供应商培训</td></tr>
<tr><td>角膜接触镜、助听器</td><td>相关专业或职业资格</td><td>/</td><td>/</td><td colspan="2">/</td></tr>
</table>

*注：医疗器械相关专业指医疗器械、生物医学工程、机械、电子、医学、生物工程、化学、药学、护理学、康复、检验学、管理等专业。

拓展阅读

学历与职称

学历：人们在教育机构中接受科学、文化知识训练的学习经历。一个人在什么层次的教育机构中学习，接受了何种层次的训练，便具有相应层次的学历。

一个人具有什么学历，是指一个人最后也是最高层次的一段学习经历，并以经教育行政部门批准、实施学历教育、由国家认可的文凭发放权力的学校及其他教育机构所颁发的学历证书为凭证。学历与专业无关。

职称：最初源于职务名称，理论上职称是指专业技术人员的专业技术水平、能力，以及成就的等级称号，是反映专业技术人员的技术水平、工作能力的标志。随着社会发展的需要，逐步产生了对专业技术人员的水平评价与聘任岗位相分离的需要，即“评聘分离”，职称的概念也相应地发生了变化。聘任的岗位称之为“专业技术职务”，简称职务；而专业技术人员的水平则以“专业技术职务任职资格”来标识，简称职称。

下面对上述要求做进一步的具体介绍。

（1）企业负责人是企业《医疗器械经营许可证》中“企业负责人”栏所载明的人员，是医疗器械质量的主要责任人，是企业的最高经营管理者。为保证企业质量管理工作的顺利开展，要求企业负责人应当经过基本的医疗器械专业知识培训，熟悉有关医疗器械的法律、法规，能够做到依法决策经营，保证企业按照《规范》的要求开展各项经营管理活动，确保医疗器械经营质量。

（2）企业负责人不可以兼任质量负责人，企业法定代表人或者负责人是医疗器械经营质量的主要负责人，全面负责企业日常管理；企业质量负责人负责医疗器械质量管理工作。

（3）企业法定代表人、负责人、质量管理人员应当熟悉医疗器械监督管理的法律法规、规章规范和所经营医疗器械的相关知识。医疗器械监督管理的法律、法规有《医疗器械监督管理条例》《医疗器械经营监督管理办法》《医疗器械召回管理办法》《药品医疗器械飞行检查办法》等；医疗器械监督管理的规章规范有《规范》《医疗器械经营质量管理规范现场检查指导原则》《医疗器械冷链（运输、贮存）管理指南》《医疗器械经营企业分类分级监督管理规定》等。

（4）企业应当具有与经营规模和经营范围相适应的质量管理机构或专职质量管理人员。企业根据自身实际情况，若企业规模较大的，可单独设置质量管理机构，如质量管理部；若企业规模较小，未独立设置质量管理机构的，可在其他部门下面设置质量管理人员。质量管理人员的人数应与企业经营范围和经营规模相适应。

企业法定代表人、负责人、质量管理人员，应当熟悉医疗器械监督管理的法律、法规和所经营医疗器械的相关知识，能够回答监管人员在现场检查时提出的问题；企业能够提供相关负责人的资质证明、学历证明、职称证明、劳动合同及任命书（图3-1）等；能够提供承诺书（图3-2），承诺其企业法定代表人、负责人、质量管理人员无《医疗器械监督管理条例》第八十一条、第八十三~八十六条、第八十八条或其他法律、法规禁止从业的情形。

任命书

兹任命如下人员，作为本公司各关键质量岗位管理人员：

1.质量负责人：×××

2.质量管理经理：×××

3.质量管理人员：×××、×××

4.质量验收负责人：×××

5.质量复核负责人：×××

6.冷链专门负责人：×××

总经理：×××

年　月　日

图3-1　任命书示例

承诺书

本企业法定代表人×××，总经理×××，质量负责人×××无《医疗器械监督管理条例》第八十一条、第八十三~八十六条、第八十八条或其他法律、法规禁止从业的情形。

承诺人：×××

××××公司

年　月　日

图3-2　承诺书示例

二、质量管理人员的要求

企业质量管理部门负责人属于企业中层管理人员，是医疗器械经营质量的直接责任人，其主要职责是贯彻执行企业质量管理制度，进行具体的质量管理工作。在质量管理工作中具备正确判断和保障实施的能力，应当在职在岗，不得兼职。

（1）企业质量管理机构的建立原则及要求。组织机构的建立必须与企业经营管理实际相适应；企业应当具有与经营范围和经营规模相适应的质量管理机构或者质量管理人员，质量管理人员的人数应当符合经营要求。确保企业管理机构能满足质量管理的需求。

企业应当能够提供企业质量组织机构图、质量管理人员任命文件等材料。

（2）质量管理人员应当具有国家认可的医疗器械相关专业学历或者职称。《规范》仅对第三类医疗器械经营企业质量负责人的资质进行了规定，对于第一类、第二类经营企业质量负责人资质不做要求。

单独经营第一类医疗器械或者单独经营第二类医疗器械的企业比较少，再加上其风险性相对较低，所以针对第一类、第二类经营企业质量负责人资质不做要求。而第三类医疗器械产品对人体存在的风险较高，需要有资质的人员进行经营管理，从而更加有力地保证所经营的医疗器械的安全性和有效性。

（3）企业应当聘请符合要求的人员担任第三类医疗器械经营企业的质量管理负责人，质量负责人应当具备医疗器械相关专业（相关专业指医疗器械、生物医学工程、机械、电子、医学、生物工程、化学、药学、护理学、康复、检验学、管理等专业）大专以上学历或者中级以上专业技术职称，同时应当具有3年以上医疗器械经营质量管理工作经历。质量管理人员和质量机构负责人不得兼职，应在职在岗。

作为质量负责人还应该学习掌握医疗器械监督管理法律法规、规章规范和所经营医疗器械的相关知识，能够对经营企业的质量问题负责，能够独立处理一些突发事件与问题，如医疗器械不良事件的处理等。

企业应当能够提供质量管理人员的相关证明文件：企业员工名册（表3-2）、质量管理人员劳动用工合同、简历、离职证明、学历或职称等证明文件，确保企业质量管理人员的专业、学历或者职称等资质符合规定要求。

本节的案例中，该企业质量负责人资质显然不符合《规范》中“第三类医疗器械经营企业质量负责人……应当具有3年以上医疗器械经营质量管理工作经历”的要求；同时又对医疗器械经营管理的相关法律、法规不清楚，显然也不符合《规范》中企业“质量管理人员应当熟悉医疗器械监督管理的法律法规、规章规范和所经营医疗器械的相关知识”的要求。

表3-2　员工花名册示例

×××公司在职员工花名册									
序号	姓名	性别	身份证号码	缴费人员类别	参保人员类别	入职时间	参保缴费时间	××年职工月平均工资收入	××年申报的缴费工资基数

因此，企业应根据自身实际情况，设置质量管理机构，招聘符合要求的质量管理负责人。首先，企业在招聘质量负责人时必须严格按照规定录用，不能因为缺人或者其他原因破格录取，这是原则问题。其次，作为质量负责人，对于专业知识掌握不全，对不良事件的处置也不清楚，这是不应该的。应该加强自身学习，及时掌握最新法规知识。最后，企业应该加强人员的培训与学习，进行相关的考核，甚至可以进行自查，或者现场检查的模拟演练，及时发现问题，解决问题。应该秉着对企业负责、对客户负责的态度，而不是抱着侥幸的心理。

由于不符合《规范》中的这些要求，该企业应另行聘请具有资质并符合《规范》全部要求的质量负责人。

三、特殊产品相关人员的要求

企业应当设置或者配备与经营范围和经营规模相适应的，并符合相关资格要求的质量管理、经营等关键岗位人员。他们是质量管理工作直接实施者，必须具备一定的专业知识及工作经验，从而保证质量管理基础工作的有效实施。

对从事诊断试剂、植介入医疗器械、角膜接触镜、助听器等经营企业，其关键岗位人员资格有相应特殊要求，应符合以下要求。

（1）从事体外诊断试剂的质量管理人员中，应当有1人为主管检验师，或具有检验学相关专业大学以上学历并从事检验相关工作3年以上工作经历。从事体外诊断试剂验收和售后服务工作的人员，应当具有检验学相关专业中专以上学历或者具有检验师初级以上专业技术职称。

（2）从事植入和介入类医疗器械经营人员中，应当配备医学相关专业大专以上学历，并经过生产企业或者供应商培训的人员。

（3）从事角膜接触镜、助听器等其他有特殊要求的医疗器械经营人员中，应当配备具有相关专业或者职业资格的人员。

同时，为保证质量管理工作的顺利进行，要求第三类医疗器械经营企业从事质量管理工作的人员应当在职在岗，不得兼职。

监管部门在现场检查时，企业应当能够提供企业质量管理及经营等关键岗位人员的劳动用工合同、简历、学历或者职称、职业资格证明文件和培训记录等，确认企业质量管理、经营等关键岗位人员相关专业学历、职称、工作经历等是否符合规定要求，确保质量管理、经营等关键岗位人员的配置与企业经营规模、经营范围相适应（有特殊规定的，从其规定）；监管部门通过现场谈话、询问等方式，了解质量管理、经营等关键岗位人员履职情况，并确认其在职在岗情况及相关法律法规的熟悉程度。

在实际检查中，如果发现个别第三类医疗器械经营企业的质量负责人或质量管理人员未在岗，而企业又不能提供这些人员的在职在岗证明时，则可由此推测企业的质量负责人或质量管理人员存在挂职、兼职的可能，这是不允许的。因为《规范》明确要求第三类医疗器械经营企业从事质量管理工作的人员应当在职在岗，且不得兼职。因此，企业应根据所经营医疗器械的种类，配备符合《规范》资质要求的质量负责人和质量管理人员。

四、售后服务人员的要求

医疗器械经营显著区别于药品的特点之一就是医疗器械存在售后服务环节，尤其是医疗设备，其售后服务的要求更加显著。《规范》第十三条明确规定了售后服务人员相关的要求："企业应当配备与经营范围和经营规模相适应的售后服务人员和售后服务条件，也可以约定由生产企业或者第三方提供售后服务支持。售后服务人员应当经过生产企业或者其他第三方的技术培训并取得企业售后服务上岗证。"

（1）企业规模较小或不具备售后服务条件，可通过合同约定由生产企业或者第三方提供售后服务支持，但企业要承担联系、反馈、监督的责任。

（2）企业规模较大或具备售后服务条件，可自行提供售后服务。但售后服务人员应当经过生产企业或者其他第三方的技术培训，保存售后培训记录，并取得本企业售后服务上岗证。

（3）医疗器械经营企业应当配备专职或者兼职人员负责售后管理，对客户投诉的质量问题应当查明原因，采取有效措施，及时处理和反馈，并做好记录，必要时应当通知供货者及医疗器械生产企业。

有关售后服务的其他要求，详见本书第八章的相关内容。

PPT

第二节　人员培训

医疗器械GSP是一种科学的管理规范，需要员工在准确理解和把握医疗器械GSP基本要求的基础上，自觉执行质量管理文件，并不断改进工作、提高工作质量，保证对医疗器械质量的有效控制。在实施GSP过程中，对企业人员进行有组织、有计划的培训与教育具有重要的意义。

一、培训分类

按照培训的组织方式，可分为内部培训和外部培训。

1.内部培训　由企业相关人员主持，一般是企业内部优秀的或是经验丰富的员工。内部培训又分为新员工岗前培训、岗位技能培训及继续教育培训，这里主要介绍《规范》中提及的岗前培训和继续培训。

（1）岗前培训　上岗前必须接受的培训。其目的为保证新录用人员或因岗位调整的人员能充分、有效、适宜地履行岗位职责，对其进行有针对性的培训，主要包括规章制度、岗位职责、操作规范、岗位安全知识、企业文化等内容在内的岗前任职培训。

如上一节提到的售后服务人员，应当经过生产企业或者其他第三方的技术培训并取得企业售后服务上岗证。

（2）继续培训　也称为继续教育，是为保证在职在岗的工作人员能够不断适应行业发展、社会进步和本职工作的需要，对其进行新知识、新技术、新理论、新方法、新信息、新技能及医疗器械监督管理相关的新政策、新法规、新要求的高层次的追加教育与培训，继续教育是在岗位任职期间应当定期接受的培训。

由于医疗器械行业发展迅速，各种先进技术、材料、管理方式不断被应用到医疗器械领域，这一方面对从事经营、售后服务的人员提出了更高的要求，另一方面对监管部门也提出了更高的要求，需要出台相应的法规进行规范，这又进一步要求相关从业人员要及时跟踪这些新变化、新动态。因此，企业负责人要有主动学习的理念和意愿，并在企业内部定期组织主题培训，加强员工的继续培训。

2.外部培训 为确保持续有效地改进企业质量管理体系，准确理解和执行医疗器械监督管理的法律法规及行政规章，及时借鉴、引进先进的管理理念和管理模式，企业应积极选派质量、经营管理方面的高层管理人员或关键岗位人员，参加医疗器械监督管理部门、行业协作组织、业务合作单位等组织的各类专业研讨及培训，从而达到掌握最新的行业发展动态及质量管理信息，及时调整、改进企业质量管理制度，不断提升企业质量管理水平的目的。

需要注意的是，内部培训或外部培训是对主持培训的人而言的，而非培训所处的环境。企业也可聘请外部专家到企业授课，这仍属外部培训的范畴。

企业应根据自身情况，合理安排内部培训或外部培训，两种方式各有优缺点，但相对来说，内部培训的优势更大，主要体现在以下几点。

（1）时间上更加灵活，操作性更强，能够有效避免专家时间上的不可控性，时效性上更有保障。

（2）培训内容上更贴近企业内部各岗位实际，针对性强。外部专家授课难免千篇一律，针对性不强；往往对理论性、普遍性的问题有效，而对企业实质性的问题难免隔靴搔痒。

（3）互动性更强。主持培训的人本身就是员工中的一员，亲和力强，与其他员工的沟通上不存在障碍，有利于提升培训效果。这是外聘专家难以比拟的。

（4）费用相对低廉。

二、培训对象

GSP是全员质量管理，GSP培训也要进行全员培训，包括企业负责人，质量、经营、运输、仓储、销售等各部门负责人以及各部门的管理人员和一般人员。企业应根据自身发展和管理的需要，合理制订年度培训工作计划，选派相关人员接受培训教育。

三、培训内容

（1）法律法规，包括《医疗器械监督管理条例》《医疗器械经营监督管理办法》《医疗器械说明书、标签管理规定》《规范》等相关法规、规章。

（2）医疗器械专业知识与技能等。

（3）企业质量管理制度等。

（4）部门职能、岗位职责及岗位操作规程等。

（5）各类质量台账、记录的登记方法等。

企业质量负责人及各岗位人员，应接受与其职责和工作内容相关的岗前培训和继续培训，如上述提到的相关法律法规、医疗器械专业知识及技能、质量管理制度、职责及岗位操作规程等；并建立培训记录，经考核合格后方可上岗。

从事冷链管理医疗器械的收货、验收、贮存、检查、出库、运输等工作的人员，应接受冷藏、冷冻相关法律法规［如《医疗器械冷链（运输、贮存）管理指南》］、专业知识、工作制度和标准操作规程的培训，经考核合格后，方可上岗。

根据法规政策的最新要求，培训内容需要及时更新。

四、培训计划与实施

1.培训计划 企业在一定时期内，为达到质量方针目标而制定的培训教育工作的总体安排即为培训计划。主管培训工作的职能部门由企业指定，在编制教育培训规划和计划时，应将GSP的培训教育纳入计划，并在企业内部筛选适合承担培训任务的员工。培训教师要不断更新知识，以保证培训质量。

据企业文件规定，培训计划可由质量管理部门在征求人力资源部门意见的基础上，按年度定期制订，报企业主管负责人审批后实施，也可以由人力资源部门制订。编制培训计划时，应结合企业的质量工作计划和员工自身素质的实际需求，着重解决实际问题，真正达到学以致用、提高素质和能力的目的。培训计划应根据不同培训对象的要求分别制订培训内容，做到由浅入深，普及与提高并重，理论联系实际。

2.培训方法 企业根据具体情况，可采用各种各样的培训方式，如集中培训、个别培训、外部培训、内部培训等。根据不同的培训对象，灵活选用培训内容。GSP培训应有一位固定于本企业的GSP培训教师。该培训教师要有较高的业务能力和专业知识水平，自身经过较高级的培训，有一定的教学经验，善于收集各种案例，充实培训内容。

企业一般人员的培训，主要在本企业内部通过全脱产、半脱产及现场培训的方式进行。可以定期地请专家、教授或其他企业的有经验的教员定期授课，或临时请专家做专题报告。对于技术人员和中层干部的培训工作，除部分由本企业进行培训外，可以选派参加企业外各类培训、专题会议讲座等，采用“送出去”的办法进行培训。

3.培训实施 按照培训计划的要求，质量管理部门协助人力资源部门实施相关的培训教育工作，质量管理部门负责落实和确定质量培训的内容、教师、培训对象和考核方法等工作，对培训过程实施有效监控并做好记录。按照培训教育制度的规定，培训应采取有效的考核手段，将考核结果与员工的上岗资格、激励机制紧密结合。

五、培训档案

企业员工接受岗前培训、继续培训或其他培训时，应建立培训档案。具体分为企业内部培训教育档案和员工个人培训教育档案，以便于从不同角度记载企业开展医疗器械质量管理方面的教育与培训情况。

1.企业内部培训教育档案 包括：培训教育管理制度、年度培训计划、历次培训档案、培训工作记录及总结、培训教育考核结果及所采取的措施。

2.员工个人培训档案 包括：培训教育登记表、学历、职称证明及历次培训教育证明（复印件），其他相关资料。

员工的培训是一项基础性的工作，是质量管理不可缺少的一部分。确保法定代表人、负责人、质量管理人员熟悉医疗器械监督管理的法律法规、规章规范和所经营医疗器械的相关知识，并符合有关法律、法规及《规范》规定的资格要求，没有相关法律、法规禁止从业的情形。

六、相关注意事项

（1）企业的销售、保管、验收、售后服务等各岗位人员必须经过上岗前培训，并考核合格方可从事经营活动。企业应及时记录员工的培训活动，能够随时提供相关人员的培训证明。

（2）因工作调整需要转岗的员工，应进行上岗质量教育培训，培训内容和时间视新岗位与原岗位差异程度而定。

（3）所有在岗员工必须进行医疗器械基本知识的学习和培训，不断提高员工的专业知识和业务素质。

（4）培训计划应写明培训内容、培训对象、培训人和培训时间等。计划不能笼统简单，没有实施考核过程。

（5）各项培训学习均必须考核，考核的方式可以是口头提问回答、书面考试或现场操作等。考核结果均应记录在员工档案，对考核不合格者应责令其加强学习，并进行补考，连续三次考核成绩不合格者应予以辞退处理。

（6）所有内部、外部培训，教育应由质量管理员建立员工培训、教育档案，档案内容包括学历证明、每次培训的记录及考核情况、教育情况等。

监管部门在现场检查时，企业应当提供质量负责人及各岗位人员进行与其职责和工作内容相关的岗前培训和继续培训档案，档案中应包括相关的培训计划、培训、考核、上岗评估等记录（表3-3、表3-4、表3-5），也可通过提问或闭卷考试，确保企业对质量负责人及各岗位人员培训包括相关法律法规、医疗器械专业知识及技能、质量管理制度、职责及岗位操作规程等内容，培训按规定实施并达到预期效果。

表3-3　人员培训考核记录表

档案编号	姓名	人员签到	性别	所在部门	所在岗位	培训日期	培训内容	授课者	授课时间	考核方式	考核成绩	考核结果	签名
										□口试　□笔试			
										□口试　□笔试			
										□口试　□笔试			

备注：在考核结果一栏中，考核结果合格者填写“合格”，不合格者填写“不合格”。

表3-4　年度培训计划

序号	培训内容	月份												培训对象	培训师	备注
		1	2	3	4	5	6	7	8	9	10	11	12			

制表：　　　　　　　　　　　　　　　　审核：

表3-5　员工培训档案

单号：

姓名		性别		所在部门	
学历		职务		入职时间	

培训记录

序号	培训项目	培训方式	培训时间	考核结果	备注

PPT

第三节　人员卫生管理与健康检查

案例讨论

案例　监管部门现场检查某经营企业，抽查直接接触医疗器械岗位的人员库房管理人员金某、杨某，发现他们2019年度均未进行体检并建立健康档案。

讨论　企业这种做法是否符合《规范》的要求？如果你是检查人员，你会如何提出整改意见？

一、卫生管理

医疗器械经营企业应当制定员工个人卫生管理制度，储存、运输等岗位工作人员的着装应当符合劳动保护和产品防护的要求。既要防止污染医疗器械，也要保护员工不受伤害。库房内的所有人员应该统一着装，工作服需干净整洁。蓄长发的女性需要盘发，指甲不可以留得太长。搬运货物时戴口罩、手套。危险品运输过程中，应有防静电功能的防护服、防护手套、防护镜、防毒面具以及必要的应急药品和器材等。若需进冷库，需做好防冻措施，穿保温防寒服。

医疗器械经营场所的环境卫生也应该符合《规范》的要求。

1.办公场所卫生管理规定

（1）卫生进行划区管理，责任到人。

（2）做好办公场所的卫生，陈列医疗器械及文件的橱窗应保持清洁和卫生，防止人为污染。保持室内整洁、卫生、安静。室内所有设备摆放整齐；文献、书籍和文具在使用后一律放回原位。

（3）门窗、墙壁、桌椅、地面洁净，无尘垢。照明、取暖或降温设施保持完好，空调过滤网及墙角每半个月清理一次；各工作场所内，均必须保持整洁，及时清理出现的垃圾、污垢或碎屑。

（4）保持公共用具、用品的清洁卫生。

2.库房环境卫生管理规定

（1）库区内不得种植易生虫的植物。

（2）窗前、窗内无污物。

（3）货物摆放整齐，保持包装箱、盒干净整洁。

（4）定期检查仓库卫生，库房内墙壁、顶棚光洁，地面平坦无缝隙，库内每天清扫一次，定期大扫除一次。

（5）库房门窗结构紧密牢固，物流畅通有序；应配备防火、防鼠、防虫、防潮、避光等设施，并保证其有效可靠。

（6）库内设施设备要定期保养，不得积尘污损。

二、健康检查

在医疗器械流通过程中，受环境条件及人为因素的影响，医疗器械容易发生质量的变化。尤其是与医疗器械直接接触的有关人员，其身体健康状况将对医疗器械质量产生直接或间接的影响。凡是患有痢疾、伤寒、甲型病毒肝炎、戊型病毒性肝炎等消化道传染病、活动性肺结核等传染病以及化脓性皮肤病等有可能污染医疗器械的疾病，均不得从事直接接触医疗器械的工作；身体条件不符合相应岗位特定要求的，不得从事相关工作；也包括不能有效控制和约束自身行为的人员。

拓展阅读

传染病分类

现行《中华人民共和国传染病防治法》把传染病分为甲类、乙类和丙类。甲类2种：鼠疫、霍乱。乙类25种：传染性非典型肺炎、艾滋病、病毒性肝炎、脊髓灰质炎、人感染高致病性禽流感、麻疹、流行性出血热、狂犬病、流行性乙型脑炎、登革热、炭疽、细菌性和阿米巴性痢疾、肺结核、伤寒和副伤寒、流行性脑脊髓膜炎、百日咳、白喉、新生儿破伤风、猩红热、布鲁氏菌病、淋病、梅毒、钩端螺旋体病、血吸虫病、疟疾。2020年卫健委将新型冠状病毒感染的肺炎归入乙类传染病。丙类10种：流行性感冒、流行性腮腺炎、风疹、急性出血性结膜炎、麻风病、流行性和地方性斑疹伤寒、黑热病、包虫病、丝虫病，除霍乱、细菌性和阿米巴性痢疾、伤寒和副伤寒以外的感染性腹泻。

1.健康检查时间　医疗器械经营企业应每年定期组织直接接触医疗器械岗位工作的人员进行健康检查，并建立健康检查档案。

2.健康检查范围　直接接触医疗器械的人员，包括医疗器械质量管理人员及医疗器械验收员、养护员、保管员、复核员、营业员以及搬运工等。这些人员必须进行健康检查，并且要符合相关要求才能从事相关工作。

3.健康检查内容及要求

（1）检查项目

1）一般检查

内科：心跳、血压、肺、肝、脾等。

皮肤科：化脓性或出血性皮肤病。

眼科：视力。

精神科：体格检查、精神检查。

2）化验项目

肝功能：黄疸指数、硫酸锌浊度、谷丙转氨酶、乙肝等。

肠道致病菌：痢疾杆菌、伤寒杆菌、其他肠道致病菌。

3）X光片　胸透，判断心肺有无异常，协助诊断肺结核等。

（2）健康要求　患有以下疾病者不能从事直接接触医疗器械岗位的工作。

1）传染病　如肺结核、病毒性肝炎等，肺结核带菌者痰液中和呼出的空气中均含有大量结核细菌，所以更具有危害性。

2）皮肤病　特别是化脓性、渗出性皮肤病患者，如疥疮、癣、脓疱疮等都有可能通过接触感染。

3）精神病　这类疾病虽不具有传染性，却难以保证管理人员保管的医疗器械质量。

4）其他　如患有细菌性痢疾、伤寒、甲型肝炎、沙眼及急性出血性结膜炎等传染性强、传播迅速且有碍公共卫生的疾病。

4.检查机构　企业应在卫生行政管理部门认可的健康体检机构接受体检，并按照有关规定对员工进行相应项目的检查，确保体检结果的准确性和有效性。

5.健康档案管理　对员工的健康检查情况及资料应及时记入或存入健康档案，健康档案应分为企业档案和员工个人档案，每一位员工从进入企业起，即应接受上岗体检，并建立健康档案。

（1）企业健康检查档案　包括：每年体检的工作安排、每年体检的总人员名单、体检汇总表（表3-6），以及采取的措施。

表3-6　健康检查汇总表

年　月　日

档案编号	姓名	性别	年龄	现岗位	检查年度	健康状况	调离时间	备注

（2）个人健康检查档案　包括：上岗体检表及资料，每年体检表及资料，患病离岗、治疗、体检、再上岗资料（体检情况应保存原件）。

三、企业对人员的卫生管理和健康检查

（1）质量管理、验收、库房管理等直接接触医疗器械岗位的人员，应着装干净整洁，做到勤洗澡、勤理发，养成良好的个人卫生习惯。

（2）凡直接接触医疗器械的员工必须依法进行健康体检，体检的项目内容应符合任职岗位条件和要求。

（3）行政人事部每年定期组织一次健康体检，并负责建立直接接触医疗器械员工的健康档案，员工健康档案至少保存三年。

（4）新聘员工先体检，合格后方可上岗。

（5）验收、养护人员还应增加视力程度和辨色障碍等项目的检查。

（6）身体条件不符合相应岗位特定要求的，不得从事相关工作。经体检如发现患有精神病、传染病、皮肤病或其他可能污染医疗器械的患者，立即调离原岗位或办理病休手续，患病者身体恢复健康后应经体检合格方可上岗。

（7）健康体检应在当地卫生部门认定的法定体检机构（区或县级以上人民医院、中医院、疾病预防控制中心等）进行药械从业人员健康体检，体检结果必须存档备查。

本节案例中，企业的做法不符合《规范》的要求，企业应当制定相应的人员健康管理制度，按照规定要求，直接接触医疗器械岗位的人员应当至少每年进行一次健康检查，及时了解和掌握人员的健康状况，并建立健康档案留底保存，便于进行及时跟踪。确保质量管理、验收、库房管理等直接接触医疗器械岗位的人员至少每年进行一次健康检查，从事相关工作的人员身体条件符合相应岗位特定要求的；企业能够提供质量管理、验收、库房管理等直接接触医疗器械岗位的人员体检报告或健康证明，确保企业按规定对相关人员进行健康检查并建立员工健康档案。

本章小结

本章主要介绍了医疗器械经营企业质量管理人员的要求以及人员的培训，这是经营活动中必不可少的一部分，也是至关重要的。人员是医疗器械经营活动中最活跃、最关键的要素。人员的设置需根据经营范围以及经营规模相匹配，同时还需要具备相关的资质，专业、学历等符合相关

要求。有资质的人员是开办医疗器械经营企业的重要前提，也是企业从事医疗器械经营活动的必备条件，高素质的人员能够自觉地、创造性地按照医疗器械GSP的要求经营，更好地保证医疗器械质量。从事医疗器械经营质量管理的人员，都应当熟悉医疗器械监督管理的法律法规、规章规范和所经营医疗器械的相关知识；同时，企业应该对各岗位人员进行培训，建立培训记录，考核合格才能上岗。因为对人员的培训与考核，是提高医疗器械经营人员素质的重要途径，企业必须有组织、有计划地进行培训与教育工作；企业还应该建立员工健康档案，质量管理、验收、库房管理等直接接触医疗器械岗位的人员，应当至少每年进行一次健康检查，做好健康状况汇总表。对于不符合要求的人员，不得从事相关工作。对人员进行定期有效的卫生管理与健康检查，为医疗器械产品质量的有效提供重要保障。

总之，企业配备身体健康且有资质的人员，并对他们进行培训，使其业务素质进一步提高，从而有力地保证企业经营、管理的质量，最终也保证产品的质量。

习题

习题

一、单项选择题

1.第三类医疗器械经营企业质量负责人应当具备医疗器械相关专业（　）学历或者中级以上专业技术职称，同时应当具有3年以上医疗器械经营质量管理工作经历。

A.中专以上　　B.大专以上　　C.本科　　D.不限

2.从事体外诊断试剂的质量管理人员中，应当有（　）为主管检验师，或具有检验学相关专业大学以上学历并从事检验相关工作（　）以上工作经历。

A.1人，2年　　B.1人，3年　　C.2人，2年　　D.2人，3年

3.对特殊产品的相关人员的要求，下列说法正确的是（　）。

A.从事体外诊断试剂的质量管理人员中，应当有1人为主管检验师，或具有检验学相关专业大学以上学历不需要相关工作经历

B.从事体外诊断试剂验收和售后服务工作的人员，应当具有检验学相关专业大专以上学历或者具有检验师初级以上专业技术职称

C.从事植入和介入类医疗器械经营人员中，企业售后服务人员孙某未经过生产企业或其他第三方的技术培训，直接上岗

D.从事角膜接触镜、助听器等其他有特殊要求的医疗器械经营人员中，应当配备具有相关专业或者职业资格的人员

4.下列关于培训的类型说法有误的是（　）。

A.按照培训的组织方式，分为内部培训和外部培训

B.内部培训可分为新员工岗前培训、岗位技能培训及继续教育培训

C.岗前培训主要包括规章制度、岗位职责、操作规范、岗位安全知识、企业文化等内容

D.企业聘请外部专家到企业授课，属于内部培训

5.下列选项中，医疗器械质量管理人员培训内容不包括（　）。

A.相关法律法规　　B.医疗器械专业知识及技能

C.职责及岗位操作过程　　D.消防安全知识

6. 下列说法不正确的是（　　）。

A. 新聘员工应先体检，体检合格后方可上岗

B. 企业应该对质量负责人进行培训、考核，合格后方上岗

C. 售后服务人员应当经过生产企业的技术培训后取得售后服务上岗证

D. 质量管理人员可以兼职

7. 企业法定代表人、负责人、（　　）应当熟悉医疗器械监督管理的法律法规、规章规范和所经营医疗器械的相关知识。

A. 技术人员　　B. 质量管理人员　　C. 采购人员　　D. 销售人员

8. 企业应当建立员工健康档案，质量管理、验收、库房管理等直接接触医疗器械岗位的人员，应当至少（　　）进行一次健康检查。

A. 每年　　B. 2年　　C. 3年　　D. 4年

9. 下列疾病患者中可以从事直接接触医疗器械工作的是（　　）。

A. 肺结核、病毒性肝炎　B. 精神病　　C. 低度近视　　D. 疥疮、脓疱疮

10. 以下关于员工培训说法不正确的是（　　）。

A. 企业应当制定员工培训管理制度

B. 企业应当按照培训管理制度制订年度培训计划

C. 培训工作应当做好记录并建立档案，可以不进行考核

D. 从事特殊管理的医疗器械产品和冷藏冷冻医疗器械产品的储存、运输等工作的人员，应当接受相关法律、法规和专业知识培训

二、简答题

1. 第三类医疗器械经营企业的质量管理人员应具备哪些条件？

2. 企业应该对员工建立健康档案，张某担任一家医疗器械经营企业的库房管理人员，应当做哪些健康检查？

3. 企业应当对医疗器械批发企业的质量负责人及各岗位人员进行哪些培训？

4. 试为某医疗器械批发企业制订一份年度员工培训计划。

5. 某医疗器械批发企业因扩大业务，拟招聘：验收人员2名，采购员1名，售后服务人员1名，质量管理部经理1名。请从以下应聘人员中挑选并通知其前来面试。

序号	姓名	性别	学历	专业	职称	工作年限	联系方式
1	张青	女	本科	药理学	主管药师	8年	×××
2	李辉	男	研究生	高分子化学	高级工程师	13年	×××
3	王景	男	大专	药学	药师	7年	×××
4	唐笑	女	大专	护理学	—	3年	×××
5	宋思	女	大专	食品工程与管理	工程师	6年	×××
6	付伟	男	大专	生物制药技术	助理工程师	3年	×××
7	黄甜	女	高中	—	—	3年	×××
8	孙岳	男	大专	药品经营与管理	工程师	6年	×××

（王春艳）

第四章　设施与设备

微课

知识目标

1.掌握　经营场所和库房应满足的总体要求；相关设施、设备的验证；计算机信息管理系统应具备的功能；为其他医疗器械企业提供贮存、配送服务的企业应符合的要求。

2.熟悉　库房的分区管理；有特殊温湿度贮存要求的医疗器械对库房设施、设备的要求；零售经营场所的要求。

3.了解　库房应具备的条件及应配备的设施、设备；设施、设备的维护；相关设备的校准、检定的要求。

能力目标

1.学会　按照《规范》的要求，合理配置各项设施与设备。

2.具备　对企业的经营场所和库房相关设施、设备的管理能力，包括验证、检定等。

必要的设施与设备是开办医疗器械经营企业的前提，也是企业从事医疗器械经营活动的必备条件；对设施、设备良好的管理和维护，是其内在的要求，更是医疗器械产品安全有效的重要保证。如果说前两章的“职责与制度”和“人员与培训”是构成医疗器械经营质量管理体系的软件基础，那么本章的“设施与设备”就是质量管理体系必不可少的硬件基础。

第一节　经营场所与库房的基本要求

PPT

案例讨论

案例　监管部门在检查医疗器械经营企业A的库房时，发现库房内堆放有不属于A经营范围内的医疗器械商品。询问企业负责人王某后，得知其还有另一家医疗器械经营企业B，这些商品是B经营范围内的，但因B库房内已无处堆放，故临时放置于A库房内，而且A、B库房位于同一楼层的两个不同房间。

讨论　企业这种做法是否符合《规范》的要求？如果你是检查人员，你会如何提出整改意见？

企业的经营场所是指企业开展业务和实施管理所必需的场地。对于医疗器械批发企业主要是指企业进行业务洽谈、样品展示、信息传输及相关管理的场所，包括辅助与办公用房；对于医疗器械零售企业主要是指企业进行医疗器械现货交易、产品陈列、信息咨询及相关管理的场所。

经营场所和库房的基本要求有以下三点。

（1）企业应当具有与经营范围和经营规模相适应的经营场所和库房，经营场所和库房的面积应当满足经营要求。这一点包含两层意思。

1）应当“具有” 企业必须能够提供经营场所、库房的相关证明文件：①如果企业拥有经营场所和库房的所有权，则应提供上述场所的房屋产权证明文件，如“房屋所有权证”；②如果企业无上述场所的所有权，则应提供相应的使用权证明文件或租赁合同/协议（包括租赁场所的产权证明），以证明企业已合法取得了该场所的使用权，并注意证明文件上的使用面积与实际是否相符，以及是否在租赁期内。

2）应当“满足” 企业在设置经营场所与库房时，应注意以下几点：①保证经营场所与库房在空间上相对独立，不得将经营场所与库房合并为一处；②经营场所、库房的面积应与企业经营范围和经营规模相适应。

如同本节案例中的现象，有些企业负责人或法定代表人开办了多家经营企业，以为这些企业的库房互相“共享”只是内部资源调配的问题，这是实际中较为常见的一个误区。同上述案例，虽然企业A与B的法定代表人是同一人，但仍是两家不同的企业。与其他企业共用库房，或为其他企业提供库房（委托其他企业贮存除外）的，显然不符合《规范》中“经营场所、库房的面积应与企业经营范围和经营规模相适应”的要求。

另一种常见的现象是有些新办企业运营若干年后，由于业务量增大，导致库房的面积满足不了在库医疗器械产品堆垛所需要的面积，从而出现随意将货物堆放于过道或走廊，甚至直接将货物堆放于经营场所的现象，这些都是绝对不允许的。

因此，企业应根据自身业务发展的实际情况，适时调整经营场所和库房的面积，以满足业务量增大的需求；或者改进管理方式，畅通销售渠道，做到“快进快销”，以缩短在库品的时间，从而提高库房的利用率，不至于出现货物无处堆放的问题。

（2）经营场所和库房不得设在居民住宅内、军事管理区（不含可租赁区）以及其他不适合经营的场所。

企业的经营场所、库房所使用的房屋属性必须是商用的，或有民用改商用的街道、居委会的证明。无相关证明的，或是将普通的民用住宅商用的，都是不允许的。此外，也不能将经营场所、库房设在军事管理区（不含可租赁区）以及其他不适合经营的场所。以上这些要求均是为了便于监管部门检查。

（3）经营场所应当整洁、卫生。企业的经营场所应宽敞、明亮，保持整洁、卫生，因此，必须建立保洁、卫生制度，并有效执行。

第二节 库房与设施设备

库房是医疗器械经营企业重要的基础设施，是贮存医疗器械的场所。它既是医疗器械采购、验收环节的终点，又是医疗器械出库、运输环节的起点，承担着“中转站”的重要作用。库房的条件和管理能力，可以反映出该经营企业的质量管理水平及对《规范》的执行能力，更直接关系到所经营的医疗器械的质量与安全。

一、库房的要求和条件

（一）库房的要求

《规范》第二十条规定，企业库房的条件应当符合以下要求。

（1）库房内外环境整洁，无污染源。

（2）库房内墙光洁，地面平整，房屋结构严密。

（3）有防止室外装卸、搬运、接收、发运等作业受异常天气影响的措施。

（4）库房有可靠的安全防护措施，能够对无关人员进入实行可控管理。

因此，对于打算开办的新企业，其在对库房进行选址、设计、布局、建造时就应充分考虑规范的上述要求；对于已经开办运营的企业，其在对库房进行改造和维护时，也应注意要达到以上要求，不得与《规范》中相应的条款抵触。

（二）库房选址、设计、建造时应考虑的因素

为达到前面列出的要求，库房在选址、设计、布局、建造、改造和维护时，应充分考虑是否符合医疗器械贮存的要求，是否能防止医疗器械的混淆、差错或被污损，并配备符合医疗器械产品特性要求的贮存设施、设备。

1.选址　库房在选址时，要避免外环境有污染源，如远离厕所、垃圾站、农贸市场等污染源；库房的选址地应通水、通电，能保证水电的正常供应；库房地势适宜，周围道路平坦，交通便利，方便运输。

2.设计、建造、改造

（1）库房主体建筑应选用有利于保温、隔热的材料，保证库房的恒温要求；库房地面硬化，使用水泥、地砖等不起尘的地面；内部装修材料应首选无毒、无污染、发尘量少的材料，如内墙壁的材料应不起层、不掉块。

（2）在建造或改造时，应确保地面不会积水，门窗无较大的缝隙；为便于货物装车或卸车，可在库房与外界连通的地方建造一个装卸平台；同时，在此平台或库房门的上方应安装顶棚或雨篷，这样即使在室外进行装卸、搬运时，亦可有效防止太阳直射及雨雪等不利天气因素对医疗器械货品的影响。

3.布局　库房分区合理（关于分区的介绍，详见下面的“二、库房的管理”中的内容），防止医疗器械的混淆、差错。预留足够的通道，便于人员、推车、叉车通过，做到既便于入库、验收和贮存，又便于出库和运输。库房内可以合理设计必要的办公区域，以便于出入库管理，但不得设置卫生间、洗澡间等可能产生污染的场所。

图4-1为库房布局举例的平面示意图，收货区靠近左侧门，发货区靠近右侧门，中间绝大部分空间留给了贮存区。这样可保证从接收入库到发送出库，医疗器械产品在库房中呈单向流动，减少了混淆货品或出差错的可能性。

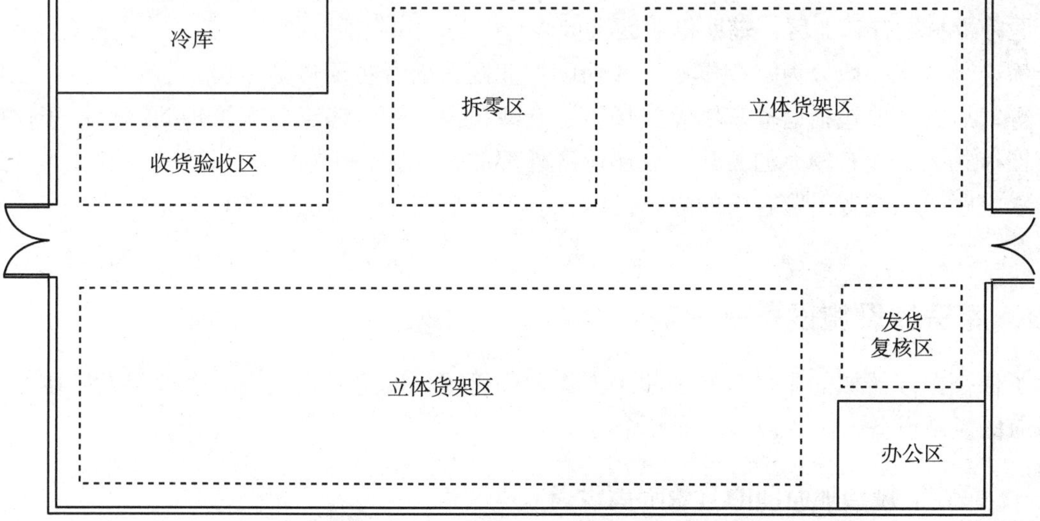

图4-1　库房布局举例示意图

4.维护 应留意库房内表面无污渍，地面无积水，墙面涂层无起层、剥落等现象。

二、库房的管理

（一）人员出入管理

库房是贮存医疗器械的重要场所，进入库房内部的工作人员应有授权，无关人员不能随意出入。可采用门禁（刷卡、指纹识别或人脸识别等）、监控、登记等措施，实现对无关人员进出的可控管理。

（二）货品分区管理

对库房实行分区管理，主要是为了使专项作业能在专属的区域内能安全有序地执行，避免不同作业的相互干扰和影响，既保证了作业的安全，防止货物混淆、差错，也便于各项后续工作的开展，如退货、发货等。

1.库房 企业在库房贮存医疗器械，应当按质量状态采取控制措施，实行分区管理，包括待验区、合格品区、不合格品区、发货区等，并有明显区分，退货产品应当单独存放。

采用此方法的目的就是为了便于识别库内医疗器械所处的不同质量状态，便于分区管理，防止混淆，如将不合格品当成合格品错发给客户。分区管理一般采用色标管理，待验区、退货区设置为黄色，合格品区、发货区设置为绿色，不合格品区设置为红色，此即通常所称的“三色五区”。应注意的是，即使是相同颜色的两个区，也应有明显的分隔，而且最好配上文字说明，以避免混淆。如合格品区、发货区尽管均为绿色，但是两个区不能混为一处，两者之间应该有明显的分隔；待验区、退货区均为黄色，而且《规范》要求“退货产品应当单独存放”，因此，退货区更应该与其他区保持一定距离，以突出《规范》中“单独存放”的要求。这里要注意的是，《规范》中并未对退货区的颜色做出规定，在本书中建议标记为黄色，因为放在退货区的货品可能有两种情形：一是因质量问题发生退货的，二是因某些商务原因发生采购退货的，但货品的质量可能是合格的。因此，退货区内的医疗器械的质量状态是不确定的，从这个角度来看，用黄色表示比较妥当。

企业可根据自身的经营规模及产品的特点决定采用分库管理或分区管理，如企业的库房数量较多，则可以按库房设置待验库、合格品库、发货库等；若库房面积有限，且经营的产品数量不多，则可以用不同的货架进行分隔，但必须用特定的颜色或文字加以区分。总之，分区管理是为了更好地区分不同医疗器械产品的质量状态。

2.医疗器械贮存作业区、辅助作业区 应当与办公区和生活区分开一定距离或者有隔离措施。

仓库内部区域一般分为贮存作业区和辅助作业区，前者主要包括库房、装卸作业区、保管员工作室等；后者主要包括运输车辆停放场所、仓库机房、配电房、票据管理间等。由于这些区域与医疗器械相关作业有较大的关联，故作业区外部的办公区、生活区（如宿舍、食堂等）必须与其分开一定距离，或者采取有效的隔离措施，确保办公区、生活区不会对上述作业区产生影响或污染。

三、库房的设施设备

为了保证医疗器械的质量，便于库房内作业和管理，库房应当配备与企业经营范围和经营规模相适应的设施设备，主要包括以下几个方面。

（一）医疗器械与地面间的有效隔离设备

不能将医疗器械直接放置于地面，否则可能因为受潮导致包装污染、破损，甚至内部的医疗器械产品也会产生功能失效等质量问题。因此，医疗器械与地面之间必须采取有效的隔离措施，以达到通风防潮的目的。

常用的隔离设备主要有货架、托盘。

1. 货架 一种架式结构物，它可以充分利用库房的空间，从而提高库房容量的利用率，提升库房的储存能力，这是其主要作用；能够防止货架中的货物相互挤压，从而避免由此造成的损失。此外，它还有便于搬运存取的优点。

一般要求货架底层的离地高度不小于10cm。

2. 托盘 扁平结构，一般由木质、塑料或钢等强度较高的材料制成。顶部一般为平面，能平稳地承载货物；底部为框架结构，便于叉车作业。因此，托盘既能实现货物与地面的隔离，配合叉车作业，又能起到快速搬运的作用。临时或短期堆放的货物，一般可放置于托盘上。

（二）防自然、生物危害的设施

1. 避光 采取避免阳光直射的措施，如可在库房的窗户上安装窗帘布、遮光膜等。

2. 通风 安装能促进库房内空气流通的设备，如空调、换气扇等。

3. 防潮 采取防潮措施，或安装能降低库房内湿度的设备，如将医疗器械放置于货架上，安装空调、除湿机等。

4. 防虫 安装能防止库房外的虫类进入库房的设施，配置能消灭已经进入库房的虫类的设备，如纱窗、灭蝇灯等，但不能使用杀虫气雾剂。

5. 防鼠 能防止鼠类进入库房的设施、设备，如挡鼠板、粘鼠板等，但不能使用灭鼠药及用食物为诱饵的捕鼠笼。

（三）照明设备

为保证库房内有足够的照明，便于识别医疗器械商品的标识、标签或进行作业，库房应安装数量足够的照明设备，做到库房内无阴暗区。照明设备应符合安全用电和防火的要求，布线规整，不可私拉、乱接电线。此外，照明设备的高度及其与货物的距离要合理，不得影响作业或医疗器械的质量。

（四）包装物料的存放场所

应设置专门库房或区域来存放包装物料，如零货箱、周转箱、运输箱、封口胶、标签、条码采集器等；包装物料的存放场所与医疗器械储存区域应有相对隔离。

（五）温湿度监测与控制设备

某些医疗器械对存放的温度或湿度有一定要求，因此，应配备温湿度监测与控制设备，使库房的温度、湿度符合所经营医疗器械说明书或标签标示的要求。

四、允许不单独设立库房的情形

有下列经营行为之一的，企业可以不单独设立医疗器械库房。

（1）单一门店零售企业的经营场所陈列条件能符合其所经营医疗器械产品性能要求，经营场所能满足其经营规模及品种陈列需要的。譬如，常规的温湿度可以满足所经营医疗器械产品的存放要求，且门店内陈列的货架、货柜的数量或容积已经可以满足经营规模的需要，那么该门店就无须设立库房。

（2）连锁零售经营医疗器械的。譬如，本地有20家连锁零售店，那么只需在本地统一设立一个库房即可，而不需要每家门店均设立库房。

（3）全部委托为其他医疗器械生产经营企业提供贮存、配送服务的医疗器械经营企业进行存储的。经营企业委托第三方物流企业进行医疗器械贮存、配送的，可不设立库房，但应能提供受托企业资质证明文件、委托贮存、配送服务协议及其他相关证明文件。

（4）专营医疗器械软件或者医用磁共振、医用X射线、医用高能射线、医用核素设备等大型医用设备的。目前大多数的医疗器械软件均通过网络下载，用户购买得到序列号后即可使用，故经营此类产品无须库房。大型医用设备由于体积重量大，往往很难进入普通库房的门，实际操作中一般是从生产企业直接运输到医疗机构，故经营此类产品的也无须设立库房。

（5）省级药品监督管理部门规定的其他可以不单独设立医疗器械库房的情形。例如发生特殊自然灾害时，省级药品监督管理部门允许不单独设立库房的情形。

PPT

第三节　零售经营场所与设施设备

案例讨论

案例　某药房网店对A公司生产的“一次性使用输液器（带针）”最小销售单元产品大包装箱和B公司生产的“一次性使用无菌导尿包”最小销售单元一箱（40包/箱）进行拆零销售未附有说明书。经查，本案涉案货值17391.5元，违法所得17391.5元。

讨论　企业上述行为违反了《规范》中的哪些条款？

一、经营场所的要求

医疗器械零售的经营场所除了需要满足本章第一节中列出的总体要求外，还需要满足以下要求。

1.与其经营范围和经营规模相适应　应能满足零售店面的经营要求，满足医疗器械产品展示、分类摆放、按温度要求贮存及安全管理等要求，避免出现店面拥挤、设施设备缺少等影响医疗器械质量和服务管理的情况。

2.配备陈列货架和柜台　货架和柜台主要用来陈列、展示医疗器械，一方面便于消费者选购，另一方面也便于经营者进行日常管理。

3.悬挂相关证照　应将营业执照、医疗器械经营许可证等证照悬挂在经营场所的醒目位置。由于医疗器械零售大多是通过零售药店销售的形式出现，因此，对于药店来说还应悬挂药品经营相关的证照。

知识链接

2019年版营业执照的变化

2019年版营业执照版式统一调整为横版，设有正本和副本。

最重要的是，新版营业执照对旧版营业执照的二维码功能进行了统一调整，实现二维码（位于营业执照右上角）与国家企业信用信息公示系统上公示的企业信息精准连接。只要扫一扫，就能直观地了解到企业的各项信息，打破了市场准入和信用监管看不见的堡垒，实现了市场准入和信用监管的无缝连接。

4.经营需要冷藏、冷冻的医疗器械，应配备冷柜　零售店不需要设冷库，只需配备冷柜即可。但应注意的是，配备的冷柜应具有温度监测、显示功能，以便监控或读取。

5.经营可拆零医疗器械的要求　可拆零医疗器械是指将医疗器械的零售单位外包装拆封后，以单位内包装出售的特殊情况。经营可拆零医疗器械，应当配备医疗器械拆零销售所需的工具、包装用品，如剪刀、符合卫生要求的包装袋等。尤其应注意的是拆零后销售的医疗器械，其标签和说明书应当符合有关规定，即《医疗器械说明书和标签管理规定》第七条第一款“医疗器械最小销售单元应当附有说明书”的规定。

经营者在对医疗器械拆零时，务必注意所售商品的“最小销售单元”。如果对最小销售单元进行拆零，又不采取一定措施，那就违反了有关规定，将面临被处罚的后果。在本节案例中，企业的这种做法明显违反了《规范》第二十四条第四款“拆零的医疗器械标签和说明书应当符合有关规定”的要求。当地的监管部门依据《医疗器械说明书和标签管理规定》第十八条“说明书和标签不符合本规定要求的，由县级以上食品药品监督管理部门按照《医疗器械监督管理条例》第六十七条的规定予以处罚”和《医疗器械监督管理条例》第六十七条第二项“有下列情形之一的，由县级以上人民政府食品药品监督管理部门责令改正，处1万元以上3万元以下罚款；情节严重的，责令停产停业，直至由原发证部门吊销医疗器械生产许可证、医疗器械经营许可证：（二）生产、经营说明书、标签不符合本条例规定的医疗器械的”的规定，责令当事人立即停止该违法行为，并对当事人处2万元罚款的行政处罚。需要说明的是，由于此案例发生于2020年前，此处引用的是2017年版《医疗器械监督管理条例》中条款。2020年版《医疗器械监督管理条例》中对应的是第八十八条。

二、陈列的要求和检查

（一）要求

陈列零售的医疗器械应当符合以下要求。

（1）按分类以及贮存要求分区陈列，并设置醒目标志，类别标签字迹清晰、放置准确。应注意将不同种类的医疗器械分开陈列，并有醒目的标志，便于消费者识别。

（2）医疗器械的摆放应当整齐有序，避免阳光直射。门店内可安装窗帘、百叶窗等遮挡设施，避免阳光直射到医疗器械；在通风设施（如排风扇）上安装纱网，以防止虫类进入。

（3）需要冷藏、冷冻的医疗器械放置在冷藏、冷冻设备中，应当对温度进行监测和记录。前面已经提到，零售经营场所只需配备冷柜即可，但应定期进行记录，监测冷柜的温度是否符合医疗器械的贮存要求。

（4）医疗器械与非医疗器械应当分开陈列，有明显隔离，并有醒目标示。陈列场所条件允许的，可将医疗器械与非医疗器械分区陈列，或陈列于不同的货架上；若陈列于同一货架，务必做好医疗器械与非医疗器械的隔离，避免消费者误选。

这些要求是从销售安全的角度对营业场所内医疗器械的陈列进行科学、合理的分类管理，同时加强对零售场所经营非医疗器械的管理，从而引导消费者科学、合理地进行选购，防止误导消费者或滥用医疗器械的情形发生。

（二）检查与处置

1.检查　零售企业应当根据本企业制定的检查制度，定期对零售陈列、存放的医疗器械进行检查，尤其要重点检查拆零医疗器械和近效期医疗器械，并做好相应的记录。企业应根据所售医疗器械产品的特性，在检查制度中合理确定“定期”检查的具体时间间隔，并依此贯彻执行、形成记录，使实际记录的时间、检查对象、检查项目等信息与制度中规定的检查要求相符。

根据《医疗器械监督管理条例》或《医疗器械说明书和标签管理规定》，医疗器械的说明书和标签应标注生产日期、使用期限或者失效日期。在执行定期检查时，应注意产品标签上的失效日期，并由此判断当前是否已达到规定的近效期。使用计算机信息管理的企业，可在管理软件中进行设置，只要有产品接近近效期，软件就会提醒操作人员注意。

2. 处置 企业应制定对有质量疑问的零售医疗器械的处置制度和处置程序，在上述检查过程中，若发现有质量疑问的医疗器械，应当及时撤柜、停止销售，由质量管理人员确认和处理，并保留相关记录。

拓展阅读

生产日期、使用期限、失效日期和近效期

生产日期：产品在生产线上完成所有工序，经过检验并包装成为可在市场上销售的成品时的日期。现在大多数企业都逐渐把产品的生产日期和生产批号统一化。

使用期限：保证医疗器械产品安全有效使用的期限，在该期限内产品能够维持其适用范围。一般从产品使用之日起开始计算。

失效日期：产品在一定的贮存条件下，能够保证质量的期限，到达此期限即认为失效。失效日期是使用期限的终止，该时间节点之后，医疗器械的安全有效性将不能被保证。

以上3个“日期”或“期限”，是由生产企业确定的，按照法规的要求，印刷于医疗器械产品的说明书和标签上。

近效期：产品距离过期或失效的期限。

《规范》中并未对如何界定近效期做出明确的规定，企业可根据所经营产品的特性及最小包装内产品的数量来确定近效期。因此，该期限一般是由经营企业确定的，体现在相应的制度或记录中。

PPT

第四节 有特殊要求的库房与设施设备

这里的“特殊要求”主要是指温度、湿度的要求，有些医疗器械（尤其是体外诊断试剂）对温湿度的要求很高，在收货、验收、贮存、检查、出库、运输等全过程中必须严格遵守医疗器械说明书或标签上对于温湿度的要求。因此，经营这类有特殊温湿度贮存要求的医疗器械，企业应当配备相应的设施设备，并能对温湿度进行有效调控及监测。

《规范》中涉及储运与冷链管理的条款共有28条，占全部（66条）的42%。由此可见，冷链管理在医疗器械经营中的地位非常重要。因此，本节主要介绍医疗器械冷链管理相关内容及要求。

一、总体要求

（一）医疗器械批发企业

应根据经营的医疗器械品种和规模，配备相适应的冷库（冷藏库或冷冻库）及冷藏车（保温车）或冷藏箱（保温箱）等设施设备。企业可根据所经营品种的库存周期、周转率、库存量、销量等因素，综合考虑冷库的容积、冷藏车的数量等。

（二）医疗器械零售企业

应根据经营的品种和规模，配备相适应的冷库或冷藏设备（冷藏柜或冷藏箱等）。

二、冷库

冷库是指采用人工制冷降温并具有保冷功能的仓储建筑群，包括制冷机房、变配电间等，它可以看作能实现低温控制的特殊库房。

（一）组成部分

冷库主要由库体、制冷机组、温度调控与监测系统、备用电源等部分组成。

1. 库体

（1）设计　库体是实现保冷功能的主要部分。传统的冷库一般做成五面结构的保温体，即前后、左右和顶，地面不做保温层。这样虽节约了材料成本，但缺点也显著，就是保温效果较差，库体内的温度易受地面温度的影响。因此，现在新建的库体一般做成包含地面保温层的六面结构，这样整体的保温效果更佳，既有利于降低能源消耗，节省开支，又有利于库体内温度的稳定。

如果冷库的容积不大，可以考虑设计成"库中库"的形式，即把冷库设置在阴凉库或恒温库内部，这样可极大地降低外界环境温度的变化对冷库的影响。

（2）材料　库体一般采用可发泡成型的聚氨酯保温材料。它结构简单，产品寿命长，施工效率高，耐火等级较高且综合造价低，是建筑保温领域的首选材料。由于聚氨酯材料可发泡一体成型，无须使用黏合剂，大大提高了库体结构的可靠性和使用寿命，也有利于保证库体的保温性能。库体板材厚度在15cm以上时，就能保证较好的保温效果。

（3）门　库体的门宜设计成平移门，因为相对推拉门，平移门对冷库的温度影响较小。门的生产方法一般有两种：一种是将聚氨酯泡沫喷射到预先制好的框架内，一种是采用聚氨酯隔热板。

在门的上方，可安装风幕机，其作用是通过高速电机带动贯流或离心风轮产生的强大气流，以形成一面"无形门帘"，既可以有效地阻挡库体外灰尘进入库内，保持库体内的清洁，又可以减少因开门引起的温度变化，起到隔热的作用。

（4）缓冲区　传统的货物出库过程中，直接打开冷库门进行装卸搬运的工作，这极易导致库体内的温度超温，不仅会导致货品物流过程中的断链，使贮存的医疗器械质量受到影响，而且冷库的门持续保持打开状态也会使冷气外泄，导致能源的浪费，因而导致冷库使用成本的增加。所以缓冲区的建立可以减少不必要的冷气泄露，节约冷库成本的开支；重要的是，使用缓冲区可以控制货品在物流过程中保持温度恒定，这样就会大大减少货品的损腐率，从而能够减少货品的损失，进而降低成本。

2. 制冷机组与温度调控系统

（1）制冷机组　主要由压缩机、冷凝器、蒸发器、出风机和控制系统等部分组成。机组的制冷能力（功率）应与冷库的容积相适应。

为保证制冷机组能不间断地工作，即使机组故障时也能保证制冷，一般配备双制冷机组，采用"一用一备"或自动轮值的模式。常规的"一用一备"制冷系统设置，将不可避免地造成常用机组长期运行形成的运行磨损等情况，影响其制冷效果和使用寿命，而备用机组基本处于空闲状态不能分担制冷负荷（除常用机组因故障等罢工的情况下）。因此，现多采用自动轮值模式，即两套制冷机组自动轮值、互为备用。相比“一用一备”模式，常用机组运行受到的制冷负荷就得到了有效分担，使得高效的制冷效能得到保障，也有利于延长两套机组的使用寿命。

为保证冷库的制冷效果，制冷机组的出风口应避免遮挡，且在出风口正对的风道上也不宜堆放货物，以便于冷气能均匀地分散于库体。

（2）温度调控系统　为保证冷库的温度达到所贮存医疗器械的要求，冷库应具有自动调控温度的功能。通过温度调控系统控制制冷系统的启停或变频工作，来实现温度的调节。

温度调控系统一般自带有温度监测和显示装置，用于指示当前温度调控的效果。但其作用不等同于下面的“温度监测系统”，不能因为该设备自带了温度监测、显示等功能，而不配备专门的温度监测系统。

3.温度监测系统　虽然温度调控系统可能自带有温度监测、显示等功能，但实际中还需要一套独立的监测系统来观测当前的温度，这就是温度自动监测系统（以下简称温测系统）的作用。该系统应具备以下功能。

（1）温测系统的测量范围、精度、分辨率等技术参数能够满足管理需要。譬如，某体外诊断试剂的贮存、运输温度是2~8℃，那么相应的温测系统，其测量范围必须涵盖这个温度范围，且精度、分辨率也能满足需要。

（2）温测系统具有不间断监测、连续记录、数据存储、显示及报警功能。因此，系统应有独立的电源，确保即使在供电中断的情况下，温测系统仍能正常工作，能监测、记录、存储、显示断电期间的温度数据，并能报警。

（3）冷库设备运行过程至少每隔1分钟更新一次测点温度数据，贮存过程至少每隔30分钟自动记录一次实时温度数据。

（4）当监测温度达到设定的临界值或者超出规定范围时，温测系统能够实现声光报警，同时实现短信等通讯方式向至少2名指定人员即时发出报警信息。

（5）每个独立的冷库应根据验证结论设定，安装至少2个温度测点终端。温度测点终端和温测设备每年应至少进行一次校准或者检定。

4.备用电源　为保证制冷系统的连续供电，冷库应配备备用发电机组或双回路供电系统等。

（1）备用发电机组　一般采用柴油发电机组。应注意的是，需要定期开启备用发电机组，以确保其功能正常，以防应急时不能使用。因此，应制定设施设备的维护保养制度，定期对其进行检查和维护。

当因故停电，且在较短时间内无法恢复供电时，必须启用柴油发电机组备用电源。切除市电供电各断路器，拉开双投防倒送开关至自备电源一侧，保持双电源切换箱内自备电供电断路器处于断开状态。启动柴油发电机组，待机组运转正常时，顺序闭合发电机空气开关、自备电源控制柜内各断路器。逐个闭合电源切换箱内各备用电源断路器，向冷库负载送电。备用电源运行期间，操作值班人员不得离开发电机组，并根据负荷的变化及时调整电压、频率等，发现异常及时处理。市电恢复供电时，应及时做好电源转换工作，切断备用电源，恢复市电供电。

企业如果采取的是配备备用发电机方案，应注意其供电额定功率是否能满足冷库及其他设备应急供电的需要。确定发电机组的功率并非把所有用电器功率简单相加，还需要考虑用电器的启动方式。一般启动方式分为直接启动和降压启动或变频启动，前者启动电流为工作电流的6倍左右，瞬间功率也会达到额定功率的6倍；后者启动电流为3倍左右，瞬间功率也为额定功率的3倍。因此，选择发电机组功率时，除了需要考虑所有用电器功率之和，还需要考虑每台用电器的启动功率。

企业应保留采购合同、发票等能证明所配置备用发电机所有权的证明材料。

对发电机操作人员做必要的培训。如果发电机不具备断电自动启动功能，则要求操作人员会进行手动启动的操作；如果发电机具备断电自启动功能，则要求操作人员会进行断电自启动测试，并确认发电机是否能够正常启动工作。操作人员应熟知发电机的耗油量、发电机油箱容量以及补充油料的可靠方法。

（2）双回路供电系统　两个变电所或一个变电所的两个仓位出来的具有同等电压的两条线组成的供电系统。采用双回路供电系统，当一条线路需要检修或者存在故障的时候，可以马上切换到另一条线路，不会因线路问题造成停产停工，可保证制冷系统的持续工作。

如果企业采用的是双回路供电系统，企业应能提供与供电部门签订的双回路供电协议，负责配电机房管理的人员应熟悉双回路供电的相关控制设备，以备监管部门检查。

（二）分区管理

与本章第二节中介绍过的库房分区管理相似，冷库也有分区管理的要求。冷库内应划分待验区、贮存区、退货区、包装材料预冷区（货位）等，并设有明显标示（颜色、文字）。

由于有些经营企业的规模可能不大，冷库的面积也比较小，如果像常温库那样在地面划出不同的区，会导致每个区的面积都很小，甚至还不够用。这时可以采取灵活的办法，比如用不同的货架代表不同的“区”；或者采用动态划区的办法，即冷库内应至少划分有上述区域，但其面积可根据货品的在库状态而动态调整，如刚收到一批货品，需要等待检验，这时可把待验区的面积扩大些（但要有明显的界线和标示）；等验收完毕后，又可把合格品区扩大些。

这里还需要对“包装材料预冷区”做一个介绍。顾名思义，该区域的作用是在医疗器械发货出库前，预先将包装材料放置于冷库内，使其表面和内部的温度和被运送的医疗器械的贮存温度一致，防止因包装材料的相对“高温”而引起医疗器械超温，保证医疗器械的温度全程都在可控范围内。企业应对预冷操作、预冷时间提出具体的要求，并将预冷、打包、发货等一系列操作规程悬挂于墙上，便于操作人员随时查看。

示例一

某医疗器械经营企业冷库标准操作规程

1.对漏冷点进行处理，防止漏冷造成温度波动。

2.医疗器械存储区域的建议

（1）对影响温度均匀性的货物摆放进行调整，防止货物越界放置，防止货物随意摆放，破坏温度均匀性。

（2）存储区域距墙壁不小于30cm（此距离为建议距离，根据冷库的大小、风机的功率、风机的位置自行进行合理调整）。

（3）堆垛不得高于出风口。

（4）风机区域，以出风口为圆心，以1m为半径的圆弧空间内不得放置物品，其余空间在遵循（1）、（2）的前提下均可放置货品。

（5）有多个托盘或货架密集排列的，货物的堆码高度应遵循“多人照相原则”，即随着与出风口距离的增加，堆码高度逐渐增加；货架或托盘松散放置时，可以等高放置。

（6）经常出入库的品种（或拆零）应放置在距离出入库操作区域（门）较近的区域储存；待验区、出入库区应在门附近。

（7）以门的中心点为圆心，以50cm为半径的圆弧内不得放置货品，方便出入库作业。

3.预先针对存储品种检查和确认温控区间，并按要求设置和调整风控区间。

4.冷库制冷机开机31分钟后才能进行医疗器械货品储存。

5.不得随意移动温度传感器的位置，每年检查和测试传感器的精度，确保其精度符合标准。

6.按年度对温湿度监测点终端进行校准；估算报警次数，0.1元/条短信，按年度进行充值，保证预警短信能及时发出；按月拨打短信卡电话，判断是否欠费。

7.开门出入库操作必须在5分钟内完成；两次开门的间隔时间要在9分钟以上。

8.建立柴油发电机的维护和加油记录，张贴在柴油发电机附近的显著位置；按月检查发电机的油量；按季度测试发电机的启动性能；确保在停电状态下发电机能正常启动并可持续运行。

9.冷链验证人员、冷链相关人员必须经过企业负责人授权，严格培训，且确认已经掌握相关知识，方可操作设备；所有资料必须妥善保管；人员离职时必须妥善移交资料，并培训继任者后才可离职。

10.注意事项

（1）高温时期，冷库开门作业超过5分钟，库内温度将超过8℃，因此必须选择温度低点开门，最长开门作业时间控制在5分钟内完成；

（2）高温时期，库内温度为3.78℃时停电，可抵抗33分钟的停电或故障。

三、冷藏车、保温车

上面介绍的冷库是医疗器械的冷链储存设施，由于此环节中的医疗器械相对处于静态，因此其风险相对来说较低且可控。但本部分要介绍的冷藏车、保温车是医疗器械的冷链运输设施，显而易见，此环节中的医疗器械处于动态，其风险就会高很多，而且可能会遇到不可控的因素。因此，经营企业除了要保证运输设施设备的正常外，还需要考虑这些不可控因素的发生，如车辆故障、发生事故、交通拥堵等，并制定相应的应急处理方案。

（一）冷藏与保温

这里首先需要区分清楚“冷藏”和“保温”的概念，包括下一部分要介绍的“冷藏箱、保温箱”，也同样适用。冷藏设备指的是能够主动制冷的设备，需要依靠制冷机组来实现制冷；而保温设备一般指只能被动蓄冷的设备，靠放入蓄冷（热）剂来维持温度的相对恒定。

因此，保温车除了没有制冷机组，其他组成部分与要求均与冷藏车十分相似，以下主要以冷藏车为例进行介绍。

（二）冷藏车的关键组成部分及要求

从某种程度上说，冷藏车就相当于一个“移动”的小型冷库。因此，其组成部分和要求与冷库有不少相似之处。

1.汽车底盘　底盘应具有良好的稳定性。用于改装的汽车底盘必须具有制造厂的合格证明；自制件应经检验部门检验合格后方能装配，所有外购件、外协件都应有制造厂的产品质量合格证，并必须经冷藏车制造厂复查合格后方能装配。

2.保温厢体　与冷库一样，目前冷藏车的厢体材料一般也是用聚氨酯作为保温、隔热材料，并采用一体发泡成型技术制成，整体具有良好的密封性。车厢应具有防水、密闭、耐腐蚀等性能，车厢内部留有气流充分循环的空间，以保证控温效果。

由于车厢容积有限，有些企业为了节省运输成本，往车厢内堆放过多货物，造成车厢内冷气循环不畅，导致接近出风口的货物被冷冻，而远离出风口的货物因达不到冷藏的温度而发生超温，最终得不偿失。因此，宁可牺牲一定的储物空间，也要保证车厢内部有气流循环的空间。

3.制冷机组　冷藏车应配备制冷机组，用于调节和控制车厢内的温度，并且能够显示、记录温度和报警，其配置符合国家相关标准要求（如QC/T 450—2000《保温车、冷藏车技术条件》）。

冷藏车的制冷机组有独立式和非独立式之分。

（1）非独立式机组　动力输出是依靠汽车底盘的发动机来带动的。当汽车发动机停止运转的时候，非独立式制冷机组就失去动力支持，制冷系统停止工作。因此，如果在汽车熄火或汽车发动机故障时，非独立式制冷机组将停止制冷，车厢内医疗器械的品质有可能得不到保证。

（2）独立式机组　拥有单独的动力源，即机组本身所独立的柴油发动机作为其动力源。即使汽车发动机熄火或故障，制冷机组仍能依靠自身的动力来维持运行。因此，为保证所运输的医疗器械的质量安全，特别是需要长途运输时，宜优先考虑具有独立制冷机组的冷藏车。

4. 温度监测系统　与冷库一样，冷藏车也应配备一套独立的温测系统，其功能除了记录外，最主要的是能够远程无线发送温度数据以及车辆的GPS信息，并上传至相应的服务器，便于工作人员实时查看，掌握车辆的位置和温度信息。具体要求如下。

（1）温度监测系统的测量范围、精度、分辨率等技术参数能够满足管理需要，具有不间断监测、连续记录、数据存储、显示及报警功能。

（2）冷藏车、保温车设备运行过程至少每隔1分钟更新一次测点温度数据，贮存过程至少每隔30分钟自动记录一次实时温度数据，运输过程至少每隔5分钟自动记录一次实时温度数据。

（3）当监测温度达到设定的临界值或者超出规定范围时，温测系统能够实现声光报警，同时实现短信等通讯方式向至少2名指定人员即时发出报警信息，由相关人员查明原因，及时采取有效措施进行调控。

（4）每台独立的冷藏车、保温车应根据验证结论设定，安装至少2个温度测点终端。温度测点终端和温测设备每年应至少进行一次校准或者检定。

5. 导流槽　在车厢内壁和底板上设计一定的气体导流槽，使冷气能全方位地、较为均匀地在车厢内流动，保证控温效果。

四、冷藏箱、保温箱

医疗器械冷链运输大多具有“小批量，多频次”的特点，即对某个客户而言，需要的只是小批量产品，但对经营企业来说，因为有多个客户，则需要分多次运输。因此，一般情况下是由冷藏车或保温车将冷藏或冷冻医疗器械集中运输至某地，然后再分成小批量通过冷藏箱或保温箱送到各客户处。在实际运输中，两者配合使用可实现优势互补，降低运输成本。

由于冷藏箱（柜）具有制冷功能，因此其工作时需要外接电源，而且其体积、重量较大，这些因素决定了其几乎无法便携。但实际运输过程中，在车辆到达目的地后，有时候需要通过人力搬运解决最后“一公里”（譬如从医院停车场或卸货点到某科室），这就让保温箱有了用武之地。

以下重点介绍保温箱。以结构相对简单的保温箱为例，它主要由箱体、冷热媒和温度监测设备三部分组成。

1. 箱体　一般由三层构成，即外壳、保温层和内胆，其材料采用吸水性低、透气性小、导热系数小，具有良好温度稳定性的保温材料。外壳、内胆（也分别称为外表面、内表面）一般采用食品级PE（聚乙烯）、PP（聚丙烯）材料制成，中间的保温层一般采用导热系数小的PU（聚氨酯）材料一体发泡成型。

箱体多采用滚塑工艺一次成型，无缝连接，强度高、韧性好、抗冲击。在箱盖开合处，装有橡胶材料制成的密封圈，在提高密封性的同时也保证了箱体的保温性。在箱体的底部，一般留有放水口。

2.冷热媒 主要是指蓄冷剂或蓄热剂，这里以蓄冷剂为例进行介绍。

蓄冷剂是一种由有机和（或）无机化合物组成的半透明（或不透明）的、黏稠胶状混合物，可在低温下吸收并储存大量冷量，而在温度较高时又能放出大量冷量，较长时间保持自身及周围小范围内的低温环境。通常将蓄冷剂密封在不同形状、不同材料的容器里，因此又被称为冰排、冰盒或冰袋，实际使用中，可根据箱体大小和保温时间长短的需要，调整冰排、冰盒或冰袋的数量。在运输医疗器械、药品的场合，一般不推荐使用冰袋，因为其冰冻变硬后，外层的袋子容易产生破洞，导致内部液体渗漏而污染运送的物品。

蓄冷剂的使用及注意事项：①使用前应检查蓄冷剂有无渗漏，确认完好后将蓄冷剂冷冻数小时以上（该时间长短与设备冷冻能力及蓄冷剂的量有关），直到蓄冷剂完全冻结成固体；②运输前确保医疗器械货品已经冷却到了要求的温度，并将保温箱也预冷至该温度；③把预冷好的货品移入保温箱内，并将冻结好的蓄冷剂置于保温箱上部，避免蓄冷剂与货品直接接触，盖上箱盖并扣好锁扣；④对温度要求很精确的应用场合，应先将蓄冷剂放入空的蓄冷箱内，等待温度表测得的箱内温度达到要求的温度后，再把货品放入箱内。

3.温度监测设备 用来监测保温箱内部的温度，并将其显示于箱体外部的液晶屏上，超出设定的温度范围时，能够报警。可插入手机SIM卡，以实现向指定人员报警及无线上传温度数据的功能，用户可通过网络或云平台查看历史或实时温度数据。

《规范》和《医疗器械冷链（运输、贮存）管理指南》中未对保温箱或冷藏箱的温度监测设备明确误差、监测的时间间隔等要求。可参考WB/T 1097—2018《药品冷链保温箱通用规范》中的要求。

（1）误差 温度监测设备的最大允许误差为：测量范围在0~40℃之间，温度最大允许误差为±0.5℃；测量范围在-25~0℃之间，温度最大允许误差为±1.0℃。

（2）监测和记录时间间隔 在使用过程中，温度监测设备应当自动地对温度进行不间断的监测和记录。温度监测设备应当至少每隔1分钟更新一次测点温度数据，至少每隔5分钟自动记录一次实时温度数据。当监测的温度超出规定范围时，系统应当至少每隔2分钟记录一次实时温度数据。

（3）报警功能 当监测的温度数据达到设定的临界值或超出规定范围时，温度监测设备能够实现就地和在指定地点进行声光报警，并采用有效通讯方式，向至少3名指定人员发出报警信息。如采用航空运输方式，在空运中应有开关可以关闭报警功能。

4.隔温装置 用于将医疗器械与蓄冷剂或蓄热剂隔离开来，使运送的货品不直接与蓄冷剂或蓄热剂发生接触。

5.其他附件 如选配蓝牙打印机，可方便地实时打印当前储存的温度数据。

示例二

某医疗器械经营企业保温箱标准操作规程

1.检查箱子的密封情况，确保密封。

2.蓄冷剂蓄冷：验证所用的蓄冷剂（冰排）应在-10℃以下的冷冻库中，或-10℃以下的冰柜中充分冻结，确保冰排冻结完全，原则上冷冻时间应在最长运输距离所需时间以上，最少不得低于24小时；未充分冻结的蓄冷剂冷量不足，温度上升快，保温时间短。为保证有充分的冻结时间，要求客户配备备份蓄冷剂。

3.蓄冷剂预热：保温箱、蓄冷剂（冰排）、隔离板、温度记录仪等装箱设施设备在包装前30~60分钟放置于2~8℃的冷藏环境内，确保包装前各设施设备的表面温度在2~8℃范围内。温湿度测量装置测量蓄冷剂的表面温度达到3℃±1℃时，才可装箱。

4.蓄冷剂的摆放：保温箱内放置4块冰排，采取箱子两侧长边各两块的放置方式。

5.蓄冷剂的隔离和固定：蓄冷剂和冷藏物之间必须用隔离板（泡沫板）有效隔离，防止蓄冷剂与冷藏物直接接触而冻结；蓄冷剂（冰排、冰盒）应被有效固定，防止因车辆颠簸发生位置变化。

6.冷藏物品的摆放：避免与蓄冷剂直接接触而冻结；如果空间允许，独立包装之间要留有冷量扩散的缝隙或空间；为防止车辆颠簸发生位置变化，独立包装之间要用不影响冷量扩散的填充物支撑固定（如空纸盒）。

7.按年度对温湿度测点终端进行校准：估算报警次数，0.1元/条短信，按年度进行充值，保证预警短信能及时发出；按月拨打短信卡电话，判断是否欠费。

8.开箱操作必须在7分钟内完成，最长运输距离所用时间不得超过5小时。

9.冷链验证人员、冷链相关人员必须经过企业负责人授权，严格培训，且确认已经掌握相关知识，方可操作设备；所有资料必须妥善保管；人员离职时必须妥善移交资料，并培训继任者后才可离职。

第五节　计算机信息管理系统

PPT

《规范》第三十条要求“经营第三类医疗器械的企业，应当具有符合医疗器械经营质量管理要求的计算机信息管理系统，保证经营的产品可追溯”，并“鼓励经营第一类、第二类医疗器械的企业建立符合医疗器械经营质量管理要求的计算机信息管理系统”。

计算机信息管理系统是企业质量管理体系的重要组成部分，是企业从事医疗器械经营活动和质量管理活动的物质载体，也是我国医疗器械监管部门监管手段的升级。在计算机已经非常普及的今天，建立计算机信息管理系统，不仅是信息化、网络化推动下的必然结果，也是经营企业提高管理质量、监管部门实现智慧监管的现实需求。

一、组成

计算机信息管理系统是一个以人为主导，利用计算机硬件、软件、网络通信设备以及其他办公设备，进行信息的收集、传输、加工、储存、更新和维护，以企业战略竞优、提高效益和效率为目的，支持企业高层决策、中层控制、基层运作的集成化的人机系统。简单地说，计算机信息管理系统就是一个由人和计算机等组成的，用来支持一个组织机构内部的作业管理、分析和决策职能的系统。

对于医疗器械经营企业来说，计算机信息管理系统一般由企业资源计划（enterprise resource planning，ERP）、仓库管理系统（warehouse management system，WMS）、运输管理系统（transportation management system，TMS）和温湿度监测系统组成。

1.企业资源计划　管理企业采购、销售、库存、人事绩效考核、财务等方面的软件系统。

2.仓库管理系统　专门用于物流基地、智能仓储管理的软件系统，主要由软件和相应的硬件设施组成。

3.运输管理系统　专门用于物流基地、车辆智能调度的软件系统，主要由软件和相应的硬件设施组成。

4.温湿度监测系统　由安装在库房或车辆中各个监测点的温湿度传感器采集数据，通过有线或无线的方式传输数据到计算机，并配合相应的软件和报警设备实现监测功能。

二、要求

（1）与其他计算机信息管理系统的要求相似，医疗器械经营企业的计算机信息管理系统在硬件设施和网络环境方面，应满足一般性的要求：有支持系统正常运行的服务器；有稳定、安全的网络环境，有固定接入互联网的方式和可靠的信息安全平台；有实现相关部门之间、岗位之间信息传输和数据共享的局域网；有应用软件和相关数据库等。

（2）作为与经营质量管理密切相关的管理系统，该系统必须满足医疗器械经营管理活动和质量管理活动的全过程控制，能对医疗器械的购、储、销等质量控制环节进行全面规范的管理，能对采购产品合法性，供货单位及其销售人员资格审核、收货验收、储存、养护、效期、出库、销售、运输、退回、召回、追溯等过程或行为进行有效的管理。实现医疗器械经营全过程数据的可追溯，并满足医疗器械监管的实施条件。

（3）计算机信息管理系统在功能设计、操作权限、数据记录等方面应符合质量管理文件的规定。图4-2是某医疗器械零售企业计算机信息管理系统的功能导航示意图。

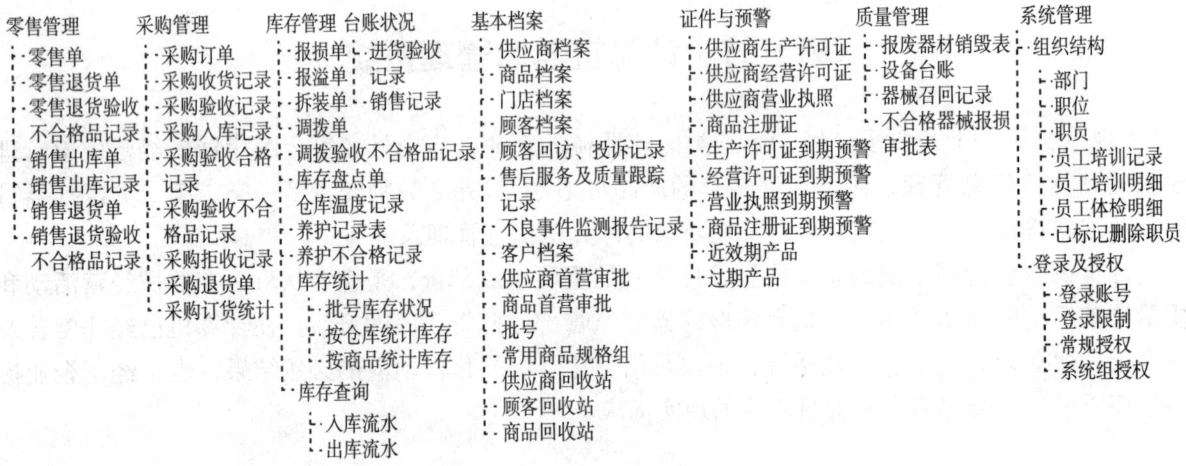

图4-2　某医疗器械零售企业计算机信息管理系统功能导航示意图

三、职责分工

（一）信息管理部门应当履行的职责

（1）负责系统硬件和软件的安装、测试及网络维护。

（2）负责系统数据库管理和数据备份。

（3）负责培训、指导相关岗位人员使用系统。

（4）负责系统程序的运行及维护管理。

（5）负责系统网络以及数据的安全管理。

（6）保证系统日志的完整性。

（7）负责建立系统硬件和软件管理档案。

（二）质量管理部门应当履行的职责

（1）负责指导设定系统质量控制功能。

（2）负责系统操作权限的审核，并定期跟踪检查。

（3）监督各岗位人员严格按规定流程及要求操作系统。

（4）负责质量管理基础数据的审核、确认生效及锁定。

（5）负责经营业务数据修改申请的审核，符合规定要求的方可按程序修改。

（6）负责处理系统中涉及产品质量的有关问题。

四、基础数据

质量管理基础数据是企业合法经营的基本保障，必须由专门的质量管理人员对相关资料审核合格后，据实确认和更新，更新时间由系统自动生成。经营企业应当将审核合格的供货单位、购货单位及经营品种等信息录入系统，建立质量管理基础数据库并有效运用。

（1）质量管理基础数据包括供货单位、购货单位、经营品种、供货单位销售人员资质、购货单位采购人员资质及提货人员资质等相关内容。

图4-3为某信息管理系统中供应商信息采集的界面示意图。

No.	编号	供应商名称	简称	拼音码	企业类型	许可经营范围	联系人	联系电话	地址	建档日期	备注

图4-3　某信息管理系统的供应商信息采集界面示意图

（2）质量管理基础数据与对应的供货单位、购货单位，以及购销医疗器械的合法性、有效性相关联，与供货单位或购货单位的经营范围相对应，由系统进行自动跟踪、识别与控制。

如图4-3中输入供应商的许可经营范围后，以后在将采购自该供应商的产品信息输入系统时，要求系统能自动识别该产品是否在供应商的经营范围内，并进行相关控制。

（3）系统对接近失效的质量管理基础数据进行提示、预警，提醒相关部门及岗位人员及时索取、更新相关资料；任何质量管理基础数据失效时，系统都自动锁定与该数据相关的业务功能，直至数据更新和生效后，相关功能方可恢复。

图4-4为某信息管理系统中供应商经营许可证预警界面示意图。

No.	供应商	经营许可证	发证部门	到期时间	预警	经营许可证文件

图4-4　某信息管理系统的供应商经营许可证预警界面示意图

（4）其他岗位人员只能按规定的权限，查询、使用质量管理基础数据，不能修改数据的任何内容。

五、应具备的功能

《规范》第三十条要求计算机信息管理系统应当具有以下功能。

（1）具有实现部门之间、岗位之间信息传输和数据共享的功能。

（2）具有医疗器械经营业务票据生成、打印和管理功能。

（3）具有记录医疗器械产品信息（名称、注册证号或备案凭证号、规格型号、生产批号或序列号、生产日期或失效日期），生产企业信息，实现质量追溯跟踪的功能。

（4）具有包括采购、收货、验收、贮存、检查、销售、出库、复核等各经营环节的质量控制功能，能对各经营环节进行判断、控制，确保各项质量控制功能的实时和有效。

（5）具有供货者、购货者以及购销医疗器械的合法性、有效性审核控制功能。

（6）具有对库存医疗器械的有效期进行自动跟踪和控制功能，有近效期预警及超过有效期自动锁定等功能，防止过期医疗器械销售。

医疗器械监管部门通过系统可能重点检查的项目如下：企业组织架构和人员资质；硬件设施设备（如库房、车辆、冷藏箱等）；质量管理体系文件（如制度、职责、操作规程等）；医疗器械经营各环节（如购、储、销等环节）的管控；温湿度监测系统；运输管理（重点是冷链管理）；售后服务（如不良事件、严重质量安全问题的处置等）。

六、数据管理

企业应当根据计算机管理制度对系统各类记录和数据进行安全管理。系统运行中涉及企业经营和管理的数据，应当采用安全可靠的方式储存并定期进行备份。备份记录和数据的介质应存放于安全场所，防止与服务器同时遭遇灾害造成损坏或丢失。其目的是保证企业经营的电子数据保持持续安全状态，确保企业机载数据在发生遗失、损坏等极端情况时，有能力快速进行数据恢复，保证企业信息资源的不间断管理和历史信息可追溯；保证系统发生故障时可以不影响正常经营活动，并能够满足监管部门的检查需要。

有关进货查验记录和销售记录数据的保存时限，可参照《规范》第九条的要求执行，即保存至医疗器械有效期后2年；无有效期的，不得少于5年；植入类医疗器械的进货查验记录和销售记录应当永久保存。

第六节　设备的验证、校准与检定

PPT

前几节中提到了企业必须配备必要的设施设备，为了保证其正常运行，企业应当对基础设施及相关设备进行定期检查、清洁和维护，并建立记录和档案。那么，是不是做到上述要求就能保证医疗器械的质量安全呢？答案是否定的，就算是合格的设备，但由于人员操作不当，仍然会给医疗器械的质量带来威胁。因此，这就需要实施验证，通过验证得到的结论去制定相关的操作规程，指导相关人员执行相应的标准，从而保证医疗器械的质量安全。

验证是《规范》中非常重要的一个内容，本节主要介绍与冷冻冷藏相关设施设备的验证、校准和检定。

一、验证

验证是指通过提供客观证据对规定要求已得到满足的认定。具体地说，就是企业虽然配备了冷冻、冷藏的设施和设备，但要保证这些设施设备是能切实发挥作用的，还需要通过一系列的操作或建立一定的操作规程来证明它们确实能达到规定的要求。

（一）概述

验证范围与内容，主要包括对冷库、冷藏车、冷藏箱、保温箱以及温湿度自动监测系统（以下简称监测系统）等进行验证，确认相关设施、设备及监测系统能够符合规定的设计标准和要求，并能安全、有效地正常运行和使用，确保冷藏、冷冻医疗器械在储存、运输过程中的质量安全。

企业应当根据验证确定的参数及条件，正确、合理使用相关设施设备及监测系统，未经验证的设施、设备及监测系统，不得用于医疗器械冷藏、冷冻储运管理。

（二）验证工作的开展

企业质量负责人负责验证工作的监督、指导、协调与审批，质量管理部门负责组织仓储、运输等部门共同实施验证工作。

企业应当按照质量管理体系文件的规定，按年度制订验证计划，根据计划确定的范围、日程、项目，实施验证工作。

（三）验证控制文件

企业应当在验证实施过程中，建立并形成验证控制文件，文件内容包括验证方案、标准、验证报告、设备技术资料、验证过程记录表格、评价、偏差处理、预防措施、验证工具校验记录、设施设备维护保养记录等，验证控制文件应当归入医疗器械质量管理档案，并按规定保存。

（1）验证方案根据每一项验证工作的具体内容及要求分别制定，包括验证的实施人员、对象、目标、测试项目、验证设备及监测系统描述、测点布置、时间控制、数据采集要求，以及实施验证的相关基础条件，验证方案需经企业质量负责人审核并批准后，方可实施。

（2）企业需制定实施验证的标准和验证操作规程。

（3）验证完成后，需出具验证报告，包括验证实施人员、验证过程中采集的数据汇总、各测试项目数据分析图表、验证现场实景照片、各测试项目结果分析、验证结果总体评价等，验证报告由质量负责人审核和批准。

（4）在验证过程中，根据验证数据分析，对设施、设备运行或使用中可能存在的不符合要求的状况、监测系统参数设定的不合理情况等偏差，进行调整和纠正处理，使相关设施、设备及监测系统能够符合规定的要求。

（5）根据验证结果对可能存在的影响产品质量安全的风险，制定有效的预防措施。

（四）需要验证的情形

企业应当根据制定的验证方案来实施验证，当出现以下情形时必须进行验证。

1.使用前验证　相关设施设备及监测系统在新投入使用前或改造后需进行使用前验证，对设计或预定的关键参数、条件及性能进行确认，确定实际的关键参数及性能符合设计或规定的使用条件。例如，企业新建了冷库，或新购了冷藏、保温设备，那么这些设施或设备应进行使用前验证。

当相关设施、设备及监测系统超出设定的条件或用途，或是设备出现严重运行异常或故障时，要查找原因、评估风险，采取适当的纠正措施，并跟踪效果。

2.定期验证　对相关设施、设备及监测系统进行定期验证，以确认其符合要求，定期验证间隔时间不超过1年。例如，企业应当对冷库以及冷藏、保温等运输设施设备进行定期验证，验证周期由企业自行决定，但不能超过1年。

3.停用重新使用前验证　根据相关设施设备和监测系统的设计参数以及通过验证确认的使用条件，分别确定最大的停用时间限度；超过最大停用时限的，在重新启用前，要评估风险并重新进行验证。

（五）验证项目的确定

企业应当根据验证的内容及目的，对不同的设施设备确定相应的验证项目。

1.冷库　验证的项目至少包括：①温度分布特性的测试与分析，确定适宜医疗器械存放的安全位置及区域；②温控设备运行参数及使用状况测试；③监测系统配置的测点终端参数及安装位置确认；④开门作业对库房温度分布及医疗器械储存的影响；⑤确定设备在故障或外部供电中断的状况下，库房保温性能及变化趋势分析；⑥对本地区的高温或低温等极端外部环境条件，分别进行保温效果评估；⑦在新建库房初次使用前或改造后重新使用前，进行空载及满载验证；⑧年度定期验证时，进行满载验证。

例如第⑤点，当供电中断后，考察冷库能保持温度恒定的时间有多长，或者在多长时间内，冷库内的温度不至于超出医疗器械允许的贮存温度。这个时间越长，说明库体的保温性能越好，也有利于管理人员有足够的时间采取应对措施。

2.冷藏车 验证的项目至少包括：①车厢内温度分布特性的测试与分析，确定适宜医疗器械存放的安全位置及区域；②温控设施运行参数及使用状况测试；③监测系统配置的测点终端参数及安装位置确认；④开门作业对车厢温度分布及变化的影响；⑤确定设备故障或外部供电中断的状况下，车厢保温性能及变化趋势分析；⑥对本地区高温或低温等极端外部环境条件，分别进行保温效果评估；⑦在冷藏车初次使用前或改造后重新使用前，进行空载及满载验证；⑧年度定期验证时，进行满载验证。

3.冷藏箱或保温箱 验证的项目至少包括：①箱内温度分布特性的测试与分析，分析箱体内温度变化及趋势；②蓄冷剂配备使用的条件测试；③温度自动监测设备放置位置确认；④开箱作业对箱内温度分布及变化的影响；⑤高温或低温等极端外部环境条件下的保温效果评估；⑥运输最长时限验证。

4.监测系统 验证的项目至少包括：①采集、传送、记录数据以及报警功能的确认；②监测设备的测量范围和准确度确认；③测点终端安装数量及位置确认；④监测系统与温度调控设施无联动状态的独立安全运行性能确认；⑤系统在断电、计算机关机状态下的应急性能确认；⑥防止用户修改、删除、反向导入数据等功能确认。

（六）验证测点的设置

应当根据验证对象及项目，合理设置验证测点。

（1）在被验证设施设备内一次性同步布点，确保各测点采集数据的同步、有效。

（2）在被验证设施设备内，进行均匀性布点、特殊项目及特殊位置专门布点。

（3）每个库房中均匀性布点数量不得少于9个，仓间各角及中心位置均需布置测点，每两个测点的水平间距不得大于5m，垂直间距不得超过2m。

（4）库房每个作业出入口及风机出风口至少布置5个测点，库房中每组货架或建筑结构的风向死角位置至少布置3个测点。

（5）每个冷藏车厢体内测点数量不得少于9个，每增加$20m^3$增加9个测点，不足$20m^3$的按$20m^3$计算。

（6）每个冷藏箱或保温箱的测点数量不得少于5个。

（七）验证时间的确定

应当确定适宜的持续验证时间，以保证验证数据的充分、有效及连续。

（1）在库房各项参数及使用条件符合规定的要求并达到运行稳定后，数据有效持续采集时间不得少于48小时。

（2）在冷藏车达到规定的温度并运行稳定后，数据有效持续采集时间不得少于5小时。

（3）冷藏箱或保温箱经过预热或预冷至规定温度并满载装箱后，按照最长的配送时间连续采集数据。

（4）验证数据采集的间隔时间不得大于5分钟。

（八）验证结果的应用与保存

验证冷库和冷藏车后获得的温度分布状况参数，用于指导日常温度监控和确定医疗器械摆放位置，确保设施设备在经验证合格的条件下发挥效能，使医疗器械的质量在储存、转移和运输过程中得到保证。

应当确保所有验证数据的真实、完整、有效、可追溯，并按规定保存。验证的结果，应当作为企业制定或修订质量管理体系文件相关内容的依据，例如应根据验证结果及时修订相关质量管理制度和标准操作规程（SOP）。

二、校准和检定

《规范》第二十八条要求："企业应当按照国家有关规定，对温湿度监测设备等计量器具定期进行校准或者检定，并保存校准或检定记录。"

1.校准　在规定条件下，为确定计量仪器或测量系统的示值，或实物量具或标准物质所代表的值，与相对应的被测量的已知值之间关系的一组操作。简单来说，校准是为了确定计量器具或测量系统的示值误差。

2.检定　由法制计量部门或法定授权组织按照检定规程，通过实验，提供证明，来确定测量器具的示值误差满足规定要求的活动。

校准和检定都需要使用比被计量器具精度更高的标准器具来做对比，以得出示值误差。它们都是实现溯源的重要形式，是确保量值准确一致的重要措施，但两者有许多不同之处，不能混淆。

三、维护

平时应做好相关设施设备的维护，坚持"预防为主"和"维护与计划检修相结合"的原则，做到正确使用，精心维护，使设施设备处于良好的状态，保证其安全、稳定运转。

尤其要注意必须定期检查备用电源、备用发电机组等是否能正常工作，避免紧急时无法使用的情况发生。

第七节　医疗器械第三方物流企业的设施设备

本节的"第三方物流企业"是指为医疗器械注册人、备案人和经营企业专门提供医疗器械运输、贮存服务的企业，应符合《医疗器械经营质量管理规范附录：专门提供医疗器械运输贮存服务的企业质量管理》（以下简称《附录》）的要求。由于《附录》"第四章 设施设备"部分要求与《规范》中某些条款的要求相似，且在前几节中已有提及，故下面仅做简单介绍，读者如欲详细了解，请自行查阅《附录》。

PPT

一、仓储

1.仓储条件　能开展现代物流自动化、智能化与集约化管理，并依据所运输、贮存医疗器械产品的质量特性和管理要求，合理设置满足不同质量状态、贮存环境要求的库区与库位。

2.仓储设备设施　应能满足医疗器械运输、贮存服务全过程的物流操作与质量管理要求，配备计算机硬件设备，医疗器械唯一标识（UDI）采集识读设备，货架系统，装卸搬运及输送设备，分拣及出库设备，避光、通风、防潮、防虫、防鼠等设备，温湿度自动监测及控制设备，运输车辆及设备。

二、库房

库房中贮存非医疗器械产品时，应做好库房分区管理，充分评估非医疗器械产品对医疗器械产品的污染风险，制定措施确保医疗器械贮存环境安全。

三、计算机信息系统

主要包括仓库管理系统、温湿度监测系统、运输管理系统等；需冷链运输医疗器械的还应配备冷链运输管理系统。能够对医疗器械的运输、贮存全过程实行动态管理和控制，对相关数据进行收集、记录、查询、统计。

企业的计算机信息系统应具备与委托方在基础数据、收货、验收、库存、发货等环节实时电子数据交互的能力，以及与药品监督管理部门实时同步电子数据的功能。数据的保存年限不低于《规范》中各项记录的保存年限。

本章小结

医疗器械经营企业质量管理体系的建立不仅需要可靠的制度和有资质的人员，还赖于一定的设施和设备，本章就是围绕后者展开介绍的。

设施主要是指经营场所和库房，它们对选址、布局等均有一定的要求。其中，对于从事医疗器械批发的经营企业，其经营场所只需满足总体要求，而对于从事医疗器械零售的经营企业，其经营场所还有额外的要求。库房是企业的重要设施，内外均不能有污染源；应对库房实行分区管理；库房的建筑结构、所用材料均不能对医疗器械的质量产生影响，而且应具备一定的防护措施。

《规范》对营业场所和库房的面积只做了原则性的规定，未做出统一具体的要求。因为各地区要求不一，不同经营企业的特点也不同，很难做出统一的要求，而且这么做也缺乏科学依据。

本章重点以需要冷链运输、管理的医疗器械为例，介绍了其对库房与相应设施、设备的要求。医疗器械批发企业应根据经营规模和经营品种，配备冷库、冷藏车（保温车）、冷藏箱（保温箱）等设施设备，并安装能有效调控、监测温度的设备。为了保证上述设施设备的正常工作，还要配备必要的保障设备，如备用发电机组，温度记录、报警装置等。

由于第三类医疗器械的风险高，《规范》要求经营此类医疗器械的企业应当具有符合医疗器械经营质量管理要求的计算机信息管理系统，其目的是便于追溯所经营的产品。这是《规范》对“分类管理”要求的具体体现。

为了保证设施设备良好运行，不影响医疗器械产品的质量安全，应当对其进行验证、校准和检定，本章主要介绍了与冷冻冷藏相关设施设备的验证、校准和检定。

由于医疗器械第三方物流企业的普及，为一些小规模的医疗器械经营企业解决了贮存、运输的难题，降低了其运营成本。本章最后对医疗器械第三方物流企业应满足的条件进行了介绍。

习题

习题

一、单项选择题

1. 关于企业的经营场所和库房，下列说法正确的是（　　）。

A. 企业必须拥有经营场所的房屋产权

B.为节省空间，可以利用库房一角作为经营场所

C.企业法定代表人将自己名下的一套民用住宅装修改造为企业的经营场所

D.库房不一定要在经营场所附近

2.下列选项中，最适合作为库房的选址地的是（　）。

A.农贸市场附近　B.某产业园区内　C.农田边上　D.垃圾中转站附近

3.根据库房分区管理的要求，红色表示（　）。

A.待验区　B.退货区　C.发货区　D.不合格品区

4.关于医疗器械零售经营场所，下列说法错误的是（　）。

A.店面应该布局合理，避免拥挤

B.如有冷柜，则其应该有监测、显示温度的功能

C.应配备陈列用的货架和柜台

D.如果药店零售医疗器械，只需悬挂《药品经营许可证》即可

5.冷库也有分区管理的要求，相比普通库房，它特别要求有（　）区。

A.合格品　B.收货　C.待验　D.包装材料预冷

6.冷库设备运行过程中，至少每隔（　）分钟更新一次测点温度数据，贮存过程至少每隔（　）分钟自动记录一次实时温度数据。

A. 1，30　B. 1，60　C. 3，30　D. 3，60

7.以下具有良好的保温、隔热性能，广泛用于冷库、保温箱的保温材料是（　）。

A.聚氨酯　B.聚乙烯　C.聚丙烯　D.聚氯乙烯

8.医疗器械经营企业的计算机信息管理系统，对其功能叙述不正确的是（　）。

A.具有实现部门之间、岗位之间信息传输和数据共享的功能

B.具有记录医疗器械产品信息的功能

C.具有对库存医疗器械的有效期进行自动跟踪和控制功能

D.不需要有医疗器械经营业务票据生成、打印的功能

9.通过提供客观证据对规定要求已得到满足的认定是指（　）。

A.验证　B.检定　C.校准　D.维护

10.医疗器械第三方物流企业不需要取得（　）。

A.《营业执照》　B.《道路运输许可证》

C.《医疗器械经营许可证》　D.《医疗器械生产许可证》

二、简答题

1.医疗器械经营企业的库房应具备什么条件？

2.医疗器械拆零销售时，应注意什么？

3.冷库的温度监测系统有什么要求？

4.如何对冷藏车进行验证？

5.医疗器械第三方物流企业应当符合哪些要求？

（毛　伟）

微课

第五章　采购、收货与验收

知识目标

1.掌握　医疗器械采购时审核的内容；医疗器械收货应核对的内容；医疗器械验收的主要内容。

2.熟悉　采购记录的主要内容；需要冷藏、冷冻医疗器械的验收要求；验收记录的主要内容。

3.了解　采购合同或协议的主要内容；随货同行单的主要内容；委托贮存、配送医疗器械收货验收的要求。

能力目标

1.学会　按照《规范》的要求，进行医疗器械采购、收货和验收操作。

2.具备　在医疗器械采购、收货和验收工作中质量管理的能力。

PPT

第一节　医疗器械采购

案例讨论

案例　国家药品监督管理局在对某医疗器械经营企业进行飞行检查时发现以下问题。

1.企业经营A企业生产的一次性使用注射器、B企业生产的呼吸机两个产品，但企业提供的这两个产品注册证书复印件没有加盖供货企业公章，也均未提供相关销售人员身份证复印件及授权书。

2.采购协议中没有与相关供货商约定售后服务责任。

3.采购记录中没有记录产品规格（型号）和注册证号。

讨论　该经营企业的上述行为有哪些不妥？

采购是医疗器械经营企业从具有合法资质的医疗器械生产企业、经营企业获得合法合规的医疗器械产品的过程，是医疗器械经营行为起点，也是非常关键的一步，采购行为是否合法合规，关系到整个经营行为的合法性。

一、首营企业审核

首营企业是指第一次为本企业提供医疗器械产品的医疗器械生产企业或经营企业，经审核合格的企业纳入合法供应商名单。首营企业审核是企业质量管理的重要过程，是保证经营产品来源合法合规的关键，也是药品监督管理部门检查的重点。

1. 审核内容

（1）核实《营业执照》　核对单位名称、法定代表人等信息与其他证件是否一致，《营业执照》是否过期或即将过期，是否加盖供货企业公章，可以登录企业所在地市场监督管理部门网站进行企业信息查询核实。

（2）核实医疗器械（经营）生产许可证或者备案凭证　如果供货者为生产企业，需要提供《医疗器械生产许可证》（第二、三类医疗器械）或《医疗器械生产备案凭证》（第一类医疗器械），如果供货者为经营企业，需要提供《医疗器械经营许可证》（第三类医疗器械）或《医疗器械经营备案凭证》（第二类医疗器械），以上材料需要加盖供货企业公章，生产、经营产品范围应该包括本次采购的产品，核实生产许可证、经营许可证是否过期，可登录药品监督管理部门网站进行企业信息查询核实。

（3）核实销售人员身份　供货者应提供销售人员身份证复印件，加盖供货企业公章的授权书原件，销售人员身份证复印件需要加盖供货企业公章，必须与销售人员本人核对，确认真实性，授权书、供货企业公章必须为原件，核对授权书上授权销售的品种、地域、期限及销售人员的身份证号码与实际是否相符，必要时电话联系授权企业核实销售人员身份。

2. 审核程序　医疗器械GSP规定，企业要建立供货者资格审核的规定（包括供货者及产品合法性审核），供货者资格审核可以按以下步骤进行。

（1）采购人员索取材料　医疗器械采购人员从首营企业采购医疗器械产品时，需要向供货单位索取上述材料［营业执照、生产（经营）许可证、生产（经营）备案凭证、授权书、销售人员身份证复印件］，填写《首营企业审批表》（表5-1）。

表5-1　首营企业审批表

编号：　　　　　　　　　　　　　　　　填表日期：

<table>
<tr><td colspan="2">企业名称</td><td colspan="4"></td><td rowspan="3">类别</td><td rowspan="3"></td></tr>
<tr><td colspan="2">拟供品种</td><td colspan="4"></td></tr>
<tr><td colspan="2">详细地址</td><td colspan="4"></td></tr>
<tr><td colspan="2">邮政编码</td><td></td><td>E-mail</td><td colspan="2"></td><td>传真</td><td></td></tr>
<tr><td colspan="2">联系人</td><td colspan="3"></td><td colspan="2">联系电话</td><td></td></tr>
<tr><td rowspan="4">许可证（备案凭证）</td><td>许可证名称</td><td colspan="3"></td><td colspan="2">许可证编号</td><td></td></tr>
<tr><td>企业名称</td><td colspan="3"></td><td colspan="2">负责人</td><td></td></tr>
<tr><td>生产（经营）范围</td><td colspan="3"></td><td colspan="2">有效期</td><td></td></tr>
<tr><td>企业地址</td><td colspan="3"></td><td colspan="2">发证日期</td><td></td></tr>
<tr><td rowspan="4">营业执照</td><td>企业名称</td><td colspan="3"></td><td colspan="2">注册号</td><td></td></tr>
<tr><td>法定代表人</td><td colspan="3"></td><td colspan="2">注册资金</td><td></td></tr>
<tr><td>经营范围</td><td colspan="3"></td><td colspan="2">经营方式</td><td></td></tr>
<tr><td>企业地址</td><td colspan="3"></td><td colspan="2">发照日期</td><td></td></tr>
<tr><td>采购部审核</td><td colspan="7">采购部负责人：　　　　　　　　　　日　期：</td></tr>
</table>

续表

质量管理部审核	质量管理部负责人：	日　期：
企业负责人审核	总经理：	日　期：

（2）合法性审核　采购员完成初步审核后，经采购部门负责人审核并签署意见，连同索取的资料移交质量管理部门审核，主要审核资料是否完备，是否加盖规定的公章，拟采购产品是否超出供货者生产经营范围，销售人员身份是否合法，证件是否在有效期内。

如果需要对供货者质量保证能力进行进一步确认时，采购、质量管理部门可以派员对供货者进行现场核查，需要现场核查的企业一般有以下几种。

1）经营产品业务量大、产品风险高的企业。

2）发生过医疗器械质量问题的企业。

3）国家药品监督管理局质量公告上被公告的医疗器械的企业。

4）有不良信誉记录的企业。

考察内容：考察供货者质量管理体系是否健全，以前发生质量问题的原因，是否采取纠正措施，纠正措施是否真实有效，对供货者质量管理情况进行评价。

审核结束后，质量管理部门负责人签署审核意见，符合相关规定的，在《首营企业审批表》上签署“审核合格”；不符合相关规定的，在《首营企业审批表》上签署“审核不合格”。

质量管理部门审核后，将审批表连同相关资料送交企业负责人审核。

审核时发现供货者存在违法违规经营行为时，应当向企业所在地药品监督管理部门报告。

（3）建立合格供货方档案　经审核合格的首营企业，质量管理部门为企业建立合格供货方档案，将企业信息填入《合格供货者名单》（表5-2）。

表5-2　合格供货者名单

供应商编号	供应商名称	供应产品	批准日期	登记人员	备注

制表：　　　　　　　　　　　　　　审核：

建立计算机信息管理系统的医疗器械经营企业，填写以上《首营企业审批表》，合法性审核，建立合格供货者档案等过程可以通过计算机信息管理系统完成。

二、首营品种审核

首营品种是指本企业首次从某供应商采购的医疗器械产品。为了保证医疗器械产品的合法性，首营品种要按规定进行审核。首营品种审核是保证经营产品合法合规的关键，也是药品监督管理部门检查的重点。

1.审核内容　第二、三类医疗器械，需要提供加盖供货者公章的《医疗器械注册证》复印件；第一类医疗器械，需要提供加盖供货者公章的《医疗器械备案凭证》复印件，需要核对注册证（备案凭证）上产品名称、规格与采购产品是否一致，注册证是否在有效期内，注册内容有变更的，需要核对注册变更文件。

可以登录国家药品监督管理局、地方药品监督管理局网站查询核实《医疗器械注册证》《医疗器械备案凭证》的真实性，也可以电话联系相关生产企业核实。

2.审核程序　医疗器械GSP规定，企业要建立供货者资格审核的规定（包括供货者及产品合法性审核），产品合法性审核可以按以下步骤进行。

（1）采购人员索取材料　医疗器械采购人员根据拟采购的首营品种情况，向供货单位索取加盖供货单位原印章的首营品种的证明文件，填写《首营品种审批表》（表5-3）。

表5-3　首营品种审批表

<table>
<tr><td>产品名称</td><td colspan="2"></td><td>规格</td><td colspan="2"></td></tr>
<tr><td rowspan="2">供货单位资质</td><td>供货单位名称</td><td></td><td>经营许可证号/备案凭证号</td><td colspan="2"></td></tr>
<tr><td>销售人员姓名及身份证号</td><td></td><td>销售授权书</td><td colspan="2">□有
□无</td></tr>
<tr><td>生产企业资质</td><td>企业名称</td><td></td><td>生产企业许可证号</td><td colspan="2"></td></tr>
<tr><td>产品资质情况</td><td>产品注册号</td><td></td><td>产品执行标准</td><td colspan="2"></td></tr>
<tr><td colspan="6">医疗器械性能、用途、外观、质量情况</td></tr>
<tr><td colspan="6"></td></tr>
<tr><td>规格</td><td></td><td>有效期</td><td></td><td>储存条件</td><td></td></tr>
<tr><td>采购价</td><td colspan="2"></td><td>销售价</td><td colspan="2"></td></tr>
<tr><td>采购部审核</td><td colspan="5">经办人：　　负责人：　　签字日期：</td></tr>
<tr><td>质量部审核</td><td colspan="5">负责人：　　签字日期：</td></tr>
<tr><td>企业负责人审核</td><td colspan="5">负责人：　　签字日期：</td></tr>
<tr><td>备注</td><td colspan="5"></td></tr>
</table>

（2）合法性审核审批　采购员初步审核后交采购部门负责人审核并签署意见后，连同索取的上述资料交质量管理部门审核。

审核方法：①看证件：主要审核资料是否完备，是否加盖规定的公章，拟采购产品是否超出供货者生产经营范围，相关证件是否在有效期内；②看样品：检查供货者提供的样品，查看医疗器械说明书和标签。

审核结束后，质量管理部门负责人签署审核意见，符合相关规定的，在《首营品种审批表》上签署“审核合格”，不符合相关规定的，在《首营品种审批表》上签署“审核不合格”。

质量管理部门审核后，将审批表连同相关资料送交企业负责人审核。

（3）建立医疗器械产品质量档案　质量管理部门将首营品种审批表、首营品种资料存档，建立医疗器械产品质量档案，如果医疗器械产品信息出现变更，如注册变更、延续等，需要向供货单位索取相关资料，经审核后存入质量档案。

建立计算机信息管理系统的企业需要将相关产品信息录入计算机信息管理系统。

三、签订采购合同（协议）

企业准备采购某种医疗器械产品时，需要审核供货者的合法资格、购入医疗器械的合法性，如果是首营企业或首营品种，需要按照首营企业和首营品种的审核要求进行审核，如果是以前采购过的企业或品种，应核对合格供应商名单、产品质量档案等材料中的相关信息是否一致，有无发生变更，变更文件是否有效，审核无误后办理采购手续并签订采购合同（协议），采购可以是一次性采购，也可以是一段时间内多次采购，需要在合同中说明，采购合同应该包括以下内容。

（1）约定采购产品信息，包括医疗器械的名称、规格（型号）、注册证号或者备案凭证编号、生产企业、供货者、数量、单价、金额等。

（2）约定医疗器械产品质量责任（质量保证协议）。

（3）约定医疗器械产品售后服务责任。

四、建立采购记录

为了真实、准确、完整地反映医疗器械经营企业采购活动的实际情况，为经营企业和药品监督管理部门追踪溯源提供重要证据，《医疗器械监督管理条例》《医疗器械经营监督管理办法》《规范》规定，医疗器械经营企业采购医疗器械时，需要建立采购记录，需要记录的内容包括：医疗器械的名称、规格（型号）、注册证号或者备案凭证编号、单位、数量、单价、金额、供货者、购货日期等。

《采购记录》一般采用表格形式记录（表5-4），为了在一定期限内保证医疗器械的可追溯性，采购记录应当保存至医疗器械有效期后2年；无有效期的，不得少于5年。植入类医疗器械的采购记录应当永久保存。

表5-4　医疗器械采购记录

序号	采购日期	商品名称	规格	生产厂商	供货单位	数量	注册证（备案凭证）编号	单价	金额	采购员	备注

示例一

医疗器械采购管理制度

1.目的

规范本公司医疗器械的采购操作，加强对医疗器械采购过程的质量控制，确保本公司经营医疗器械的合法性、安全性、有效性。

2.依据

根据《医疗器械监督管理条例》《医疗器械经营监督管理办法》《医疗器械经营质量管理规

范》等法规并结合企业经营实际。

3.范围

适用于本公司医疗器械采购的控制和管理。

4.责任部门

采购部、质量管理部。

5.职责

5.1采购部负责医疗器械的采购。

5.2采购部和质量管理部负责进货情况的评审工作。

6.采购员的条件：从事采购工作的人员应当经过培训，培训合格方能从事采购工作。

7.应按照依法批准的经营方式和经营范围，从事医疗器械经营活动，不得超范围经营，不得将“证照”转让和租借他人，不得为他人提供票据。

8.采购部根据库房提供的采购物资申请单进行采购计划，首营品种或首营企业进行首营品种和首营企业审核。

9.首营企业审核

9.1采购员向供货方索取以下资料：供货单位的《医疗器械生产许可证》或《医疗器械经营许可证》或《医疗器械经营备案凭证》复印件、《营业执照》复印件等；企业负责人签署的销售人员授权书（载明授权销售的品种、地域、期限，注明销售人员的身份证号码）原件；销售人员身份证复印件，上述资料均应加盖供方单位公章原印章。

9.2采购人员对以上资料进行初审，如有必要，企业应当派人对供货者进行现场核查，对供货者质量管理情况进行评价。

9.3初审合格后采购员填写《首营企业审批表》，将初审合格的材料及《首营企业审批表》报质量部逐项审核签署意见，报企业负责人审批。

9.4采购员凭《首营企业审批表》与供货方签订购进合同和售后服务协议，售后服务协议内容中企业应当与供货者约定质量责任和售后服务责任，保证医疗器械售后的安全使用。

9.5质量部凭《首营企业审批表》的相关资料在计算机中录入该企业的资料，即为合法供应商。并建立合格供货商档案。

10.首营品种审核内容

10.1采购员向供货方索取以下资料：《医疗器械注册证》或《医疗器械备案凭证》复印件；企业负责人签署销售人员授权书（载明授权销售的品种、地域、期限，注明销售人员的身份证号码）原件；销售人员身份证复印件，上述资料均应加盖供方单位公章原印章。

10.2采购员对以上资料进行初审，必要时采购部门会同质量部对货源实地考察。

10.3初审合格后采购员填写《首营医疗器械审批表》，将初审合格的材料及《首营医疗器械审批表》报质量部逐项审核签署意见，报企业负责人审批。

10.4采购员凭《首营医疗器械审批表》与供货方签订购进合同和售后服务协议，售后服务协议内容中企业应当与供货者约定质量责任和售后服务责任，保证医疗器械售后的安全使用。

10.5对首次经营的品种，在经销期间销售部门要做好市场调查和售后服务记录，收集用户对质量的评价、投诉以及产品不良事件情况。

10.6质量部应建立首次经营品种的质量档案，定期分析、跟踪、研究其质量的稳定性。

11.非首营企业、品种的采购：对非首营的企业、品种，采购部应审核供货者和产品相关资料是否过期，销售人员合法委托书内容是否齐全，审核合格后，才可签订采购合同，并将完整的资料交质量管理部统一归档保存。

12. 合同的签订

12.1 采购员根据授权范围签订采购合同，采购合同内容应全面，条款清楚，明确医疗器械的名称、规格（型号）、注册证号或者备案凭证编号、生产企业、供货者、数量、单价、金额等。

12.2 采购合同或者协议中，与供货者约定质量责任和售后服务责任，以保证医疗器械售后的安全使用。

13. 购进的医疗器械应有合法的票据，并按规定建立采购记录，做到票、账、货相符。采购记录应包括：医疗器械的名称、规格（型号）、注册证号或者备案凭证编号、单位、数量、单价、金额、供货者、购货日期等，采购记录保存年限应符合相关规定要求。

14. 进货情况评审：公司质量管理人员应随时收集医疗器械质量信息及用户用器械情况，会同采购部于每年12月份对本单位医疗器械采购的整体情况进行综合质量评审，并写出评审报告；质量管理部定期建立医疗器械质量评审和供货单位质量档案，进行动态跟踪管理，并会同质量负责人、采购部于12月下旬组织汇总公司的进货情况，写出年度评审报告。评选出供货质量稳定、无质量事故发生的供方作为下年度主要供货方；对供货质量不稳定、发生质量事故多且用户投诉多的供方，取消下年度供货资格。

医疗器械的采购流程如图5-1所示。在本节案例中，针对检查发现的三个问题，该企业应分别从以下三个方面进行整改。

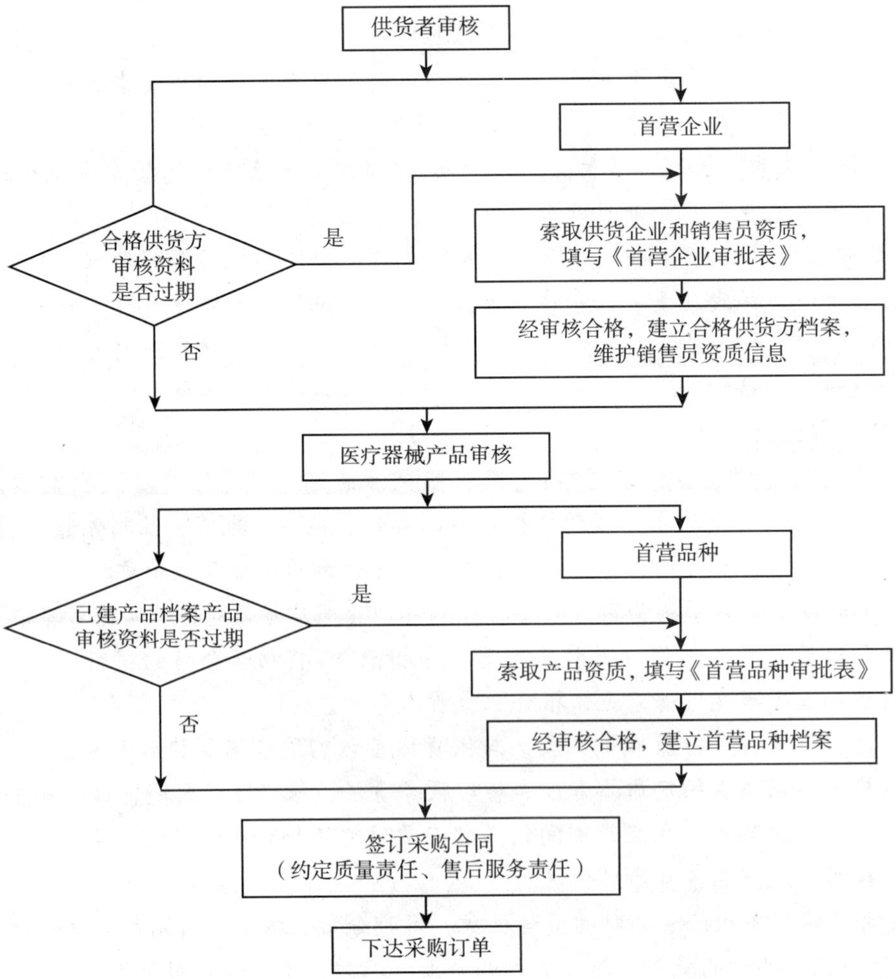

图5-1 医疗器械采购流程

（1）采购医疗器械时，应当审核供货者合法资格、所购入医疗器械的合法性，包括销售人员身份证复印件和授权书原件，收集的相关证明文件应该加盖供货者公章。

（2）在采购合同或协议中，与供货者约定质量责任或售后服务责任。

（3）采购医疗器械时，应当建立采购记录。记录应当记录医疗器械的名称、规格（型号）、注册证号或备案凭证编号等信息。

第二节　医疗器械收货

PPT

案例讨论

案例　国家药品监督管理局在对某医疗器械经营企业进行飞行检查时发现以下问题。

1.企业收货人员接收产品时未对运输方式及产品符合情况当场确认签字，如：2018年10月15日入库的“**试剂盒”收货时未签字确认。

2.抽查产品随货同行单，显示某生产企业销售给该企业的“尿液分析仪”产品的的随货同行单未记录产品注册证号、生产企业许可证号、发货日期等内容。

3.企业仓库过道上堆放着一批医疗设备，没有设置相应标志，经核实，这批产品刚刚到货，还没有经过验收。

讨论　该经营企业应该如何办理医疗器械收货？

收货即接收医疗器械产品的环节，收货时需要对运输方式、产品种类、数量进行核对。医疗器械收货是医疗器械进入企业的第一道程序，目的是保证入库医疗器械产品数量准确、质量完好，防止假冒伪劣医疗器械进入本企业。

一、收货的定义

医疗器械收货是指经营企业通过对到货医疗器械产品与相关单据进行核对，核实运输方式及产品是否符合要求，并将符合要求的产品根据产品特性放置到相应待验区域的过程。收货包括采购收货与销售后退回收货。

二、收货操作程序

1.采购收货　采购的产品到货时收货人员按照采购记录、随货同行单与到货的医疗器械产品进行核对，做到货、单相符；核实运输方式是否符合医疗器械产品运输的要求，核实医疗器械产品是否符合要求，是否采用封闭式货车，是否有雨淋、腐蚀、污染的可能，对符合要求的由交货方、收货方当场在随货同行单和收货记录上签字确认，不符合要求的应该报质量负责人并拒收。

随货同行单应当包括供货者、生产企业及生产企业许可证号（或者备案凭证编号）、医疗器械的名称、规格（型号）、注册证号或者备案凭证编号、生产批号或者序列号、数量、储运条件、收货单位、收货地址、发货日期等内容，并加盖供货者出库印章。

随货同行单常见问题如下：①内容不全，随货同行单上未列出上述全部内容；②无原印章，随货同行单未加盖供货方印章；③品名、规格、数量、批号不符，随货同行单上品名、规格、数量、批号等信息与采购记录和到货医疗器械产品不符。

需要冷藏、冷冻的医疗器械收货时要检查运输工具并查看温度记录，核实运输过程温度是否超标，不符合要求的，收货人员应予以记录，将医疗器械放置于符合温度要求的场所，并明显标识，报质量管理部门进一步核查处理。

2.销售后退回收货 销售后退回的产品到货时，收货员依据销售退货的凭证或通知，核对销售记录，确认是本企业销售的产品，防止来源不明的产品进入企业。

3.通知验收 收货人员对符合收货要求的医疗器械，应当按品种特性要求放于相应待验区域，设置明显的待验标志，防止未经验收的医疗器械被当作合格品入库或销售；待验期间医疗器械质量管理由收货员负责。待验区可以是专用的库区或相对稳定的库区，也可以是动态待验区域。待验场所应符合医疗器械贮藏条件，需阴凉贮存的医疗器械应在具有阴凉储存条件的区域等待验收，需冷藏、冷冻的医疗器械应在具有冷藏、冷冻储存条件的区域等待验收，并及时通知验收人员进行验收。

4.建立收货记录 收货人员根据收货情况填写收货记录，《收货记录》采用表格形式记录（表5-5），建立计算机信息管理系统的企业可以在计算机信息系统上录入信息。

表5-5 医疗器械收货记录

序号	产品名称	生产企业	供货单位	型号（规格）	数量	运输方式	供货者	收货者	收货日期

示例二

医疗器械收货管理制度

1.目的

对医疗器械收货实行有效的管理，明确责任和操作程序，提高质量管理水平。

2.依据

根据《医疗器械监督管理条例》《医疗器械经营监督管理办法》《医疗器械经营质量管理规范》等法规并结合企业经营实际。

3.范围

适用于医疗器械收货操作的管理和控制。

4.责任部门

储运部。

5.职责

收货员负责对购进医疗器械和销售退回医疗器械进行收货。

6.购进医疗器械的收货

6.1收货员应当对运输工具和运输状况进行检查。检查运输工具是否密闭，如发现运输工具内有雨淋、腐蚀、污染等可能影响医疗器械质量的现象，应及时通知采购员并报质量管理部处理。

6.2医疗器械到货时，收货人员应当对照随货同行单、采购记录核对医疗器械，做到票、账、货相符。随货同行单应当包括供货者、生产企业及生产企业许可证号（或者备案凭证编号）、医疗器械的名称、规格（型号）、注册证号或者备案凭证编号、生产批号或者序列号、数量、储运条件、收货单位、收货地址、发货日期等内容，并加盖供货者出库印章。如随货同行单、采购记录与医疗器械实物不符的，不得收货，并通知采购人员与供货单位核实和处理。

6.3 需要冷藏、冷冻保存的医疗器械到货时，收货员查验冷藏车、车载冷藏箱或保温箱的温度状况，核查并留存运输过程和到货时的温度记录；对未采用规定的冷藏设备运输或温度不符合要求的予以拒收，同时对医疗器械进行控制管理，做好记录并报质量管理部处理。

6.4 对于随货同行单与采购订单、医疗器械实物数量不符的，经供货单位确认后，由采购员确定并调整采购数量后，方可收货。

6.5 收货完毕，收货员应在到货凭证上签字后交送货人（收货员应留存一份备查）。然后根据医疗器械储存要求将医疗器械移至相应待验区。

6.6 一次进货数量较多的医疗器械，可直接将医疗器械放在仓库，挂待验标志牌，并在半个工作日内验收完毕。

7. 销售退回医疗器械的收货

7.1 收货员依据退货凭证或通知，对销售退回的医疗器械进行核对，确认为公司销售的医疗器械后，方可收货，并放置于符合医疗器械储存条件的专用待验场所。

7.2 对销售退回的需要冷藏、冷冻保存的医疗器械，根据退货方提供的温度控制说明文件和售出期间温度控制的相关数据，确认符合规定条件的，方可收货；对于不能提供文件、数据，或温度控制不符合规定的，给予拒收，做好记录并报质量管理部处理。

医疗器械的收货流程如图5-2所示。在本节案例中，针对检查发现的三个问题，该企业应分别从以下三个方面进行整改。

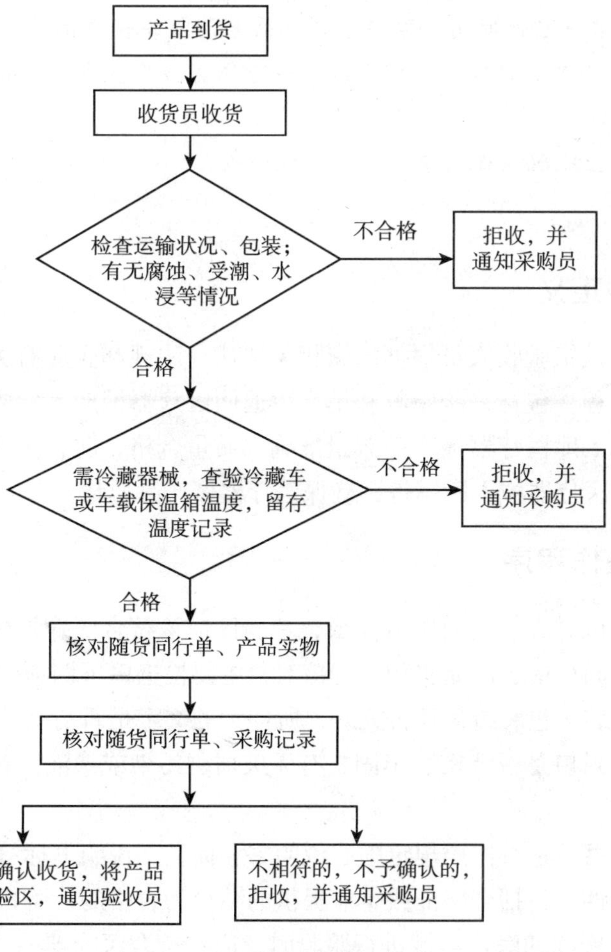

图5-2　医疗器械收货流程

（1）收货人员在收货时，收货人员核实运输方式与医疗器械产品是否符合要求，对照采购记录、随货同行单与到货的医疗器械进行核对，特别是体外诊断试剂需要低温储存，更应该检查运输设备是否完好，检查运输途中温度记录是否完整，有未超标，符合要求的由供货、收货双方在随货同行单、收货记录上签字确认。

（2）随货同行单是医疗器械质量管理的重要资料，其内容应该包括供货者、生产企业及生产企业许可证号（或者备案凭证编号）、医疗器械的名称、规格（型号）、注册证号或者备案凭证编号、生产批号或者序列号、数量、储运条件、收货单位、收货地址、发货日期等内容，并加盖供货者出库印章。

（3）符合收货要求的医疗器械，应当按品种特性要求放于相应待验区域，设置明显的待验标志，通知验收人员验收。

PPT

第三节　医疗器械验收

案例讨论

案例　国家药品监督管理局在对某医疗器械经营企业进行飞行检查时发现以下问题。

1.常温库房的合格品区中存放的一次性使用输氧面罩，产品最小包装表面破损；两箱一次性使用无菌注射器，在其大、中、小包装内均未见合格证。

2.现场检查企业一次性使用无菌注射器产品采购入库验收记录，未填写验收结果。

3.企业经营的“**试剂盒”需要冷藏、冷冻保存，但企业提供的验收记录中没有记录运输时间、运输温度等数据。

讨论　该经营企业应该如何办理医疗器械验收?

一、验收的定义

医疗器械验收是指验收人员根据国家相关法律、法规和企业有关规定，对采购医疗器械质量状况进行检查的过程。包括采购验收和销售后退回医疗器械产品验收，目的是把好入库医疗器械产品质量关，保障入库医疗器械产品数量准确、质量合格，防止未经注册，无合格证明文件，过期、失效、淘汰的医疗器械入库销售，确保医疗器械产品质量。

二、验收操作程序

验收应在待验区并在规定时限内完成，待验区应该符合医疗器械产品储存要求，验收人员将验收通知单与随货同行单、产品实物进行核对，主要检查以下四项内容。

1.运输储存包装　包装封条是否完好，所标示的文字是否清晰，是否按照规定标示齐全。

2.最小包装　封口是否严密、牢固，有无破损、污染或渗液，包装及标签字迹是否清晰，标签粘贴是否牢固。

3.标签和说明书　是否按照规定附有说明书和标签，说明书标签是否符合相关法规要求。

4.合格证明文件　包括合格证或企业提供的结论为合格的检验报告。

对需要冷藏、冷冻的医疗器械进行验收时，应在符合医疗器械说明书标签标示的温度条件的场所进行验收，并对其运输方式及运输过程的温度记录、运输时间、到货温度等质量控制状况进行重点检查，验收合格的将产品放置到合格品区并办理入库交接手续，验收不合格的放置到不合格品区并按照不合格产品处置办法处置。

验收同时要建立《验收记录》（表5-6），验收记录包括医疗器械的名称、规格（型号）、注册证号或者备案凭证编号、生产批号或者序列号、生产日期和有效期（或者失效期）、生产企业、供货者、到货数量、到货日期、验收合格数量、验收结果等内容，验收不合格的要注明不合格事项及处置措施。

表5-6　医疗器械验收记录

序号	产品名称	规格	注册证号（备案号）	生产批号	生产日期	有效期	生产企业	供货单位	到货数量	到货日期	合格数量	验收结果	不合格事项及处置措施	验收人员	验收日期	备注

为其他医疗器械生产经营企业提供贮存、配送服务的医疗器械经营企业进行收货和验收时，委托方是质量管理第一责任人，承担质量管理责任，委托方应当与受托方签订具有法律效力的书面协议，明确双方的法律责任和义务，确保质量管理无死角，并按照协议承担和履行相应的质量责任和义务。

示例三

医疗器械验收管理制度

1.目的

加强对医疗器械验收过程的质量控制，防止不合格医疗器械和假劣医疗器械进入本企业，确保本公司经营医疗器械的合法性、安全性、有效性。

2.依据

根据《医疗器械监督管理条例》《医疗器械经营监督管理办法》《医疗器械经营质量管理规范》等法规并结合企业实际情况。

3.范围

适用于医疗器械验收的控制和管理。

4.责任部门

质量管理部、储运部。

5.验收人员条件

负责本公司验收医疗器械的验收人员应具中专以上学历，从事体外诊断试剂的验收人员应有检验学相关专业中专以上学历或检验师初级以上专业技术职称，并具有一定的独立工作能力。

6.验收的基本要求

6.1验收场所：待验区。

6.2验收时间：医疗器械验收应在规定时限（一个工作日）内完成，因特殊情况（如周末、节假日、某些必需的资料不全）不能按时验收的，应将医疗器械存放在相应的待验区，等工作日或资料齐备立即验收，以确保医疗器械质量。

6.3 验收时应按品种分别验收，验收完一个品种，清场后再验收另一个品种。

6.4 验收工作完毕后应尽量将医疗器械恢复原状。

7. 购进验收和销售退回验收

7.1 购进验收时，验收人员将验收通知单与随货同行单、产品实物逐项核对，进行验收。

7.2 销售退回验收时，验收人员凭《销售退回记录》，对销售退回医疗器械的产品名称、规格（型号）、批号、生产厂家等进行逐批验收，并做好验收记录。

8. 验收内容

8.1 医疗器械的外包装验收：检查医疗器械的外包装是否完好。

8.2 医疗器械的内包装验收：检查医疗器械的内包装是否完好，封口是否严密、牢固，有无破损、污染或等情况。

8.3 合格证明文件验收：检查是否有合格证或生产企业检验报告。

8.4 标签说明书验收：检查医疗器械标签或所附说明书上，是否有产品名称、型号、规格；注册人或备案人名称、住所、联系方式及售后服务单位；生产企业名称、住所、生产地址、联系方式及生产企业许可证编号或生产备案凭证编号；医疗器械注册证书编号或备案凭证编号；产品技术要求编号；产品的性能、主要结构、适用范围；禁忌证、注意事项以及提示的内容；医疗器械标签所用的图形、符号、缩写等内容的解释；安装和使用说明或者图示；产品维护和保养方法，特殊储存条件、方法；生产日期、使用期限或失效日期；电源连接条件、输入功率；依据产品特性应当标注的图形、符号以及其他相关内容是否符合要求。

8.5 产品批号：可采用字母、数字或字母加数字表示，并应在医疗器械的包装和标签上注明，不得涂改或采用粘贴的方式进行修改。

8.6 特殊管理医疗器械包装的标签或说明书上应有规定的标识和警示说明。

8.7 验收进口医疗器械，应提供《进口医疗器械注册证》和该品种该批号《进口医疗器械检验报告书》或《进口医疗器械通关单》复印件，以上材料必须加盖供货单位原印章，核对进口医疗器械包装、标签、说明书，是否使用中文；其包装的标签还应当载明代理人的名称、住所及联系方式。

8.8 对需要冷藏、冷冻的医疗器械进行验收，应在符合医疗器械说明书标签标示的温度条件的场所进行验收，验收时对其运输方式及运输过程的温度记录、运输时间、到货温度等质量控制状况进行重点检查并记录，不符合温度要求的应当拒收。

9. 购进医疗器械验收合格后，验收员通知库管员移入合格品区，填写验收记录。购进医疗器械验收不合格，移至不合格品区，通知采购员办理退货手续。

10. 销售退回医疗器械验收合格后，验收员通知库管员移入合格品区，填写验收记录。验收不合格的，移至不合格品区，经质量管理部确认为不合格品后，按不合格品处理。

医疗器械的验收流程如图5-3所示。在本节案例中，针对检查发现的三个问题，该企业应分别从以下三个方面进行整改。

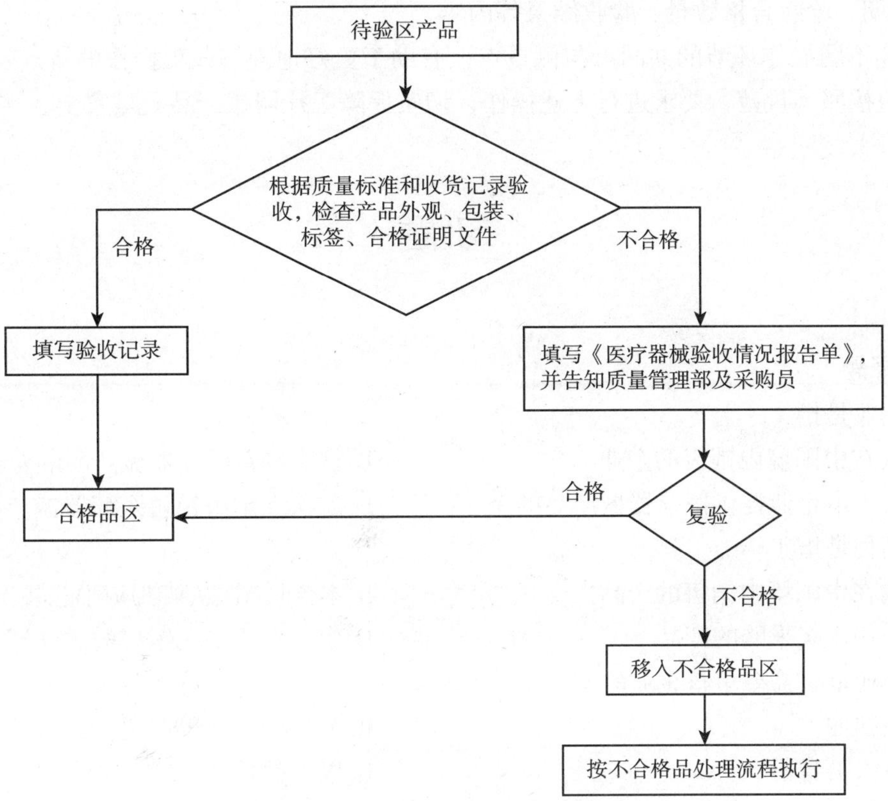

图5-3　医疗器械验收入库流程

（1）医疗器械验收时应该对医疗器械的外观、包装、标签、合格证明文件进行检查核对，不符合要求的，例如包装表面破损、没有合格证明文件，不应该作为合格品放置到合格品区。

（2）验收记录是产品验收的凭证，内容应包括医疗器械的名称、规格（型号）、注册证号或备案凭证号、批号或序列号、生产日期或有效期或失效期、生产企业、供货者、到货数量、到货日期、验收合格数量、验收结果等内容，同时应当标记验收人员姓名和验收日期。

（3）对需要冷藏、冷冻的医疗器械进行验收时，应当对其运输方式及运输过程的温度记录、运输时间、到货温度等质量控制状况进行重点检查并记录。

本章小结

《规范》适用于包括采购、验收、贮存、销售、运输、售后服务等环节在内的整个经营过程，本章介绍了采购、收货、验收环节的基本操作规程，包括首营企业审核、首营品种审核、采购合同签订、采购记录建立、收货操作、收货记录建立、验收操作、验收记录建立等内容。其中“首营”企业或品种，是风险较高的对象，采购员和质量管理人员务必把好质量关，严格按照《规范》和企业的相关制度对关键材料认真审核；而医疗器械的名称、规格（型号）、注册证号或者备案凭证编号、单位、数量、生产企业、供货者等信息是执行其他操作时应重点关注的内容，在此基础上，不同的操作有所侧重。例如，在签订采购合同和建立采购记录时，要进一步关注单价、金额；在收货、验收时，要进一步关注生产批号或者序列号，其中收货时更要注意储运条件、收货单位、收货地址、发货日期等内容，而验收时更要注意生产日期和有效期（或者失效期）、到货日期、验收合格数量、验收结果等内容。

把握上述不同操作环节的共同点与侧重点，有助于更好地理解该项操作的特点及与其他操作的关联性。应按照《规范》要求进行上述操作，切实保障医疗器械产品质量安全。

习题

习题

一、单项选择题

1. 首营企业是指（　）。

A. 首次在中国境内销售的企业　　B. 首次经营医疗器械产品的企业

C. 首次为本企业提供医疗器械产品的企业　　D. 首次在本市销售医疗器械产品的企业

2. 首营品种是指（　）。

A. 首次在中国境内销售的产品　　B. 本企业首次从某供应商采购的医疗器械产品

C. 本企业首次采购的产品　　D. 生产企业首次销售的医疗器械产品

3. 首营企业审核需要审核企业的（　）。

A. 营业执照　　B. 医疗器械（经营）生产许可证或者备案凭证

C. 销售人员身份　　D. 以上都是

4. 如果供货者为医疗器械经营企业，供货者资格审核时应该审核（　）。

A. 医疗器械经营许可证或备案凭证　　B. 医疗器械生产许可证或备案凭证

C. 医疗器械注册证　　D. 医疗器械备案凭证

5. 按照医疗器械GSP要求，医疗器械销售人员销售医疗器械时要提供（　）。

A. 毕业证书　　B. 授权书原件

C. 授权书复印件　　D. 医疗器械质量体系内审员证书

6. 企业首次经营某第三类医疗器械，需要审核该产品的（　）。

A. 医疗器械注册证原件　　B. 加盖生产企业公章的医疗器械注册证复印件

C. 医疗器械备案凭证原件　　D. 加盖供货者公章的医疗器械注册证复印件

7. 企业发现供货者有违法违规经营行为时，应该（　）。

A. 向企业所在地负责药品监督管理部门报告　　B. 向公安部门举报

C. 与自己无关　　D. 与对方理论

8. 收货时不符合收货要求的医疗器械，应该（　）。

A. 退货处理　　B. 报告质量负责人并拒收

C. 低价处理　　D. 以上都对

9. 医疗器械收货后应该（　）。

A. 将符合收货要求的医疗器械放置到待验区通知验收

B. 入库

C. 根据销售订单给客户发货

D. 等待销售

10. 委托其他企业运输贮存的医疗器械收货验收时，承担质量管理责任的是（　）。

A. 委托方　　B. 提供运输贮存服务的企业

C. 药品监督管理部门　　D. 生产企业

二、简答题

1. 企业采购前应该审核供货者哪些资质？
2. 如何办理医疗器械首营品种审核？
3. 如何对到货的医疗器械进行收货？
4. 如何对收货后的医疗器械进行验收？

（阎华国）

微课

第六章　入库、贮存与检查

知识目标

1. **掌握**　医疗器械入库记录内容；医疗器械一般贮存要求；医疗器械在库检查内容。
2. **熟悉**　不合格医疗器械及其处置；医疗器械贮存的色标管理；医疗器械有效期管理。
3. **了解**　医疗器械冷链贮存要求；医疗器械堆垛贮存管理、货架贮存管理、仓储管理。

能力目标

1. **学会**　按照《规范》的要求，对医疗器械入库、贮存和检查进行合规操作。
2. **具备**　对企业的入库、贮存、检查环节的质量管理能力。

医疗器械在经过采购、收货与验收等环节之后，就进入了入库、贮存与检查阶段。这个阶段是医疗器械在经营企业中停留时间最长的，企业必须实施有效的质量管理，才能保证医疗器械在有效期内或出库前保持稳定的质量状态。同时，此阶段涉及的库房、货架等设施与设备是企业硬件的重要组成部分，是保证医疗器械质量的重要保障。

PPT

第一节　医疗器械入库

医疗器械入库是指将验收完毕的医疗器械放进库房贮存并做好登记的过程。它是库房管理的起始环节，也是一个重要的环节。做好入库工作，对于规范仓库管理、保障医疗器械质量安全、降低运行成本有着重要的意义。

一、入库记录

企业应当建立入库记录，验收合格的医疗器械应当及时入库登记。入库记录的信息要准确，内容包括产品名称、规格（型号）、注册证号或备案凭证号、生产批号或序列号、生产日期和有效期（或者失效期）、数量、货位号（或存放区域）、质量状态、库房管理人员交接时间及签字等（表6–1）。

表6–1　医疗器械入库记录

医疗器械名称	规格（型号）	注册证号或备案凭证号	生产批号或者序列号	生产日期	有效期（或失效期）	生产企业	供货者	到货数量	到货日期	入库数量	入库日期	货位号（或存放区域）

交接时间：　　　　　　　　　　　　　　　　　　　　库房管理人员签字：

二、不合格医疗器械及处置

（一）医疗器械不合格的原因

即使是医疗器械生产企业出厂检验“合格”的产品，也可能因为其失误或其他原因而导致医疗器械不合格，常见的原因如下。

（1）外观及包装质量不符合要求。

（2）各级监管部门抽查检验不合格。

（3）企业相关部门抽样送检确认不合格。

（4）过期、失效及其他有质量问题。

（5）各级监管部门发文通知禁止销售。

（二）不合格医疗器械的处置

（1）入库过程中发现的不合格医疗器械，不得入库，将不合格产品存放入不合格品区，并立即报告企业相关部门处理。

（2）在库检出不合格医疗器械应立即挂暂停发货牌（红牌），报企业相关部门复验后处理。

（3）出库中发现不合格医疗器械，仓管员应制止出库，并报企业相关部门复检，若复检确认为不合格产品，应移送不合格区存放。

（4）各级监管部门检验出的不合格医疗器械，企业必须立即通知回收，集中存放于不合格品区。

（5）各级监管部门通报的伪劣医疗器械及禁止销售的医疗器械，立即逐级上报，停止销售，就地封存。

（6）验收不合格的，应当注明不合格事项，并放置在不合格品区，按照有关规定采取退货、销毁等处置措施，及时做好不合格医疗器械记录（表6–2）。

表6–2 医疗器械不合格品记录表

日期	产品名称	规格型号	生产厂家	供货单位	生产批号	数量	不合格原因	处理结果	处理时间	质检人员签字	质量管理人员复核

三、不合格医疗器械的报废

确定需做报损（废）处理的不合格医疗器械，由仓库保管员填写《不合格医疗器械报损（废）审批表》（表6–3），仓库负责人签字盖章，经企业质量管理部门审核并签字盖章后，报企业负责人批准，方可做报损（废）处理。

表6–3 不合格医疗器械报损（废）审批表

报告部门： 报告日期：

品名		单位		产品注册证号		单价	
生产企业		规格型号		生产批号		数量	
供货单位		包装规格		有效期		金额	
不合格原因：							
保管员签字				负责人签名			
质量管理部意见：							
总经理意见：							
备注：							

四、不合格医疗器械的销毁

已报损（废）的不合格医疗器械，由企业相关部门定期或不定期组织实施销毁，监控销毁全过程并做好登记（表6–4）。

表6–4 不合格医疗器械销毁记录

品名		批号		规格	
供货单位		供货日期		销毁数量	
生产厂家				有效期限	
销毁地点				销毁日期	
销毁原因					
销毁方法					
备注					
销毁人			监督人		

五、不合格医疗器械的质量管理

对不合格医疗器械应查明质量不合格的原因，分清质量责任，及时处理并制定预防措施。具体如下。

（1）各级监管部门鉴定出的不合格医疗器械，企业相关部门应做好医疗器械质量档案记录，加强该产品其他批号的跟踪了解，并严格控制和慎重购进该医疗器械。

（2）监管部门发文通知禁止销售的品种，不得再销售。

（3）过期失效、霉烂变质及超出负责期的不合格医疗器械，应分清责任处理。

1）市场需求发生变化、久储变质、过期失效的不合格医疗器械，应严格控制进货周期、进货数量。

2）因工作失误造成的不合格医疗器械，应根据具体情况和企业相关规定对责任人进行处理。

（4）企业应定期对不合格医疗器械处理情况进行汇总分析。

在医疗器械入库时，库房管理员应当逐件点数，做到数量、规格、品种准确无误，质量完好，配套齐全，并在接收单上签字确认，同时保管好相关票据。如果发现货物和货单不符，包装不牢、破损，包装标识模糊不清，没有批准文号、产品批号、注册商标等情况，库房管理员有权拒收到货的医疗器械。

依据验收的结果，将产品移至仓库相应的区域。如验收结果为不合格，应当注明不合格事项，并将产品移至不合格品区：产品经判定需退货的，需将产品移至退货区；无须退货或无法退货的，应按照相关制度进行销毁。如验收结果为合格，将产品移至合格品区。库房管理员还要对所有入库的医疗器械进行登记建账，做好入库记录，并定期核查账目情况。

第二节　医疗器械贮存

PPT

案例讨论

案例　监管人员对某医疗器械经营企业的检查中，发现企业未将医疗器械与非医疗器械分开存放；部分有效期内的透明医用胶贴存放在不合格品区，且无报损记录及报告。

讨论　针对上述问题，如果你是仓库管理人员，你会如何整改？

医疗器械入库后，应按照其分类、功能分别贮存，产品包装或说明书上明确标注了贮存条件的，要在相应的温度或湿度下保存。尤其是经营品种繁多的企业，不同的产品对贮存条件的差异较大，企业在贮存作业过程中，应知晓和重视不同医疗器械的特性，才能保证医疗器械在贮存期间的质量。

一、要求

（一）一般贮存要求

根据《规范》第四十二条的规定，企业应当根据医疗器械产品的质量特性进行合理贮存，并符合以下要求。

（1）按说明书或包装标示的贮存要求贮存医疗器械。

1）医疗器械说明书　由医疗器械注册人或者备案人制作，随产品提供给用户，涵盖该产品安全有效的基本信息，用以指导正确安装、调试、操作、使用、维护、保养的技术文件。

2）医疗器械标签　在医疗器械或者其包装上附有的用于识别产品特征和标明安全警示等信息的文字说明及图形、符号。

根据《医疗器械说明书和标签管理规定》的要求，在说明书上应标明“产品维护和保养方法，特殊储存、运输条件、方法”，在标签上应标明“特殊储存、操作条件或者说明”。但标签因位置或者大小受限而无法标明上述内容时，应在标签中明确“其他内容详见说明书”。

常用的医疗器械包装标识见表6–5，仓库管理人员必须熟知这些标识，以便快速、正确地执行操作。

表6–5　常用的医疗器械包装标识

符号	含义	说明
	制造商	表示医疗器械制造商，如按欧盟指令90/385/EEC，93/42/EEC，98/79/EC所规定
EC REP	欧盟授权代表	表示欧盟的授权代表
	生产日期	表示医疗器械的生产日期
	有效期	表示医疗器械在该日期之后不得使用
LOT	批次代码	表示制造商的批次代码，以便识别批次或组
REF	产品编号	表示制造商的产品目录编号，以便识别医疗器械
SN	序列编号	表示制造商的序列编号，以便识别特定的医疗器械
STERILE	无菌	表示医疗器械经过灭菌过程
STERILE A	经无菌加工技术灭菌	表示医疗器械使用可接受的无菌技术生产
STERILE EO	经环氧乙烷灭菌	表示医疗器械经环氧乙烷灭菌
STERILE R	经辐射灭菌	表示医疗器械经辐射灭菌
	经蒸汽或干热灭菌	表示医疗器械经蒸汽或干热灭菌
	不得二次灭菌	表示医疗器械不得重复灭菌

续表

符号	含义	说明
	未灭菌	表示医疗器械未经过灭菌过程
	如包装破损切勿使用	表示如果包装已破损或打开，医疗器械不宜使用
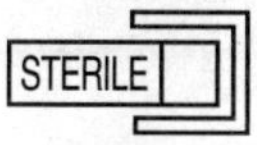	无菌液路	表示当医疗器械的其他部件包括外表面，可能不是以无菌提供时，在医疗器械中存在无菌液路
	易碎物品，小心搬运	表示如果不小心搬运，医疗器械会破碎或受损
	怕晒	表示医疗器械需要避开光源
	怕热和辐射	表示医疗器械需要防止热源和辐射源
	怕雨	表示医疗器械需要避免潮湿，保持干燥
	温度下限	表示医疗器械可安全暴露的环境温度下限
	温度上限	表示医疗器械可安全暴露的环境温度上限
	温度极限	表示医疗器械可安全暴露的环境温度限制
	湿度极限	表示医疗器械可安全暴露的环境的湿度范围
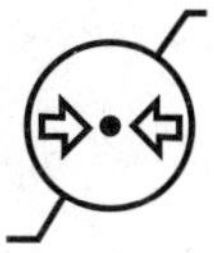	大气压力极限	表示医疗器械可安全暴露的大气压力范围
	生物风险	表示存在与医疗器械相关的潜在生物风险
	不得二次使用	表示预期一次性使用的医疗器械，或在单一程序中用于单一患者的医疗器械

续表

符号	含义	说明
	查阅使用说明	表示用户需要查阅使用说明
	警告	表示用户需要查阅使用说明的重要警告信息，比如因为需要原因不能出现在医疗器械产品上的警告信息和防范措施
	包含或存在天然橡胶胶乳	表示存在天然橡胶或干天然橡胶胶乳，作为医疗器械或医疗器械的包装构成材料
	体外诊断医疗器械	表示医疗器械为体外诊断医疗器械
	对照	表示预期验证另一个医疗器械的性能特征的质控品
	阴性对照	表示预期验证结果在阴性范围内的质控品
	阳性对照	表示预期验证结果在阳性范围内的质控品
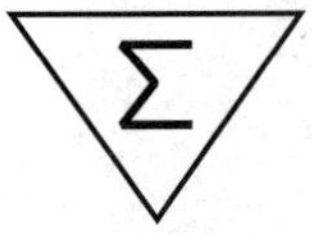	含量足够测试n次	表示体外诊断试剂盒能进行体外诊断测试的总数
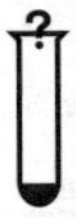	仅用于IVD性能评价	表示在投放市场用于医疗诊断之前，预期仅用于评价其性能特征的IVD
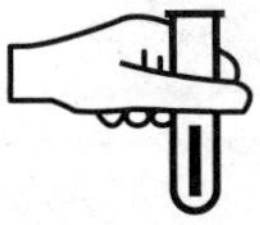	采样位置	表示医疗器械或血液处理应用，包括一个专门用于采集保存在医疗器械或贮血器中给定物质的样本系统
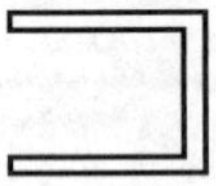	液路	表示存在液路
	无热源	表示医疗器械是无热源的
	每毫升滴数	表示每毫升滴数
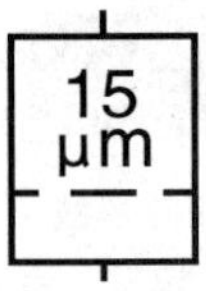	液体过滤器孔径	表示包含特定标称孔径过滤器的医疗器械输注或输液系统

续表

符号	含义	说明
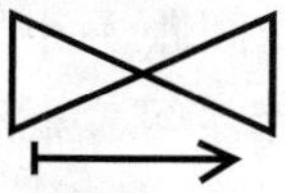	单向阀	表示具有只允许单向流动的阀的医疗器械
	患者编号	表示与患者个体相关的唯一编号

（2）贮存医疗器械应当按照要求采取避光、通风、防潮、防虫、防鼠、防火等措施。

1）避光措施　绝大多数医疗器械只需做好基本的避光措施即可，如防止阳光直射；少数医疗器械，如某些体外诊断试剂，会明确要求避光保存。此外，有些医疗器械的储存条件有“远离热源”的要求，在贮存时也应注意。

2）温湿度调控措施　温湿度是影响医疗器械质量的重要因素，对医疗器械库房进行温湿度调控常采用的方法见表6-6。

表6-6　医疗器械仓库温湿度调控措施

超限情况	常用措施	设施设备举例
温度偏高	机械制冷	空调
	通风换气[1]	换气风机、开窗
	避光	窗帘、避光纸
	加冷制冷	
温度偏低	机械制热	空调、暖气片
	密闭防寒	门窗、保暖外墙
湿度偏高	机械除湿	除湿机
	通风换气[2]	换气风机、开窗
湿度偏低	平铺湿布、拖地	
	机械加湿	加湿器

注：1.适用室外温湿度均低于室内的情况。2.室外温度低于或略高于库内（3℃以内），湿度低于库内，适用；室外温度高于库内3℃以上，湿度低于库内，不适用。

医疗器械库房温湿度从采取调控措施到达到控制目标需要一段时间，如果温湿度超限后才启动措施，往往会导致一段时间的温湿度不符合要求，增加医疗器械质量变化的风险。因此需要通过对调控设施的验证，确定相应的反应时间，进而在操作规范中设定预警限，提前采取调控措施。

3）防鼠措施　堵塞一切可能窜入鼠害的通道；库内无人时，应随时关好库门、库窗（通风时例外），特别是夜间；库内灭鼠，可采用电猫、鼠夹、鼠笼等工具；加强库外鼠害防治，仓库四周应保持整洁，不要随意乱堆、乱放杂物。

4）防火措施　医疗器械的包装尤其是外包装，大多数是可燃性材料，所以防火是一项常规性工作。在库内配备消防用具和灭火器，并建立防火岗位责任制。对有关人员进行防火安全教育，进行防火器材使用的培训。库内外应有防火标记或警示牌，消防栓应定期检查。

（3）搬运和堆垛医疗器械应当严格按照包装标示要求规范操作，堆垛高度符合包装图示要求，避免损坏医疗器械包装。

搬运和堆垛应严格遵守医疗器械外包装图示标志的要求，并按“五距”（医疗器械与墙、屋顶房梁的间距不小于30cm，与库房散热或供暖管道的间距不小于30cm，与地面的间距不小于10cm，垛间距不小于5cm）要求规范操作。怕压医疗器械应控制堆放高度，详见本节“堆垛贮存管理”。

（4）按照医疗器械贮存要求分库（区）、分类存放，医疗器械与非医疗器械应当分开存放。

分类分库（区）存放医疗器械，并设置醒目标志，类别标签字迹清晰、放置准确；医疗器械与非医疗器械分开，有明显隔离，并有醒目标示；拆零医疗器械应集中存放；名称容易混淆的医疗器械分开存放；需要冷藏、冷冻的医疗器械放置在冷藏、冷冻设施设备中，应当对温度进行监测和记录；具有危险性的医疗器械与其他医疗器械分开存放，以免混淆、错发或互相影响。退货医疗器械要单独堆放。在医疗器械的垛前要有货位卡片，记载医疗器械的名称、规格、数量，收发情况，账、物、卡要一致。

如本节案例，该企业应做到：①医疗器械与非医疗器械分开，有明显隔离，并有醒目标示；②确认不合格品区内的透明医用胶贴的质量状态，如果的确是不合格品，则应按照本公司的相关制度，记录不合格的原因及该部分产品的名称、规格、数量等信息，补充或完善相关记录。

（5）医疗器械产品应当按照名称、规格型号、批号分开整齐摆放，与库房地面、内墙、顶、灯、温度调控设备及管道等设施间留有足够空隙。详见本节“堆垛贮存管理”。

（6）贮存医疗器械的货架、托盘等设施设备应当保持清洁，无破损。

仓管人员需要定期清洁、检查货架、托盘等，以保证其完好无破损，无灰尘等污染物。

（7）非作业区工作人员未经批准不得进入贮存作业区，贮存作业区内的工作人员不得有影响医疗器械质量的行为。

企业要建立相关人员管理制度，对进入贮存作业区人员的资质、进入流程等进行规定，采用门禁卡等措施以防止无关人员进入。对仓储作业区工作人员的行为进行约束，不得有吸烟、饮酒、就餐、洗漱、嬉戏、打闹，以及碰撞、踩踏、污染医疗器械等行为。

（8）医疗器械贮存作业区内不得存放与贮存管理无关的物品。

凡与贮存作业无关的物品，不得存放于仓储作业区。设施设备破损废弃更换时应及时移出储存现场，以免误用造成事故。不得存放个人物品，以免对医疗器械造成污染。

总之，企业对医疗器械要按包装标示、防护措施、搬运和堆码要求、堆垛要求、分类储存要求、作业区要求等进行规范贮存。

（二）第三方物流业务的企业贮存要求

（1）从事医疗器械第三方物流业务的企业，应当具有与贮存医疗器械规模和要求相适应的、相对独立的库房。库房内墙、顶和地面平整光洁，门窗结构严密，环境整洁、无污染源，与办公、生活区有效隔离。自营与受托的医疗器械产品应当分开存放或按照本企业风险管理的要求，依据医疗器械产品的质量特性由计算机信息管理系统进行管理，合理贮存。

企业原则上应在一个地址设库，若企业确需在其他地址设库，其仓库管理人员、设施设备应分别独立配备并满足要求，多个仓库间计算机管理系统应实现信息传输和数据共享。

（2）企业应当配备能够满足贮存、配送服务正常开展的设施设备，包括以下内容。

1）信息识别管理设备　可以采用包括但不限于条码编制/打印设备、无线射频（RF）等设备，实现货物上架、分拣等环节扫码管理。

2）货架系统　医疗器械与地面、墙壁之间有效隔离的设备，包括但不限于托盘、货架等。

3）装卸搬运设备　实施现代物流作业，与物流规模相适应的机械化装卸、传送、分拣设备。

4）环境监测及调控设备　包括但不限于物流作业摄像监控设备、冷藏冷冻库房温湿度自动监测、调控、记录及报警设备，以实现对仓储条件和物流作业过程的全时段监控和记录。

5）运输车辆及设备　配备与配送产品要求和规模相适应的运输车辆，配送冷链管理医疗器械的，应当配备冷藏车（保温车）或车载冷藏箱（保温箱）等设备，并符合温湿度自动监测、控制、记录等要求；普通车辆应为企业自有或长期租赁（租赁合同期限可参考当地药品监督管理部门的要求），自有冷藏车不能满足运输需要时方可另行租赁。

6）药品监督管理部门的其他有关要求。

（3）企业应具有满足贮存、配送服务全过程和质量控制等要求的计算机信息管理系统。计算机信息管理系统应独立运行，除应当符合医疗器械经营企业计算机管理系统基本要求外，还应当具有与委托方实施贮存、配送全过程实时电子数据交换和对贮存、配送全过程的质量信息实行可追溯、可追踪的动态管理和控制功能，能对相关数据进行收集、记录、查询，数据采集应及时、完整、准确。

（4）企业计算机信息管理系统应当对登录的各岗位人员进行身份验证，设定操作权限，由专人负责系统数据的日常维护和管理，未经质量管理部门审核授权不能更改数据信息，修改数据的原因和过程在系统中应予以记录。系统操作、数据记录的日期和时间应当由系统自动生成，不受人为干预。

（5）企业计算机信息管理系统应当具备以下功能。

1）建立资质档案，对委托方及受托产品资质的合法性、有效性进行审核、跟踪、识别与控制。

2）对有时效性及范围要求的资质档案（产品注册证、生产许可证、经营许可证等）进行提前预警，超时效或超范围自动控制或锁定。

3）自动生成收货、验收、入库、检查、出库、复核、发货、运输等环节质量管理记录，实现质量追溯跟踪。

4）入库时采集并核对医疗器械基本信息，并根据医疗器械质量特性、贮存特性、贮存要求等自动分配相应的储存区域。

5）对库存医疗器械的有效期进行跟踪和控制，近效期提示、预警；对超过有效期、质量有疑问的医疗器械，自动锁定并禁止销售，保存相关记录，并按有关规定处置。

6）具有信息查询和交换功能，可供委托方实时查询委托产品的出入库、配送及保管情况并形成业务信息记录，记录内容应当符合《规范》要求。

7）对运输车辆、运输医疗器械、承运人员、送达状况等信息进行追踪管理，能够记录冷链产品运输方式和运输过程温度。

8）冷链储运的追溯管理。

（6）企业计算机信息管理系统应具有接受药品监督管理部门电子监管的数据接口，提供符合医疗器械经营质量管理要求的、实现实时监管的信息系统平台，包括以下内容。

1）委托方信息，包括：医疗器械生产或者经营许可证（备案凭证）信息、委托范围、开始委托时间及委托时限等。

2）委托储运医疗器械产品名录。

3）医疗器械产品入库信息。

4）医疗器械产品库存信息。

5）医疗器械产品出库信息。

6）医疗器械监督管理部门的其他有关要求。

（7）企业应配备能够确保计算机信息管理系统正常运行、数据备份安全性的服务器和稳定安全的网络环境，采用安全可靠的方式存储记录相关数据，逐日备份，保存时限应符合《规范》的要求。

（三）冷链贮存要求

（1）冷链贮存是指在贮存医疗器械过程中需要按照说明书和标签标示要求进行冷藏、冷冻管理。

（2）医疗器械经营企业应根据经营的品种和规模，配备相适应的冷库或冷藏设备（冷藏柜或冷藏箱等）。用于贮存医疗器械的冷库应具有自动调控温度的功能，机组的制冷能力应与冷库容积相适应。为保证制冷系统的连续供电，冷库应配备备用发电机组或双回路供电系统等。

（3）冷库内医疗器械的堆垛间距，医疗器械与地面、墙壁、库顶部的间距，应当符合GSP的要求。冷库内制冷机组出风口100cm范围内，以及高于冷风机出风口的位置，不得码放医疗器械。冷链医疗器械储存、拆零等作业活动，必须在冷库内完成。

（4）冷链医疗器械的养护应由专人负责，冷库的温湿度通过自动监测系统进行监测、记录。

二、管理

（一）常规贮存管理

企业贮存医疗器械，应当按质量状态采取控制措施，实行分区、分类管理。贮存作业区包括待验区、合格品区、不合格品区、退货区、发货区等，并有明显分区标示。

1. 色标管理 分区标示应当具有引导、指示、警告等说明，明显区分不同区域和功能，采用色标管理，杜绝库存医疗器械存放差错，可设置待验区、退货区为黄色，合格品区和发货区为绿色，不合格品区为红色，退货（召回）产品应当单独存放。三色标牌以底色为准，文字可以白色或黑色表示，以防混淆。

2. 堆垛贮存管理

（1）医疗器械堆垛距离 为防止库内设施对医疗器械质量产生影响，减少各种使医疗器械受损或质量变化的风险，实行堆垛间距管理。间距要求如下。

1）地距 医疗器械与地面的间距不小于10cm，必须用货架、托盘等设施离地存放以便于通风，避免受潮及虫害。

2）固定设施距 医疗器械与墙、屋顶（房梁）、温度调控设备及管道等设施的间距不小于30cm，便于仓库温湿度均匀及货垛的安全。

3）垛间距 货垛与货垛之间的距离不小于5cm。便于通风、检查医疗器械质量、分批管理和监控。

（2）医疗器械堆垛要求 严格遵守医疗器械外包装图示标志（表6-5）的要求，规范操作。怕压医疗器械应控制堆放高度，防止包装箱挤压变形，并定期翻垛。医疗器械应按品种、规格、批号相对集中堆放，并分开堆码，不同品种或同品种不同批号不得混垛。

1）安全 堆垛时，要保证人身、医疗器械和设施三方面的安全。根据包装的坚固程度和形状，以及医疗器械性质的要求、仓库设施等条件进行操作，要轻拿轻放，防止医疗器械及包装受损，做到标志不倒置；要留足“五距”，保持“三条线”，即上下垂直，左右、前后成线，使货垛稳固、整齐、美观。要严禁超重，保证库房建筑安全。

2）方便　堆垛要保持医疗器械进出库和检查盘点等作业方便。要保持走道、支道畅通，不能有阻塞现象。垛位编号要利于及时找到货物。要垛垛分清、垛垛成活，使每垛医疗器械便于出库、盘点、检查等作业。

3）节约　医疗器械堆垛，必须在安全的前提下，尽量做到“三个用足”，即面积用足、高度用足、荷重定额用足，充分发挥仓库使用效能，尽量节约仓容量。

3.货架贮存管理

（1）货架贮存要求

1）货架应背靠背地成双行排列，单行货架可以靠防火墙放置，同时还要考虑医疗器械的发放情况，如周转快的医疗器械货架应放在发运区附近，周转慢的放在库内较远处。

2）货架标志应放在各行货架面向通道的两端，标明各行货架编号及存放物资的种类。

3）货架内物品应按货位编号的位置存放，并留一定数量的空位，以便在贮存新品种时使用。

4）架存医疗器械的数量取决于医疗器械的品种、规格尺寸以及发放的要求，零散医疗器械的识别标志都应放在货架格的开口处，以便识别。

（2）货架布置方式　常见的有横列式、纵列式、纵横式（混合式）和倾斜式等（图6–1）。

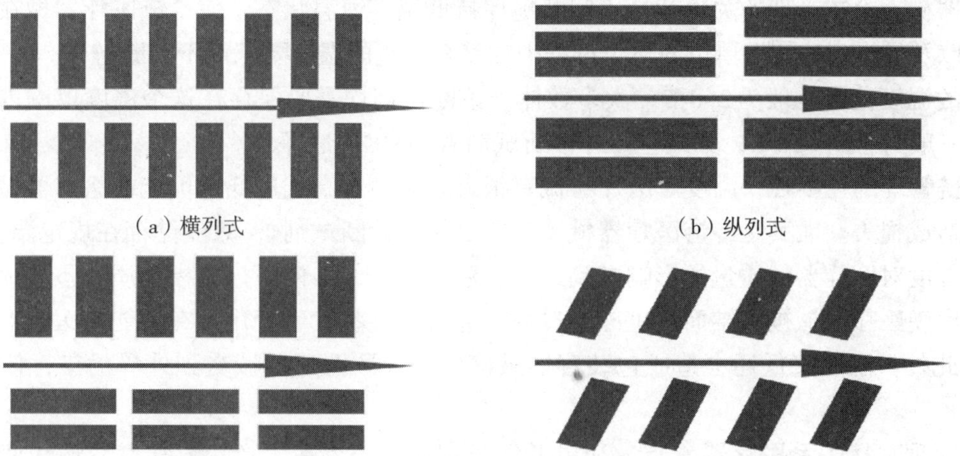

（a）横列式　（b）纵列式

（c）纵横式或混合式　（d）倾斜式

图6–1　常见的货架布置方式

1）横列式布局　货架或货垛的长边与主作业通道垂直。优点是有利于货物的取存检查和机械化作业，还有利于通风和采光。缺点是占用面积多。

2）纵列式布局　货垛或货架的长边与主作业通道平行。优点是可根据库存物品在库时间的不同和进出频繁程度安排货位：在库时间短、进出频繁的物品放置在主通道两侧；反之则放置在里侧。缺点是存取货物不方便，通风采光不利。

3）纵横式（混合式）布局　在同一保管场所内，横列式布局和纵列式布局兼而有之，可以综合利用两种布局的优点。

4）倾斜式布局　货垛或货架与仓库侧墙或主通道成60°、45°或30°夹角。此种布局是横列式布局的变形，便于叉车作业、缩小叉车的回转角度、提高作业效率。

4.温湿度管理　保管员应按医疗器械包装标示的温度要求贮存医疗器械，包装上没有标示具体温度的，常温下进行合理贮存。各库房的相对湿度均应保持在35%~75%。

企业所设的冷库、阴凉库及常温库所要求的温度范围，应以保证医疗器械质量、符合医疗器械规定的贮存条件为原则，进行科学合理的设定，即所经营医疗器械标明应存放于何种温湿度下，企业就应当设置相应温湿度范围的库房。如经营标识为15~25℃贮存的医疗器械，企业就应当设置15~25℃恒温库。

（二）仓储管理

仓储管理的任务主要是安全储存、科学养护、收发准确迅速。

安全储存是指医疗器械在储存中要保证医疗器械的安全。仓库要制定各项管理制度，采取完备的消防措施，预防为主，同时把安全防火、防盗列入教育与培训的计划中，每年定期组织培训。

科学养护就是对外界条件，如温度、湿度、日光等加以控制，使其不对医疗器械质量造成不良影响，以降低损耗，提高经济效益。

在仓储管理的任务中，安全储存是基础，保证质量是目的，科学养护是方法，降低损耗、提高收发速度是质量和效益的统一，避免事故是安全保证。

（三）冷链贮存管理

1.冷链管理的意义 在运输与贮存过程中需要按照说明书和标签标示要求进行冷藏、冷冻管理的医疗器械。冷链管理的关键就是不间断地保持低温、恒温状态，使冷链医疗器械在出厂、转运、贮存以及最终到达使用单位的整个过程中均符合规定的温度要求而不“断链”。

冷藏的温度范围一般为2~8℃，大多数体外诊断试剂均需要保存在这个温度范围内；冷冻的温度范围一般为-25~-10℃，如某些体外诊断试剂需-18℃冷冻保存。

2.冷链管理的重要性 温度对医疗器械有很大影响，过高或过低都可能使医疗器械发生变质或失效而造成损失。尤其是冷链医疗器械（主要是体外诊断试剂），只能储存在规定温度范围内，尽可能把温度对医疗器械质量的影响减到最小。温度过高，会使医疗器械变质，包装损坏；温度过低，会出现医疗器械被冻结而产生冻融过程，导致其性状发生变化，有可能使医疗器械变性或者失效。此外，温度过低还会造成包装容器被冻裂，导致医疗器械受到外界污染，使医疗器械变质。

冷链管理直接关系医疗器械质量和患者切身利益，需要在生产、贮存、运输和使用整个过程，各个环节都严格进行温度控制和管理，保证“全程不断链”，确保从生产出厂到医院临床的每个环节中冷链医疗器械的质量，提升医疗器械安全性。

3.冷链管理的具体内容

（1）从事冷链管理医疗器械的贮存、检查工作的人员，应接受相关法律法规、冷藏冷冻专业知识、工作制度和标准操作规程的培训，经考核合格后，方可上岗。

（2）冷库内应划分待验区、贮存区、退货区、包装材料预冷区（货位）等，并设有明显标示。

（3）用于医疗器械贮存的冷库应配备温度自动监测系统（以下简称温测系统）监测温度。温测系统应具备以下功能。

1）温测系统的测量范围、精度、分辨率等技术参数能够满足管理需要，具有不间断监测、连续记录、数据存储、显示及报警功能。

2）冷库设备运行过程至少每隔1分钟更新一次测点温度数据，贮存过程至少每隔30分钟自动记录一次实时温度数据。

3）当监测温度达到设定的临界值或者超出规定范围时，温测系统能够实现声光报警，同时实现短信等通讯方式向至少2名指定人员即时发出报警信息。

每个独立的冷库应根据验证结论设定，安装至少2个温度测点终端。温度测点终端和温测设备每年应至少进行一次校准或者检定。冷藏箱、保温箱或其他冷藏设备应配备温度自动记录和存储的仪器设备。

在本书第四章中，已对冷库、冷藏箱等设施设备做过详细的介绍，此处不再赘述。

（4）用于存放医疗器械的冷库、冷藏箱、保温箱以及温测系统必须经过验证；未经验证的设施设备，不得应用于冷链管理医疗器械的贮存。具体要求参见第四章中的有关内容。

（5）在贮存冷链管理医疗器械时，应核实运输方式、到货及在途温度、启运时间和到货时间并做好记录。符合要求的，应及时移入冷库内待验区；不符合要求的应当拒收，并做相应记录。

（6）经营企业应当制定冷链管理医疗器械在贮存中温度控制的应急预案，并对应急预案进行验证。对贮存过程中出现的断电、异常气候、设备故障、交通事故等意外或紧急情况，能够及时采取有效的应对措施，防止因异常突发情况造成的温度失控。

（四）第三方贮存管理

《规范》第四十三条规定："从事为其他医疗器械生产经营企业提供贮存、配送服务的医疗器械经营企业，其自营医疗器械应当与受托的医疗器械分开存放。"

（1）医疗器械贮存、配送的委托方与受委托方应签订医疗器械委托贮存、配送服务的书面协议，明确双方权利义务，并有明确的保证委托贮存、配送过程中医疗器械质量的条款。

（2）企业应按照部门设置和岗位职责，建立提供贮存、配送服务的质量管理制度，应当至少包含以下内容。

1）委托企业合法资质、受托医疗器械合法资质审核管理规定。

2）受托产品收货、验收、入库、检查、出库、复核等贮存环节操作规程及工作流程。

3）受托产品包装、运输方式、运输条件、送货签收等配送管理规定。

4）受托产品销售后退回、未销售退回等出库返回管理规定。

5）计算机信息管理系统管理规定。

6）协助委托企业做好不良事件监测报告及产品召回等工作的规定。

（3）企业应按照质量管理制度进行贮存、配送等工作，并做好相应记录，记录医疗器械名称、规格（型号）、注册证号或备案凭证编号、批号或序列号、生产日期和有效期（或失效期）、生产企业、委托方名称等基本信息。

第三节　医疗器械在库检查

PPT

案例讨论

案例　监管人员在对某医疗器械经营企业的检查中发现以下问题。

1.企业未按照《规范》要求每天对医疗器械进行温湿度记录，如抽查企业2019年11月温湿度记录，未对休息日（周六、日）进行温湿度记录。

2.耗材库中存放有4盒"××脂质水胶敷料"（有效期至2019年9月）已过有效期，企业未能提供效期预警记录，对超过有效期的医疗器械未进行处置。

3.海关报关单（4张）数量与计算机系统录入数据不相符，计算机系统库存数量与实际库存数量不相符。抽查某型号的口腔种植体，对其购销存情况进行检查，发现海关报关单显示购进数量为11 280个，计算机购货单显示数据为9238个，计算机库存显示数据为5680个，在仓库核实实际库存为5487颗，计算机销售数据显示为5148个。

讨论 企业上述行为违反了《规范》中的哪些条款？应该如何纠正？

一、内容

《规范》第四十四条规定："企业应当根据库房条件、外部环境、医疗器械有效期要求等对医疗器械进行定期检查，建立检查记录。"包括以下内容。

（1）检查并改善贮存与作业流程。

（2）检查并改善贮存条件、防护措施、卫生环境。

（3）每天上、下午不少于2次对库房温湿度进行监测记录。

（4）对库存医疗器械的外观、包装、有效期等质量状况进行检查。

（5）对冷库温度自动报警装置进行检查、保养。

温湿度监测是贮存医疗器械日常检查的重要内容之一，《规范》第四十四条指出要重点做好有效期、温湿度、冷库检查，监管部门在检查中会重点查看在库贮存医疗器械相关管理规定是否包括《规范》第四十四条内容；抽查库房贮存医疗器械检查记录，确认企业是否按规定对库房医疗器械进行定期检查并保留相关记录。针对本节案例中的第一个问题，企业在双休日期间仍应做到"每天上、下午不少于2次对库房温湿度进行监测记录"的要求。

二、工作实施

1. 医疗器械贮存日常巡查 医疗器械养护员在日常管理过程中，应对在库医疗器械的分类储存、货垛码放、垛位间距、色标管理等工作内容进行日常巡查，及时纠正发现的问题，确保医疗器械按规定的要求合理储存。

2. 医疗器械仓储条件监测与控制 主要包括库内温湿度条件、医疗器械储存设备的适宜性、医疗器械避光和防鼠等措施的有效性及消防安全设施的运行状态等。

为保证各类库房的温湿度符合规定要求，应建立温湿度管理制度，仓库保管人员要在养护员的指导下，有效地对库房温湿度条件进行动态监测和管理，并形成记录（表6-7）。若发现库房温湿度超出规定范围或接近临界值时，应及时采取通风、降温、除湿、保温等措施进行有效调控。要根据季节和地域的不同，控制方法要有所侧重，如南方春季、北方夏季多雨潮湿要注意库内湿度；夏季炎热，要特别注意库内温度，特别是冷库的温度。北方冬季寒冷，要注意怕冻医疗器械的仓库温度，防止冻坏医疗器械。

表6-7 医疗器械库房温湿度记录

年 月

库区： 表号： 温度范围： ℃ 适宜相对湿度范围： %

日期	上午					下午					记录员
	库内温度	相对湿度	调控措施	采取措施后		库内温度	相对湿度	调控措施	采取措施后		
				温度	湿度				温度	湿度	

注：冷库温度：2~8℃，相对湿度：45%~75%。

3.库存医疗器械质量的循环检查　医疗器械在库储存期间，由于受到外界环境因素的影响，有可能发生质量变化。因此，除需采取适当的保管、养护措施外，还必须经常和定期地进行在库检查。通过检查，及时了解医疗器械的质量变化，以便采取相应的防护措施并验证所采取的养护措施的成效，掌握医疗器械质量变化的规律。

冷链管理医疗器械在库期间应按照产品说明书或标签标示的要求进行贮存和检查，应重点对贮存的冷链管理医疗器械的包装、标签、外观及温度状况等进行检查并记录。冷库内制冷机组出风口必须避免遮挡，应根据冷库验证报告确定合理的贮存区域。

一般医疗器械一个季度循环检查一次，易变质医疗器械要缩短检查周期。循环检查要按品种进行登记。每个品种要有一个循环检查登记卡片，内容包括医疗器械名称、规格、生产厂家、检查项目、检查结果、检查员等（表6-8），每次检查都登记在卡片上，通过卡片的记载可以进行质量动态分析，为产品质量的考核提供重要的信息。

表6-8　医疗器械在库检查记录

检查日期	品名	规格（型号）	检查数量	生产企业	生产批号	有效期	包装、外观检查情况及结论	检查员	处理意见

（1）检查的时间和方法　应根据医疗器械的性质及其变化规律，结合季节气候储存环境和储存时间长短等因素，大致分为三种。

1）“三三四制”检查　循环养护检查或月检三分之一，即每个季度的第一个月检查30%，第二个月检查30%，第三个月检查40%；或者每个月检查三分之一，使库存医疗器械每个季度能全面检查一次。

2）定期检查　根据医疗器械性质及管理需要，对不同类别医疗器械设定不同的检查期限。一般上、下半年对库存医疗器械逐堆逐垛各进行一次全面检查。对易变质、近效期医疗器械和特殊管理的医疗器械，要重点进行检查，一般每月至少检查一次。

3）随机检查　当气候条件出现异常变化，遇高温、严寒、雨季或发现医疗器械有质量变化迹象时，应由质量管理部组织有关人员进行局部或全面检查；为避免漏查，应严格规定检查顺序，如按每个货架、货垛顺时针检查等；检查内容主要包括包装情况、外观性状。

（2）检查的内容与要求　养护检查主要是针对医疗器械在库保管过程中医疗器械的质量是否发生变化来进行质量检查工作的，一般应打开医疗器械包装进行检查。对于不能打开包装的医疗器械，一般只能根据医疗器械的最小销售包装来判断医疗器械的质量情况。可以采取观察医疗器械外包装是否变色、医疗器械包装内是否有异常响动或液体渗漏等方法。

检查时要对每个品种规格做好库存医疗器械养护检查记录，做到边检查边整改，发现问题应及时处理。检查完后，要对检查情况进行综合整理，写出质量小结，作为分析质量变化的依据和资料。

4.检查中发现质量问题的处理　检查中若发现包装破损、质量可疑的医疗器械，应立即在计算机信息管理系统中锁定或采取相关措施（如贴上警示标志），不得销售。同时报告质量管理部门确认。

质量管理部门一般在2个工作日内复检完毕。如不合格，应填写医疗器械停售通知单，转仓储、业务等部门。已停售的医疗器械，经检定确实合格需要解除“停售”时，应办理解除停售手续。怀疑为假冒伪劣医疗器械的，应由质量负责人批准后及时报告医疗器械监督管理部门。

5. 医疗器械养护档案与信息 为给医疗器械养护工作提供系统、全面的管理依据，不断提高医疗器械养护的技术水平，企业应记录、收集、分析养护过程中的信息资料。

（1）医疗器械养护档案 养护档案是指企业记录医疗器械养护信息的档案资料，其内容包括温湿度监测和调控记录、检查中有问题医疗器械的记录以及对养护工作情况的定期汇总和分析等。企业应结合仓储管理的实际，对重点养护品种建立医疗器械养护档案。医疗器械养护档案是在一定的经营周期内，对医疗器械储存质量的稳定性进行连续观察与监控，总结养护经验，改进养护方法，积累技术资料的管理手段。医疗器械养护档案内容应包括医疗器械的基本质量信息、观察周期内对医疗器械储存质量的追踪记录，有关问题的处理情况等。企业引入计算机系统进行管理，医疗器械养护档案的填写可在计算机系统内完成。

（2）医疗器械养护质量信息 医疗器械养护人员应定期汇总、分析和上报养护检查、近效期或长时间储存的医疗器械的质量信息（表6-9），以便质量管理部门和业务部门及时、全面地掌握储存医疗器械的质量信息，合理调节库存医疗器械的数量，保证经营医疗器械符合质量要求。其报告内容应汇总该经营周期内经营品种的结构、数量、批次等项目，统计并分析储存养护过程中发现的质量问题的相关指标，如质量问题产生的原因、比例，进而提出养护工作改进的措施及目标。

表6-9 医疗器械库存质量养护记录

编号： 检查日期：

日期	器械名称	规格	生产企业	批号	注册证号	有效期至	数量	质量情况	养护措施	处理结果	养护员	备注

三、有效期管理

医疗器械的有效期是指医疗器械在规定的贮存条件下质量能够符合规定要求的期限。

《规范》第四十五条规定："企业应当对库存医疗器械有效期进行跟踪和控制，采取近效期预警，超过有效期的医疗器械，应当禁止销售，放置在不合格品区，然后按规定进行销毁，并保存相关记录。"

经营企业应结合自身的经营规模、经营模式、所经营品种的特性，明确医疗器械近效期的具体时限，可在计算机系统中进行设置，运用系统的自动报警功能，每月自动生成《近效期医疗器械催销表》（表6-10），对近效期医疗器械实施重点质量控制并及时催销，以避免医疗器械过期失效。

表6-10 近效期医疗器械催销表

编号： 日期：

序号	器械名称	规格型号	注册证号	生产企业	批号	数量	单价	金额小计	供货企业	有效期至	货位号

保管员：

针对本节案例中的第二个问题，企业显然没有较好地执行《规范》第四十五条的规定，未对库存医疗器械的有效期进行跟踪和控制，形成近效期预警记录，而是放任这些医疗器械产品失效；而且产品失效后也未采取相应措施，仍将其存放于合格品区。因此，企业应立即将这些产品移入不合格品区，并按规定进行销毁，保存相关记录。

由于目前没有法规或文件对医疗器械有效期的判别方法做出规定，不同的医疗器械生产企业在其产品包装上标注的方法或形式略有不同。本教材参考原国家食品药品监督管理局2006年发布的《如何判别药品的有效期限》，其叙述如下。

药品标签中的有效期应当按照年、月、日的顺序标注，年份用四位数字表示，月、日用两位数表示。其具体标注格式为“有效期至××××年××月”或者“有效期至××××年××月××日”；也可以用数字和其他符号表示为“有效期至××××.××.”或者“有效期至××××/××/××”等。

有效期若标注到日，应当为起算日期对应年、月、日的前一天；若标注到月，应当为起算月份对应年、月的前一月。例如：有效期至2006年7月，则表示该药品可使用到2006年6月30日。再如：有效期至2006/07/08，则该药品可使用至2006年7月7日。

由此可见，若采用上述的标注方法，如某医疗器械的有效期为24个月，生产日期为2006年6月1日，则标签中有效期可表达为“有效期至2008年5月31日”或者“有效期至2008年6月”等形式。

尽管生产企业可以将有效期标注为××××年××月，但医疗器械经营企业在记录产品信息或将其输入计算机信息管理系统中时，仍需将其有效期表示成“××××年××月××日”，以便于后续的效期管理。

此外，由于上述要求是针对药品的有效期限，医疗器械的有效期限尚未有明确的要求。因此，各医疗器械生产企业针对效期的定义可能会与上述要求不一致，为避免纠纷，经营企业宜在采购初期就向供货方询问产品效期的定义，并由生产企业出具书面的证明文件。这样在采购的医疗器械到货验收时，可以依据厂家的规则识别产品的有效期，并将其按“××××年××月××日”的格式输入计算机信息管理系统或填入相应的记录表。

四、库存盘点

盘点是指通过清点、对账等方法，对库存货品实际数量进行清查、清点的一种作业。其主要任务如下：①查清实际库存量是否与账、卡相符；②查明库存货品的质量情况；③查明有无超过储存期限的存货。

企业应当对库存医疗器械定期进行盘点，做到账、货相符。

由图6-2可见，盘点作业与采购、销售、发货和库存管理都有着极大的联系。

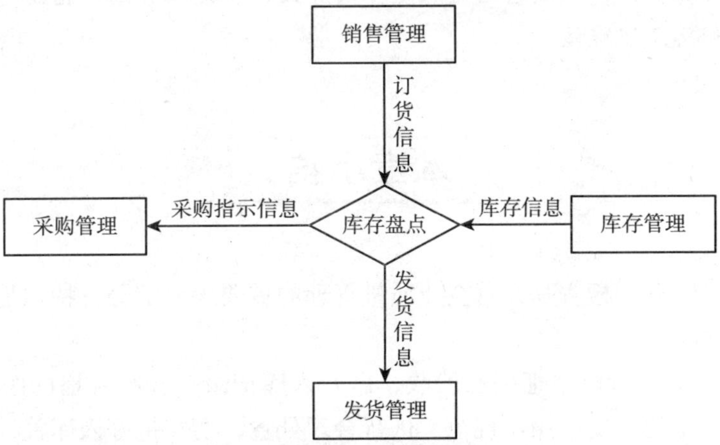

图6-2　盘点的作用

经营企业库存记录内容包括：入库时间、医疗器械的名称、规格（型号）、单位、注册证号或备案凭证编号、生产批号或者序列号、生产企业名称、有效期（或者失效期）、库存数量、实际盘点数量、库存地点（货位号）、产品质量状态等。

针对本节案例中的第三个问题，企业显然没有做好库存的盘点工作，没有做到账、货相符。相反，两者间存在较大偏差：①根据海关报关单显示的数字，企业采购的数量为11 280个，但计算机上的购货单显示的数字为9238个，此为偏差一；②计算机显示的库存量为5680个，但仓库的实际库存为5487个，此为偏差二；③同样都是计算机上的数据，销售数（5148）+库存数（5680）≠购货数（9238），此为偏差三。

因此，为了避免出现上述问题，企业应从自身实际出发，制定合理的库存盘点管理制度，并严格执行。

示例

库存盘点制度

1.仓库平均每月组织一次盘点，盘点时间一般在月底，由仓储管理员负责组织，质管部负责稽核。

2.仓库每年进行一次大盘点，盘点时间一般在12月底，年终盘点由仓储管理员负责组织，财务部和质管部负责稽核。

3.不定期盘点由仓储管理员自行根据需要进行安排，且可灵活调整。盘点采用实盘实点方式，禁止目测数量、估计数量。盘点过程中注意保管好“盘点表”，避免遗失。

4.开始准备盘点前三天，需要制作好“盘点计划书”，计划中需要对盘点具体时间、仓库停止作业时间、账务冻结时间、初盘时间、复盘时间、人员安排及分工、相关部门配合及注意事项做详细计划。

5.仓库盘点前需要组织参加盘点人员进行盘点作业培训或会议，落实盘点各项事宜，包括盘点作业流程培训、上次盘点错误经验、盘点中需要注意事项、盘点人员分工安排、异常事项的处理、时间安排等。所有参加盘点的人员必须了解和掌握盘点的操作流程和细节后方可开始盘点，避免出现错误。

6.货物清点完毕后，货仓要将经过盘点人员与仓储管理员签字确认的标签进行汇总，货仓账务员要认真核对账存数与所统计的实物数，如发现不一致，应进一步追查原因。经过清点，核对及复查之后，由账务员将实际账面数与最终的盘点数填入盘点汇总表。有特殊情况的应在备注中写明原因。不合格品计入不良品盘点汇总表中。

7.若盘点结果出现差异，必须总结盘点差异的原因，制定工作改进措施，写成盘点总结和报告，分别报质管部和总经理审核。

本章小结

医疗器械入库、贮存、检查是经营企业质量管理的重要组成部分，特别是检查环节是医疗器械质量控制的重要保障。

入库时，企业应当进行严格把关和验收，做好入库记录，验收合格的医疗器械应当及时入库登记，凡验收不合格的，要按照《规范》进行合理处置，切实把好入库关；在医疗器械贮存过程中，企业应当根据医疗器械产品的质量特性进行合理贮存，并符合相关要求；检查是质量体系中的一个重要因素，在医疗器械质量管理中，定期检查起着十分重要的作用，只有通过持续开展对在库医疗器械的检查，才能最大限度地控制医疗器械贮存中潜在的风险，保证医疗器械的仓储安全。

习题

习题

一、单项选择题

1.在库房贮存医疗器械，可采用色标管理，设置待验区为（　）、合格品区和发货区为（　）、不合格品区为（　），退货产品应当单独存放。

A.黄色　绿色　红色　　B.绿色　黄色　红色

C.红色　黄色　绿色　　D.黄色　红色　绿色

2.医疗器械储存应保证垛与垛之间不小于（　）cm，垛与库房内墙、库顶、温度调控设备及管道等设施间距不小于（　）cm，与地面间距不小于（　）cm，避免遮挡制冷机组出风口。

A. 5，20，15　　B. 6，30，20　　C. 5，30，10　　D. 10，20，15

3.以下不符合医疗器械贮存要求的是（　）。

A.分类分库分区存放医疗器械，并与非医疗器械分开

B.拆零医疗器械应分散存放

C.名称容易混淆的医疗器械分开存放

D.具有危险性的医疗器械与其他医疗器械分开存放，以免混淆、错发或互相影响

4.医疗器械堆码应符合的要求是（　）。

A.按批号堆码　　B.不同批号的医疗器械不得混垛

C.垛间距应符合规定要求　　D.以上都对

5.对于标识有两种以上不同温湿度贮存条件的医疗器械，一般应存放于相对（　）的库中。

A.高温　　B.恒温　　C.低温　　D.变温

6.贮存中发现质量可疑的医疗器械，保管员应立即采取措施，以下不恰当的做法是（　）。

A.立即挂上“停售”标志牌　　B.在计算机系统中锁定

C.立即向供货单位查询　　D.立即报告质量管理部门确认

7.表示医疗器械在该日期之后不得使用的符号是（　）。

A. 　　B. 　　C. 　　D. 

8.保管员应按医疗器械包装标示的温度要求贮存医疗器械，包装上没有标示具体温度的，应在（　）的环境下进行合理贮存。

A. 20℃以下　　B. 30℃以下　　C. 15~20℃阴凉　　D.常温

9.医疗器械堆垛要求中，不包括（　）。

A.安全　　B.稳定　　C.方便　　D.节约

10.企业应当根据库房条件、外部环境、医疗器械有效期要求等对医疗器械进行定期检查，下列说法错误的是（　）。

A.检查并改善贮存与作业流程

B.检查并改善贮存条件、防护措施、卫生环境

C.每天上、下午不少于3次对库房温湿度进行监测记录

D.对库存医疗器械的外观、包装、有效期等质量状况进行检查

二、简答题

1.经营企业贮存医疗器械时，一般有哪些要求？

2.经营企业在库检查医疗器械时，其检查内容有哪些？

（黄先涛）

第七章　销售、出库与运输

微课

知识目标

1.**掌握**　企业从事医疗器械销售的管理规定，包括对购货者的资格核实、销售记录的内容；医疗器械出库检查与复核规定。

2.**熟悉**　复核内容、医疗器械运输的管理规定。

3.**了解**　医疗器械冷链管理的出库要求和医疗器械委托运输的管理规定。

能力目标

1.**学会**　准确填写医疗器械销售记录、出库表和出库复核检查记录。

2.**具备**　审核医疗器械购货者资格、销售合同内容和运输是否合规的能力。

医疗器械商品的销售是医疗器械行业持续发展的重要环节，只有通过销售，才能实现企业利润。医疗器械销售的三个基本要素：销售主体，即医疗器械销售人员；销售客体，即医疗器械设备或耗材；销售对象，即医疗器械使用者，包括合法的医疗执业机构、合法的医疗器械经营和零售企业、家用医疗器械消费者等。医疗器械与人们生命安全及医疗健康息息相关，所以医疗器械经营企业在产品销售、出库与运输过程中都必须严格依据《医疗器械监督管理条例》《医疗器械经营监督管理办法》《规范》等法规的要求，规范经营行为，合法销售医疗器械产品，严格进行出库检查和产品复核，明确运输过程中的质量责任，从而确保医疗器械的质量安全。

第一节　医疗器械销售

PPT

案例讨论

案例　监管部门在对某医疗器械经营企业进行飞行检查时，发现企业未建立购货者档案，现场检查时企业临时向购货方索取资质，以应对检查；企业未建立销售记录，以财务部门建立的销售成交统计表替代销售记录，项目缺少购货者许可证号（备案凭证号）、经营地址、联系方式、医疗器械经营许可证号（备案凭证号）、数量、单价、医疗器械生产批号（序列号）、有效期、生产企业名称、生产企业许可证号（备案凭证号）；企业未建立出库复核记录。

讨论　企业这种做法是否符合《规范》的要求？如果你是检查人员，你会如何提出整改意见？

医疗器械经营企业在产品流通过程中，起着承上启下的作用，既需要为上游医疗器械生产/经营企业提供分销渠道，进行市场推广，又要输送合法的、有质量保障的产品给下游客户。企业在销售医疗器械过程中，必须严格确保自身销售行为的合法性，认真审核购货者的合法资质，及时形成购货者档案和销售记录，保证销售流向真实、合法。

一、销售人员的工作职责与职业素养

销售人员在推销活动中居于主体，必须主动向客户推介产品或服务，是推销活动能够成功的关键因素。如果没有销售人员的推销活动，企业仓库里的商品就会堆积如山，无法在市场上流通，企业就无法获取利润，而消费者也无法通过商品消费满足心理、提高生活质量。医疗器械关乎生命安全，医疗器械销售人员更加需要发挥好企业与客户之间沟通的桥梁作用。

医疗器械销售人员就是通过丰富的、专业的医疗器械产品知识，以系统的、专业的市场营销方法或手段给客户创造、沟通与传送价值，满足客户特定需求，从而成功获取销售订单的人员。医疗器械销售人员的选拔标准非常严格，医疗器械、医药学专业背景仅是销售人员入职的基本条件，医疗器械销售人员要对市场具有敏锐的观察和应对能力，在当地的各大医院及医疗机构有着广泛的人脉关系，部分人员还要跟随医生在手术台上帮忙，同时还要精通英语。国外把医疗器械销售人员称为“产品工程师”。

（一）工作职责

（1）不断开发新客户，并对客户资质进行初步审核。

（2）向客户传递医疗器械产品的性能、使用科室、检查项目、适用症状、技术指标、价格、竞争优势、质量及售后服务等各种相关信息；并把客户的需求、购买状况、市场竞争状况、竞争对手信息反馈给企业，以供企业经营决策使用。

（3）将医疗器械产品销售给客户，并利用专业的销售技巧鼓励客户不断重复购买，这是销售人员的最主要工作。

（4）为客户提供多种服务。客户购买企业的医疗器械产品，是对企业的信任。企业通过深入分析客户需求，为客户提供各种差异化服务，如安装、培训、售后服务、零部件装配、软件升级、租赁等。

（5）协调客户与企业之间的关系。销售人员必须同时满足公司、客户和自身的三方利益，不断地把客户需求传递给公司，与公司一起解决顾客的投诉及使用帮助，也要遵循公司的各项销售制度。

（6）与客户保持长期联系。与新客户进行单次交易的费用很高昂。客户的重复购买，不断提高的顾客满意度和忠诚度更能促进公司利润的提高，更能建立客户同公司之间的长期信任关系，有利于企业更加长远、稳定的发展。

（二）专业职业素养

1.诚信负责 医疗器械的产品质量和使用安全与广大患者的健康和生命紧密相关。销售人员必须严格执行国家有关的法律、法规，不强卖产品给客户，不虚假夸大宣传产品功能给客户，而是遵循客户需求至上原则，销售最合适的产品给客户。

2.熟悉企业与产品 医疗器械销售人员必须熟悉本企业运营的基本状况，如企业的发展历史、企业文化、管理制度、竞争能力、销售政策等；必须熟悉销售产品的专业知识，如产品结构、型号、原理、用途、使用方法、产品维修和保养等知识，并具有实践操作能力。

3.专业营销技能 医疗器械销售人员必须具备灵活运用营销策略和销售技能的能力，如对客户需求进行心理和行为分析，对产业发展现状和趋势准确把握，不断开发新客户，深入挖掘客户需求，灵活处理客户异议，促进客户成交等。

4.精通行业法规　销售活动是一种经济活动，销售人员必须具备基本的企业法律知识，如经济法（签订销售合同）、公司税法等；同时销售人员必须熟悉医疗器械行业法律、法规，如《医疗器械监督管理条例》《医疗器械经营监督管理办法》《规范》和《医疗器械网络销售监督管理办法》等，严格遵守法律、法规的要求。

二、销售行为的合法性

销售行为的合法性是指经营企业在销售医疗器械产品时，应遵守国家有关法律、法规，依法规范经营，严禁销售任何不合格医疗器械产品，确保产品经营行为的合法性和所经营产品的质量。

（1）医疗器械经营企业本身必须是取得《医疗器械经营许可证》或备案凭据，并具有医疗器械经营资格及《营业执照》的合法企业。根据医疗器械风险程度，企业按照所经营医疗器械产品的风险实施分类管理。经营第一类医疗器械不需许可和备案，经营第二类医疗器械实行备案管理，经营第三类医疗器械实行许可管理。

（2）经营企业销售医疗器械要按照《医疗器械经营许可证》或备案凭证及《营业执照》上批准的经营范围规范经营。

（3）公司应对各办事机构或者销售人员以本企业名义从事的医疗器械购销行为承担法律责任，销售人员必须培训合格后方可上岗。

（4）销售人员销售医疗器械，应当提供加盖本企业公章的授权书。授权书应当载明授权销售的品种、地域、期限，注明销售人员的身份证号码。

示例一

医疗器械销售授权委托书

兹授权______同志，身份证号为________________，为我公司销售代表，其权限是负责我司医疗器械的销售相关工作。

授权销售的详细信息如下：

（1）产品品种：经营许可的所有产品

（2）地域：中华人民共和国行政区域内

有效期限：自　年　月　日起至　年　月　日

公司名称：（盖章）　　　　　法定代表人：（签名或盖章）

签发日期：　年　月　日

说明：1.委托书内容要填写清楚、涂改无效

2.委托书不得转让和买卖

3.本委托书授权期限届满，持原有委托书申请更换

被委托人身份证（正反面）复印件粘贴处 并必须加盖公章

三、销售对象的合法性

销售对象的合法性指的是医疗器械经营企业应依法将医疗器械产品销售给合法的购货单位，严格审核购货单位的经营范围或诊疗范围，并按相应范围销售医疗器械产品，不得向证照不全的单位或个人销售医疗器械，以保证医疗器械销售流向真实、合法。批发医疗器械应选择合法的客

户，一是合法的医疗单位，二是合法的经营企业，包括批发企业和零售企业。对销售对象的审核程序规定如下。

（1）由业务销售部门负责收集并审核客户合法资质证明，质量管理部门负责对审核情况进行指导和监督。

（2）审核内容

1）审核《医疗器械经营许可证》或备案凭证与营业执照的合法性与有效性，证照复印件应加盖持证单位公章原印章。

2）审核购货方《营业执照》的核准项目与其实际经营行为是否相符。

3）对各级医疗机构，应审核其是否取得《医疗机构执业许可证》；军队所属医疗机构，应审核是否具有军队主管部门批准的对位服务证明，证明的复印件应加盖持证单位的公章原印章。

4）医疗器械生产企业、科研机构需要采购的，应提供相关审核证明。

5）核实医疗器械采购人员及上门自行提货人员的身份证明。

（3）医疗器械销售部门应建立合法销售客户档案，医疗器械批发企业应严格按照《医疗器械经营许可证》《营业执照》核准的经营方式和经营范围开展医疗器械经营活动，严格遵守国家法律法规，不得将医疗器械销售给未取得《医疗器械经营许可证》《医疗机构执业许可证》或《营业执照》的单位，也不得将医疗器械销售给直接的使用者和患者。不得冒用其他企业名义销售医疗器械。医疗器械经营企业在销售医疗器械产品时，要正确介绍产品，不得虚假夸大、误导客户，更不能隐瞒存在的安全危害、不良反应等相关警示用语。

在建立购货者档案时，记录内容必须全面，包括客户名称、类别、经营地址、联系人及联系方式、经营许可证号（或备案凭证编号）、营业执照、相关部门审核意见等（表7-1）。

表7-1　医疗器械客户档案

<table>
<tr><td>客户名称</td><td colspan="4"></td><td>客户档案编号</td><td></td></tr>
<tr><td>类别</td><td colspan="6">□医疗器械批发企业　□医疗器械零售连锁企业　□医疗器械零售企业　□医疗机构　□部队医疗机构
□其他机构</td></tr>
<tr><td>详细地址</td><td colspan="3"></td><td>负责人</td><td colspan="2"></td></tr>
<tr><td>邮政编码</td><td></td><td>E-mail</td><td></td><td>传真</td><td colspan="2"></td></tr>
<tr><td>联系人</td><td colspan="3"></td><td>联系电话</td><td colspan="2"></td></tr>
<tr><td rowspan="3">许可证或备案凭证</td><td>单位名称</td><td colspan="2"></td><td>许可证编号</td><td colspan="2"></td></tr>
<tr><td>经营范围</td><td colspan="2"></td><td>有效期至</td><td colspan="2"></td></tr>
<tr><td>注册地址</td><td colspan="2"></td><td>发证机关</td><td colspan="2"></td></tr>
<tr><td rowspan="4">营业执照</td><td>单位名称</td><td colspan="2"></td><td>类型</td><td colspan="2"></td></tr>
<tr><td>法定代表人</td><td colspan="2"></td><td>注册资本</td><td colspan="2"></td></tr>
<tr><td>经营范围</td><td colspan="2"></td><td>营业期限</td><td colspan="2"></td></tr>
<tr><td>经营场所</td><td colspan="2"></td><td>登记机关</td><td colspan="2"></td></tr>
<tr><td colspan="7">销售部审核意见

签名：　　　　　　年　月　日</td></tr>
<tr><td colspan="7">质量管理部意见

签名：　　　　　　年　月　日</td></tr>
<tr><td colspan="7">审批意见

签名：　　　　　　年　月　日</td></tr>
</table>

四、销售记录与销售凭据管理

（一）销售记录（清单）

为了规范企业医疗器械经营行为，加强对医疗器械销售活动的监督管理，对出售医疗器械进行有效的质量追踪，《规范》要求二、三类医疗器械批发企业和三类医疗器械零售企业的销售部门必须建立医疗器械销售记录（清单）。销售记录信息应当真实、准确、完整，其内容如下。

（1）医疗器械的名称、规格（型号）、注册证号或者备案凭证编号、数量、单价、金额。

（2）医疗器械的生产批号或者序列号、有效期、销售日期。

（3）生产企业和生产企业许可证号（或者备案凭证编号）。

从事医疗器械批发业务的企业，销售记录还应当包括购货者的名称、经营许可证号（或者备案凭证编号）、经营地址、联系方式。

《销售记录》（表7–2）的填制必须清楚，内容规范完整、真实；必须定期对医疗器械销售记录进行备份保存，医疗器械销售记录应当保存至医疗器械有效期后2年；无有效期的，不得少于5年。植入类医疗器械销售记录应当永久保存。医疗器械销售记录应当与出库信息一致。

表7–2　医疗器械销售记录

销售日期	购货单位	产品名称	生产厂家	规格型号	生产日期	生产批号	经办人	备注

在医疗器械销售过程中伴随着大量凭证和记录的流转，若医疗器械经营企业采用计算机软件填写销售记录，则必须加强销售记录的管理，建立明确规定销售记录的流转程序与交接手续制度，并严格执行，使销售记录的印刷、领用、保管规范化、制度化，确保销售记录迅速、准确、畅通地传递，防止销售记录的流散和丢失。

（二）（零售）销售凭据

从事医疗器械零售业务的企业，应当给消费者开具销售凭据，记录医疗器械的名称、规格（型号）、生产企业名称、数量、单价、金额、零售单位、经营地址、电话、销售日期等。通过记录这些信息，以方便日后进行质量追溯。为保护消费者的隐私权，销售凭据不记录消费者信息。企业应在记录和凭证的有关管理制度中明确对销售票据的管理要求和操作程序，在医疗器械销售凭证的机打系统中设置相关内容，并应按规定保留电子记录，以方便进行质量追溯。

五、销售合同的签订与管理

（1）医疗器械批发企业的销售部门必须与购货者依法签订经济合同。合同文本规范，内容详尽。

（2）业务人员签约前，必须了解对方的“法人”资格和资信状况；签约人员必须拥有“法人”代表委托授权书。

（3）销售合同中必须明确医疗器械的名称、规格（型号）、注册证号或者备案凭证编号、生产企业、供货者、数量、单价、金额等。企业应当在销售合同或者协议中，与购货者约定质量责任和售后服务责任，以保证医疗器械售后的安全使用。

（4）业务人员必须在授权范围内签订合同，并及时向部门负责人汇报合同相关事宜；确定无误后，方可办理手续，签订合同。

（5）签订的合同，必须认真执行，不得单方变更、废止或解除合同；合同需要变更或解除时，合同签约人应查清原因，至少经部门经理核准后方可进行。

（6）合同在执行中，发生纠纷或违约现象，应严格按《经济合同法》的有关条款解决，主管签约人员应及时解决，否则应追究责任人的责任。

（7）合同执行终了，文本应交给相关管理人员存档。

示例二

医疗器械购销合同

合同编号：

甲方（买方）：

乙方（卖方）：

1.甲、乙双方根据《中华人民共和国合同法》，在平等互利、协商一致的基础上，甲方同意向乙方购买以下设备（以下设备、器械均简称设备）：

设备名称	规格型号	品牌	原产地	数量	单位	报价	成交金额
合计成交金额（大写）： 万 仟 佰 整（RMB）							

本合同若有详细的双方签字的配置清单，请详见附件。

2.设备的交付期乙方在合同生效的____天内向甲方交付上述设备，逾期将按照第7条规定执行。

3.设备运输、安装和验收

3.1 乙方确保设备安全无损地运抵甲方指定现场，并承担设备的运费、保险费等费用，装卸费由____承担（送货抵达前必须告知医院设备处及使用科室，以便接收）。

3.2 甲、乙双方对设备进行开箱清点检查验收，如果发现数量不足或有质量、技术等问题，乙方应在____天内，按照甲方的要求，采取补足、更换或退货等处理措施，并承担由此发生的一切损失和费用。

3.3 设备到货后，乙方应在接到甲方通知后，一般设备在____天内安装调试完成，特大型设备在____天内安装调试完成。

3.4 在符合国家相关技术标准的基础上，甲、乙双方根据合同的技术标准（见附表）进行技术验收，验收合格后，双方在甲方《验收合格单》上签字确认。

4.付款方式

□安装调试验收合格正常使用后以____的方式支付货款，在3个月内付清。

□甲方在合同生效后____内先以____方式预付货款____%计____；到货后再以____方式预付货款____%计____；安装调试验收合格正常使用后以____方式付货款的____%计____；余款____，以____方式，在____付清。

5.伴随服务

5.1 乙方应提供设备的技术文件，包括相应的图纸、操作手册、维护手册、质量保证文件、服务指南等，这些文件应随同设备一起发运至甲方。

5.2 乙方还应免费提供下列服务

5.2.1 设备的现场安装和调试。

5.2.2 提供设备安装和维修所需的专用工具和辅助材料。

5.2.3 乙方应派专业技术人员在项目现场对甲方使用人员进行培训或指导，在使用一段时间后可根据甲方的要求另行安排培训计划。

6. 质量保证及售后服务

6.1 乙方应保证所供设备是在____（年月）后生产的、全新未使用过的，并符合国家有关标准及合同技术标准要求。如果设备的质量或规格与合同不符，或证实设备是有缺陷的，包括潜在的缺陷或使用不符合要求的材料等，乙方应在接到甲方通知后7天内负责采用符合合同规定的规格、质量和性能要求的新零件、部件或设备来更换有缺陷的部分或修补缺陷部分，其费用由乙方负担。同时，乙方应按本合同规定，相应延长修补或更换件的质量保证期。

6.2 乙方应提供保修期____月，保修期的期限应以甲乙双方的验收合格之日起计算，保修期内免费更换零配件及工时费。乙方在保修期内应确保开机率为97%以上，如达不到此要求，则相应延长保修期。

6.3 报修响应时间____小时，到场时间____小时（不可抗拒力量下除外）。

6.4 保修期满后，人工费为单次故障不高于____元，年度保修合同价不高于设备总价的____%，年度定期预防性维护保养次数不少于____次。

6.5 乙方负责设备的终身维修并应继续提供优质的服务，储备足够的零配件，保修期满后，以____折的优惠价供应维修零配件，消耗品的供应应由双方另设协议决定。

6.6 乙方对设备的维护必须告知甲方设备处维修人员，否则乙方自行承担发生的一切费用。

7. 索赔条款

7.1 如经药品监督管理部门检验确认货物不符合本合同约定，买方有权选择下列方式之一要求卖方进行补救。

7.1.1 同意买方退货，并将货款全额偿还买方，并负担因退货而发生的一切直接损失和费用。

7.1.2 按照货物的疵劣程度、损坏的范围和买方所遭受的损失，将货物贬值，情节严重，甲方有权终止合同。

7.1.3 调换有瑕疵的货物，换货必须全新并符合本合同规定的规格、质量和性能，卖方负责因此产生的一切费用和买方的一切直接损失。

7.2 如果乙方没有按照合同规定的时间交货和提供服务，甲方应采取从货款中扣除误期赔偿费而不影响合同项下的其他补救方法，延期交货和延期服务的赔偿费按每周迟交仪器合同价的百分之零点五（0.5%）计收，直至交货或提供服务为止。但误期赔偿费的最高限额不超过合同价的百分之五（5%）。一周按7天计算，不足7天按一周计算。一旦达到误期赔偿的最高限额，甲方有权终止合同。

7.3 乙方应保证甲方和使用单位在使用该设备或其任何一部分时，免受第三方提出侵犯其专利权、商标权或工业产权的起诉。

8. 争端的解决：双方如在履行合同中发生纠纷，首先应友好协商，协商不成，任何一方可向合同签订地人民法院起诉。

9. 合同生效

9.1 本合同在甲、乙双方签字盖章后生效。

9.2 本合同一式四份，以中文书就，甲方执三份，乙方执一份，具有相同的法律效力。

10. 合同附件：合同不可分割的组成部分，与合同具有同等法律效力。

10.1 配置清单　　□设备的配置清单
10.2 技术标准　　□投标文件的技术响应　□设备技术说明
11. 特别约定____________________

甲方：	乙方：
（盖章）	（盖章）
甲方法定代表人（授权委托人）：	乙方法定代表人（授权委托人）：
日期：__________	日期：__________

附件 1（合同编号：__________）

配置清单及技术参数

一、品名：
二、型号：
三、品牌：
四、原产地：
五、数量：
六、配置清单与技术参数：

	配置	技术参数	数量	单项报价	备注
主机					
	合计报价：				
附件					
	合计报价：				
选购件					
	合计报价：				
伴随资料					

共计总报价：

七、特殊说明：
八、使用科室确认：同意以上设备的配置与技术参数
科室主任签字：
制造商或供应商盖章　　　　日期：__________

附件 2（合同编号：__________）

售后服务承诺书

一、售后服务机构：
名称：__________，地址：__________，联系方式：__________
二、售后服务管理体系：
三、维修工程师队伍：

四、维修零配件仓库：

地址：__________________，零配件储存量：__________________。

五、售后医疗器械故障报修的响应时间________，工程师到场时间________，排除故障时间________，不能及时修复的补救措施________。

六、售后医疗器械的保修时间________，一切费用全免，终身维修。

七、出保修期后的有偿服务：人工费全免，差旅费全免，零配件费用打折________。

常用零配件列表

名称	型号	单价	优惠价

八、消耗品费用打折：

常用消耗品列表

名称	型号	单价	优惠价

九、伴随的其他服务：

制造商（盖章）　　　　　　　　　　代理商（盖章）

日期：

六、销售发货管理

（1）销售人员在签订销售合同后，应详细、清晰地填写公司发货申请单，内容如下：日期、购货单位、名称、地址、联系人、电话、品名、规格、件数、单位、数量、单价、申请人、回款方式、回款期限、审核人。获得部门经理批准后，交由销售内勤开具送货通知单，送货通知单内容如下：购货单位、名称、地址、分拨单号、结算方式、签合同人、审核人、提货人、制表人。

（2）对于没有合同或成品调出单的，销售内勤一律不予开票，开票时，严格检查合同或成品调出单填写的价格。收货单位等项目是否符合要求，如价格过低或发货去向不详细的不予开票。

（3）销售人员持产品送货通知单去仓库提货，仓库库管员根据公司仓储管理制度中成品的发放管理规定发货。

（4）销售内勤要严格管理账目，日清月结，严格填写销售记录及销售台账。业务员的回款日期记清，每月与财务部核对一次。如账目发现异常，及时报告销售经理。有关报表每月向总经理汇报。

第二节　医疗器械出库

PPT

医药大学堂 WWW.YIYAOPXT.COM

案例讨论

案例　监管部门在对某医疗器械经营企业进行飞行检查时，发现以下问题。

1.企业提供的出库单（单号：YS05-79）显示，2019年6月25日销售“中性电极”至某医院，但无法提供该医院的《医疗机构执业许可证》等资质文件。

2.抽查企业2018年11月25日至2018年12月30日期间所经营产品（可溶解耳鼻止血棉、胆道探条、止血钳、腹腔镜关节镜器械主机）的销售记录，该记录未按照销售记录制度的要求，列明产品的注册证号或者备案凭证编号、产品的生产批号、有效期、生产企业许可证号或者备案凭证编号。

3.企业提供的出库单（单号：YS05-79）中，发货人、复核人、收货人均无人签字。

4.出库复核记录项目不全。缺少注册证号、生产批号、生产日期、有效期等字段。

讨论 企业这种做法是否符合《规范》的要求？如果你是检查人员，你会如何提出整改意见？

为了规范医疗器械的出库与复核管理工作，确保医疗机构使用的医疗器械符合质量标准，杜绝不合格产品的流出，企业应建立医疗器械出库与复核管理制度。对医疗器械出库的原则、出库的质量检查与校对的内容、出库复核记录及其管理、相关人员的责任等都要明确下来。医疗器械出库时，要着重规范货物出库的先后、出库凭证、出库复核等，明确不得出库的情形和特殊产品的出库要求。

一、货物出库原则

（1）在库医疗器械应遵循“先产先出”“近期先出”和按批号发货的原则出库。若“先进先出”与“近期先出”出现矛盾时，应优先遵循“近期先出”的原则。

（2）医疗器械出库必须有正式凭证并经发货、复核手续方可发出。如有问题，必须由销售人员重开才有效。

二、货物出库复核

（1）库管人员发货完毕后，在发货单上签字，交给复核员复核。复核员应按出库凭证所列项目逐一核对品种、批号，对实物及包装进行质量检查和核对。复核内容包括：购货者、购货单位品名、规格、型号、生产批号或者序列号批号（生产批号、灭菌批号）、生产厂商、注册证号或者备案凭证编号、有效期、数量、销售日期、出库日期、质量状况和复核人员等项目。做到数量准确，质量完好，包装牢固和标志清晰。

（2）复核员核对完毕后应认真填写《出库复核记录》，做到字迹清楚、项目齐全、内容准确，便于质量跟踪，复核记录应保存至超过医疗器械产品有效期2年，但不得低于5年（表7-3）。

表7-3 医疗器械出库复核记录

品名	规格型号	生产批号	数量	出库日期	库管员签字	部门负责人签字	备注

（3）医疗器械出库复核与检查时，库房保管员或复核员应当对照出库的医疗器械仔细核对，发现以下情况不得出库，并按规定及时报告质量管理机构或者质量管理人员处理。

1）医疗器械包装出现破损、污染、封口不牢、封条损坏等问题。

2）标签脱落、字迹模糊不清或者标示内容与实物不符。

3）超过有效期、已失效或淘汰的医疗器械。

4）医疗器械监督管理部门的质量公报品种、通知禁售的品种，并经质管部核对确认的。

5）存在其他异常情况的医疗器械。

（4）医疗器械出库时，应当附出库凭证或随货同行单，随货同行单应当包括供货者、生产企业及生产企业许可证号（或者备案凭证编号）、医疗器械的名称、规格（型号）、注册证号或者备案凭证编号、生产批号或者序列号、数量、储运条件、收货单位、收货地址、发货日期等内容，并加盖企业医疗器械出库专用章原印章（表7–4）。

表7–4　医疗器械出库凭证

XXXXX有限公司（随货同行）

购货单位：　　　　　　　　　　　　　　　　　　　　　　　　　　发货日期：

送货地址：　　　　　　　　　　　　　　　　　　　　　　　　　　NO.

商品名称/规格	批号	生产日期/效期	产地/生产企业许可证号	单位	数量	单价	注册证号	金额	储运条件	质量状况
本页小计							¥			
金额总合计（大写）：						元				

请仔细验收商品，如发现质量问题，请在7天内办理退换，商品如有破损请在24小时内办理，冷藏类商品，请当场验收，收货后一律不予退换。

制单人：　　　发货人：　　　复核人：　　　电话：　　　传真：

上期结欠金额：　　　本次金额：　　　合计结欠金额：　　　本次收款金额：　　　收款人：　　　客户确认：

（5）复核完毕后，医疗器械应放在发货区待发。

（6）医疗器械拼箱发货的代用包装箱应当有醒目的发货内容标示。

（7）医疗器械出库后，如对账时发现错发，应立即追回或补换。如无法立即解决的，应填写查询单联系，并留底立案，及时与企业相关部门联系，配合协作，认真处理。

三、特殊医疗器械出库管理

（1）特殊管理产品出库应由双人进行质量核对，如植入类、一次性无菌等高风险产品等。

（2）冷链管理医疗器械出库时，应当由专人负责出库复核、装箱封箱、装车码放等工作。

PPT

第三节　医疗器械运输

一、常规医疗器械的运输管理

医疗器械的运输应遵循“及时、准确、安全、经济”的原则，遵照国家有关商品运输的各项规定，规范医疗器械运输行为，合理地组织运输工具和力量，实现物流的畅通，确保产品运输质量，把医疗器械安全、及时地运达目的地。为此，企业应制定医疗器械运输的质量管理制度和工作程序，执行运输操作规程。

（1）企业要配备与经营规模相适应的，并符合医疗器械质量要求的运输条件，如冷藏箱、冷藏车等。

（2）根据商品流向、运输线路条件和运输工具状况、时间长短及运输费用高低进行综合研究，在医疗器械能安全到达的前提下，选择最快、最好、最省的运输方法，努力压缩待运期。

（3）医疗器械发货前，必须检查名称、规格、型号、单位、数量等是否与随货同行单相符，包装是否牢固，包装大小、重量等是否符合运输部门的规定等。

（4）填制运输单据，应做到字迹清楚，项目齐全，严禁在单据上乱签乱划。发运产品应按每个到站和每个收货单位分别填写运输交接单，也可用发票的随货同行联代替。

（5）在装车前必须按发运单核对件数有无差错，运输标志选用是否正确，然后办好运输交接手续，做出详细记录，并提醒运输部门有关人员该批产品搬运装卸的注意事项。

（6）装卸产品应轻拿轻放，严格按照外包装图示标志要求堆放和采取保护措施。

（7）标识清晰，包装牢固，数量准确，堆码整齐。

（8）拼箱医疗器械的标签应粘贴牢固，操作过程中不得脱落。

（9）产品在途中运输和堆放站台时，还必须采取防止日晒雨淋的措施，以免产品或设备受潮湿、光、热的影响。

（10）运输员根据各库报送的装箱单，按购货单位进行整理归类，统计待运商品的件数，填写运输单。

（11）按路程长短和需要送的单位与医疗器械产品件数合理安排车辆，一般情况下，做到待发产品3天内送达客户，运输方式主要有铁路、水路、公路和航空等。

（12）常规类（无温湿度要求）的医疗器械运输要做好产品包装及运输防护，防止产品运输过程中损坏，在发货前到收货后需做好确认。

（13）对运输设施设备一定要定期检查、清洁和维护，应当由专人负责，并建立记录和档案。

（14）根据有关规定与客户办好货物交接手续，签回运输单据。

二、冷链医疗器械的运输管理

（1）使用冷藏箱、保温箱运输冷链管理医疗器械的，应当根据验证确定的参数及条件，制定包装标准操作规程，装箱、封箱操作应符合以下要求。

1）装箱前应进行冷藏箱、保温箱预冷或预热。

2）在保温箱内合理配备与温度控制及运输时限相适应的蓄冷剂或蓄热剂。

3）冷藏箱启动制冷功能和温测设备（保温箱启动温测设备），检查设备运行正常，并达到规定的温度后，再将产品装箱。

4）根据对蓄冷/热剂和产品的温度控制验证结论，必要时装箱应使用隔温装置，将产品与蓄冷/热剂等冷/热媒进行隔离。

5）冷链管理医疗器械的包装、装箱、封箱工作应在符合产品说明书和标签标示温度范围内的环境下完成。

（2）运输冷链管理医疗器械的，应根据运输的产品数量、距离、时间以及温度要求、外部环境温度等情况，选择合理的运输工具和温控方式，确保运输过程中温度控制符合要求。

一个运输批次中有多个客户、需要多点运送的，在装货时应注意货品的装车顺序，如计划先送达的客户，其货品应堆放在离车厢门最近的位置；而计划最后送达的客户，其货品应堆放在距离车厢门最远的位置。不同客户间的货品应做好隔温措施，以防卸货作业时，对其他货品造成影响。

（3）使用冷藏车运输冷链医疗器械的，应符合以下要求。

1）提前启动制冷功能和温测设备，将车厢内预冷至规定的温度。

2）根据验证报告确定冷藏车厢内产品的码放方式及区域，码放高度不得超过制冷机组出风口下沿，确保气流正常循环和温度均匀分布。

3）冷链医疗器械装车完毕，及时关闭车厢门，检查厢门密闭情况。

4）检查温控设备和温测设备运行状况，运行正常方可启运。

5）冷链管理医疗器械在装卸过程中，应采取措施确保温度符合产品说明书和标签标示的要求。

（4）冷链管理医疗器械发货时，应检查并记录冷藏车、冷藏箱、保温箱的温度。

（5）运输需要冷藏、冷冻医疗器械的冷藏车、车载冷藏箱、保温箱应当符合医疗器械运输过程中对温度控制的要求。冷藏车具有显示温度、自动调控温度、报警、存储和读取温度监测数据的功能。

（6）到货后，应向收货单位提供运输期间的全程温度记录。

（7）企业和使用单位应当制定冷链管理医疗器械在贮存、运输过程中温度控制的应急预案，并对应急预案进行验证。对贮存、运输过程中出现的断电、异常气候、设备故障、交通事故等意外或紧急情况，能够及时采取有效的应对措施，防止因异常突发情况造成的温度失控。

三、委托运输管理

企业委托其他第三方运输医疗器械时，应当按照事先对承运方的运输设备、质量保障能力、人员资质及业绩进行考核评估，符合要求的方可委托。同时对运输过程质量责任进行确认，确保运输过程中的质量安全。

（一）对承运方运输能力进行考查评估

（1）企业各种证照和相关资质，包括营业执照、组织机构代码证、税务登记证（国税、地税）、道路运输经营许可证，信誉、车辆资源、运输能力、安全搬运装卸能力，以及建立全面的质量管理体系。

（2）具有健全的管理制度、管理台账和专门的运输安全管理人员。

（3）承运商自有和租赁车辆具有行驶证、营运资格证等。按规定的额度办理了车辆保险（交强险、车损险、第三者责任险）。

（4）承运商订单跟踪、车辆定位、温度监控的能力和管理信息系统。

（5）承运商运输应急管理机制和体系功能。

（二）与承运方签订委托运输协议

企业委托运输医疗器械应当与承运方签订运输协议，明确运输过程中的质量责任，遵守运输操作规程和在途时限等内容。

（三）委托运输冷链医疗器械的承运方要求

委托其他单位运输冷链管理医疗器械的，应当对承运方的资质及能力进行审核，签订委托运输协议，至少符合以下要求。

（1）索要承运方的运输资质文件、运输设施设备和运输管理监测系统验证文件、承运人员资质证明、运输过程温度控制及监测系统验证文件等相关资料。

（2）对承运方的运输设施设备、人员资质、质量保障能力、安全运输能力、风险控制能力等进行委托前和定期审核，审核报告存档备查。

（3）委托运输协议内容应包括：承运方制定的运输标准操作规程、运输过程中温度控制和实时监测的要求、在途时限的要求以及运输过程中的质量安全责任。

（4）必要时根据承运方的资质和条件，委托方可对承运方的相关人员及运输设施设备进行审查和考核。

示例三

医疗器械委托运输服务协议

甲方（托运方）：

乙方（承运方）：

为了全面贯彻《医疗器械经营质量管理规范》，明确运输过程中的质量责任，确保运输过程中的质量安全，安全有效地把医疗器械产品按期送到客户所在地，建立完整的医疗器械产品运输记录，甲、乙双方经友好协商，就甲方委托乙方运输医疗器械产品事宜，达成一致，签署本合同以资共同遵守。

一、质量责任

1.甲方委托配送的医疗器械产品必须符合法定的质量标准，保证委托运输的医疗器械产品质量合格。

2.提货时，甲、乙双方应尽共同检查医疗器械产品外观的义务，确保甲方托运的医疗器械产品外观包装完整，无破损、受潮等问题。

3.提货后，乙方应及时将货物发往甲方指定地点，根据收货目的地路途差异，乙方应在约定天数内送达货物。送货时间正常情况下，市内2日内送达，省内5日内送达，省外10日内送达。随货同行单必须随货同行。逾期送达货物的，乙方应及时与甲方沟通，说明情况，双方积极寻求解决方案，避免扩大损失。送达货物的日期以收货人签收日为准，每超过一天扣除1/5的运输费用，依次类推。逾期5日以上仍无法送达的，甲方有权取消乙方的承运资格。甲方将定期或不定期征询客户关于运输质量问题的意见，并根据反馈意见（包括客户投诉），甲方有权取消乙方的承运资格。

4.乙方在运输过程中导致医疗器械产品被盗、遗失、调换等事故，由乙方承担损害赔偿责任，乙方应按照该批医疗器械产品发票含税金额向甲方支付损害赔偿金。

5.乙方运输不当导致行政部门对甲方进行处罚，甲方有权解除合同，取消乙方承运资格，并向乙方追偿所受到的损失。

6.乙方应在接到甲方的提货通知后3日内，赴甲方仓库提货，延时提货的，按每日每箱医疗器械产品10元的标准向甲方支付违约金，延时提货5日以上的，甲方有权随时解除本合同，终止乙方承运资格。

7.乙方运输、装卸过程不当导致医疗器械产品损坏、外包装破损，而使甲方客户拒收的，由乙方承担损害赔偿责任。损害赔偿以所托运货品的货值为限，具体计算以甲方含税开票价格为准。

8.医疗器械产品送达客户后，乙方应取得有客户真实有效签章的送货回单，并在送达货物日起30日内将上述回单交回甲方。如回单未取得客户真实有效签章，或无法在30日内将回单交回甲方，则乙方应向甲方支付等同于该批医疗器械产品发票含税金额的违约金，由此产生的甲方与客户之间的争议对甲方所造成的全部损失由乙方承担。

9.乙方完成每次运输业务后应将运输费发票与送货回单交予甲方，在甲方核对客户签章并确认有效后支付运费。甲方承诺，逾期付款应按所逾期金额万分之三的标准乘以逾期天数向乙方支付违约金，逾期付款30日以上，乙方有权单方面解除本合同并要求甲方支付上述违约金。

二、质量安全

1.根据《医疗器械经营质量管理规范》的要求，甲方应指导乙方制定医疗器械产品委托运输操作规程，并监督乙方严格执行。

2.乙方按照甲方要求，自甲方仓库提取医疗器械产品，在规定期限内安全送至甲方指定客户的所在地。每次承运医疗器械产品的数量、时限、目的地等内容，以发运前甲方填写的《委托运输单》为准，甲方要求托运后，乙方不得以任何理由拒绝、拖延承运工作。

3.乙方的运输车辆应能满足医疗器械产品的质量特性和包装要求，必须使用密闭式货车，并应严格按照医疗器械产品外包装箱上图示方法进行装卸、运输。运输装卸过程中均不得将医疗器械产品置于阳光下暴晒，确保安全送达。

4.乙方应严格执行国家法规相关规定进行运输，确保医疗器械产品质量安全。货物送达后，需按照甲方的要求将客户签收凭证带回，如未执行国家法规相关规定，甲方有权解除本合同，取消乙方承运资格，且甲方由此遭受的全部损失以及法律责任全部由乙方负责赔偿。

5.乙方应当采取运输安全管理措施，防止在运输过程中发生医疗器械产品被盗抢、遗失、调换等事故。

三、本合同自__年__月__日至__年__月__日有效，到期后双方可以以书面形式续签本合同，本协议相关附件应并加盖双方骑缝章。

四、本合同一式两份，如发生争议，双方应友好协商解决，协商不成则交由甲方所在地人民法院管辖。

甲方（盖章）： 乙方（盖章）：

经办人： 经办人：

签订日期： 年 月 日 签订日期： 年 月 日

本章小结

医疗器械与广大人民群众生命安全及医疗健康息息相关，医疗器械的销售、出库与运输管理是医疗器械商品流通中的关键环节，必须严格依据国家相关法律法规的要求，确保商品销售流向真实、准确，确保商品质量安全。

医疗器械销售活动是医疗器械经营企业实现利润的关键，医疗器械销售人员是销售活动的主体。医疗器械销售人员必须熟悉医疗器械行业相关法规，诚实守信、合法地开展销售工作。

医疗器械销售行为首先必须合法，企业自身取得《医疗器械生产（经营）许可证》并具有医疗器械经营资格及《营业执照》，按照经营范围经营，销售人员必须经过岗前培训并获得企业提供的授权销售委托书。医疗器械的出库与复核管理制度是为了规范医疗器械的出库与复核，确保医疗机构使用的医疗器械符合质量标准，杜绝不合格产品的流出。对医疗器械出库的原则、出库的质量检查与校对的内容、出库复核记录及其管理、相关人员的责任等都要明确下来。

常规医疗器械的运输应遵循“及时、准确、安全、经济”的原则，遵照国家有关商品运输的各项规定，规范医疗器械运输行为，合理地组织运输工具和力量，实现物流的畅通，确保产品运输质量，把医疗器械安全、及时地运达目的地。为此，企业应制定医疗器械运输的质量管理制度和工作程序，执行运输操作规程。运输冷链管理医疗器械的，应根据运输的产品数量、距离、时间以及温度要求、外部环境温度等情况，选择合理的运输工具和温控方式，确保运输过程中温度控制符合要求。

习题

习题

一、单项选择题

1. 医疗器械经营企业销售记录可以不包括的内容是（　）。

A. 医疗器械的名称、规格（型号）、注册证号或者备案凭证编号、数量、单价、金额

B. 购货者的名称、经营许可证号（或者备案凭证编号）、经营地址、联系方式

C. 医疗器械的生产批号或者序列号、有效期、销售日期

D. 供货单位

2. 植入类医疗器械销售记录保存的期限是（　）。

A. 2年　B. 5年　C. 10年　D. 永久

3. 医疗器械经营企业对销售对象的审核不包括（　）。

A. 审核《医疗器械经营（生产）许可证》等与营业执照的合法性与有效性，证照复印件应加盖持证单位公章原印章。

B. 审核购货方营业执照的营业范围与其实际经营行为是否相符

C. 购货者的医疗器械使用管理制度

D. 对各级医疗机构，应审核其是否取得《医疗机构执业许可证》。

4. 从事医疗器械零售业务的企业，给消费者开具销售凭据，记录经营者信息，目的是保障（　）。

A. 产品质量安全　B. 产品合法　C. 产品功能有效性　D. 产品追溯

5. 冷藏、冷冻医疗器械装车时，下列不符合要求的是（　）。

A. 冷藏箱或保温箱预冷

B. 装箱封箱也必须在冷藏环境

C. 冷藏车在产品装车后，再打开温度调控系统，逐渐达到合适的温度

D. 装车前必须检查冷藏车辆的启动和运行状态

6. 医疗器械产品出库遵循的原则不包括（　）。

A. 先产先出　B. 缺陷产品先出　C. 近期先出　D. 按批号发货

7. 医疗器械产品出库拼箱时，必须有醒目的（　）。

A. 颜色标识　B. 体积标识　C. 内容标识　D. 种类标识

8. 医疗器械运输过程中的质量控制，重点关注的内容不包括（　）。

A. 运输费用　B. 温度记录　C. 运输时限　D. 到货温度

9. 医疗器械批发企业委托第三方进行产品运输，以下不合理的是（　）。

A. 事前审核对方的运输资质

B. 签订委托运输协议，明确双方的责任和义务

C. 检查对方的相关运输设备及设备管理制度

D. 以往合作关系良好，不用每年对其进行考核

10. 冷藏车在运输中必须具备的功能不包括（　　）。

A. 自动调控温度　　B. 温度报警系统

C. 湿度监控　　D. 存储和读取温度监测数据

二、简答题

1. 医疗器械销售行为的合法性指的是什么？

2. 医疗器械销售记录包括哪些内容？

3. 委托运输管理中，如何对承运方的运输能力进行考查评估？

（李毅彩）

微课

第八章　售后服务

知识目标

1.掌握　企业售后服务应满足的总体要求；发生退货、投诉、不良事件、严重质量问题、召回等情况时，正确的应对措施。

2.熟悉　退货、投诉、不良事件、严重质量问题、召回等概念，及与其相关的各项制度和工作程序。

3.了解　售后服务部门的组成与职能；企业在不良事件调查、产品召回等情形中应承担的法律责任。

能力目标

1.学会　按照《规范》的要求，制定售后服务相关的制度和工作程序。

2.具备　执行售后服务操作的能力，如接待客户投诉、进行退货操作等。

医疗器械作为一个多学科交叉、知识密集、资金密集的产业，其产品聚集并融入了现代科学技术的诸多成就，许多现代化医疗器械产品是医学和多种学科相结合的高、精、尖的技术产物，应用技术复杂，此外，医疗器械具备智能化、大规模集成化等特殊性，本身可能存在辐射、电击等物理风险，对相关人员产生威胁；在临床应用中，如果操作和应用不当，或缺少妥善的保养和技术维修，将导致其性能指标下降、测量误差、临床低效等后果。由于医疗器械大多需要直接和患者接触，如麻醉机、体外循环机、呼吸机、手术高频电刀等器械，一旦在使用过程中出现问题，将可能直接威胁患者的健康和安全，如不能及时维修，将给患者和家属带来不可挽回的伤害，并给医院带来经济损失和医患纠纷，导致不良的社会影响。因此，医疗器械作为特殊的商品，不仅服务于医院，更服务于患者，其稳定的质量、良好的保养和及时的维修服务是确保医院正常运营、患者得到安全救治的关键因素之一。

售后服务是客户关系管理重要一环，也是维持价值客户与发掘潜在客户的关键环节之一，但是由于其本身并不直接产生利润，所以通常不被企业所重视。售后服务是企业能够向客户提供任何与产品相关的活动或者利益，这些活动和利益本质上是无形的且不会产生所有权纠纷。由于医疗器械的特殊用途，医院及患者对其有强烈的依赖性，作为医疗器械正常运行提供保障的售后服务工作，日益凸显出其重要的意义。

良好的售后服务必将成为企业取得市场优势的重要砝码和手段，厂商能够提供哪些服务目前已经成为许多医院采购设备时考虑的重要因素之一；同时，医疗器械售后服务也已经成为医疗器械供应商获得利润的重要途径，对于公司的整体发展起到非常重要的作用。由于服务市场巨大，利润丰厚，众多的第三方服务机构也在不断地进入该市场。因此，对于国内医疗器械生产厂商和经销商来说，在新的市场环境下，如何建立有效的售后服务战略，取得相应的竞争优势，已经成为各企业制定长期发展战略的重要组成部分，对企业的发展起到至关重要的作用。

售后服务是指生产企业、经销商把产品或服务销售给客户之后，为客户提供的一系列服务，包括产品介绍、送货、安装、调试、维修、技术培训、上门服务等。售后服务是产品生产和销售单位对客户负责的一项重要措施，也是增强产品竞争力的一个有效办法。

医疗器械售后服务包括器械产品安装调试与维修、客户咨询、客户投诉处理及回复、器械退货管理、医疗器械不良事件监测与再评价、产品召回等。目前，医疗机构主要可以通过如下三种渠道获得医疗器械的售后维修服务支持：①医疗机构自身的设备维护部门，如医院医学工程科（处）；②生产厂商及其销售代理商的售后技术支持团队；③社会化的第三方售后服务力量，多由国内一些受过专业培训的、在某一领域具有丰富维修经验的工程师组成。

第一节　售后服务机构、人员的要求

PPT

一、售后服务机构的要求

前面已经提到，售后服务就是企业把产品或服务销售给客户之后，为客户提供的一系列服务，包括产品介绍、送货、安装、调试、维修、技术培训、上门服务等。而售后服务部门就是企业为负责维护企业产品购买者与企业之间的利益关系，开展上述服务，树立企业良好形象所设立的服务部门。

如果经营企业自行开展售后服务，则应建立相应的售后服务制度、程序，设立专门的售后服务或技术支持的部门，或者配备能提供专业指导、技术培训和售后服务的人员，并为其提供必要的办公场所和条件。企业的售后服务能力应与其经营范围、经营规模相适应。

若自身不具备售后服务条件的，企业也可以约定由相关机构提供技术支持，但必须确认受托方是否具备提供售后服务的能力，并签订协议。

医疗器械经营企业的售后服务部门，其主要的职责如图8-1所示。

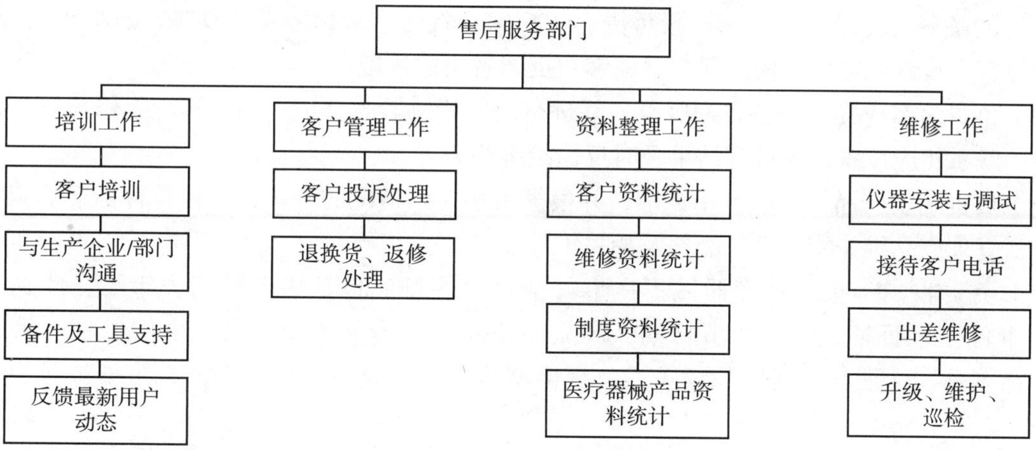

图8-1　售后服务部门的职责

1.培训工作　对新员工的培训、对客户的培训。

2.维修工作　医疗器械的安装与调试、维修备件、升级、维修、巡检。

3.客户服务工作　客户投诉处理、退换货、返修处理等。

4.资料整理工作　客户资料统计、医疗器械资料统计、制度资料整理等。

企业应当按照采购合同与供货者约定质量责任和售后服务责任，保证医疗器械售后的安全使用，如产品安装、维修、技术培训服务等。在售后服务过程中，各部门人员相互配合，完成售后服务。

二、售后服务人员的要求

人员是售后服务的核心，企业应当配备与经营规模、经营范围相适应的售后服务人员和售后服务条件，也可以约定由生产企业或者第三方提供售后服务支持。

由于很多医疗器械经营企业是中小型企业，售后服务相关人员不局限于专职人员，也可以是兼职人员，但一定要跟企业经营规模相适应，配备的人员能胜任相关的售后服务，并及时将有关产品问题反馈给生产企业。如果企业不设从事技术培训和售后服务的部门或人员，则应当有相应的管理人员。

为了履行各售后服务岗位职责，售后服务人员应当具备一定的资质。若企业自行为客户提供安装、维修、技术培训的，售后服务人员须经过生产企业或者第三方的技术培训并取得企业售后服务上岗证（可以是内部上岗证，也可以是第三方认证的上岗证）。企业应当对各岗位人员进行与其职责和工作内容相关的岗前培训和继续培训，建立培训记录，并经考核合格后方可上岗。培训内容应当包括相关法律法规、医疗器械专业知识及技能、质量管理制度、职责及岗位操作规程等。

《规范》第五十六条对售后服务的要求，贯穿了供货方、销售方、购货方三者的权利和义务。对于企业来说，要制定售后服务制度，设置售后技术人员或管理人员岗位，加强对售后技术（管理）人员的业务培训，提高业务能力。

目前普遍存在的问题是“重销售，轻售后”，有些企业对售后服务技术支撑这方面能力不够，或不能很好地在上级供应商（生产厂家）与客户之间进行有效协调与沟通。

三、职责举例

1.客户服务员

（1）负责处理客户投诉（包括电话、传真、邮件、微信等渠道），安抚客户的情绪，对客户进行合理的解释，并及时记录客户投诉内容（厂家、批号、货物漏发、发错、破损等情况）、备档；跟踪客户投诉问题的解决情况，并向客户反馈解决的进度。

（2）负责为客户提供退货咨询服务，并进行退回货物验收登记；及时清理返修器械和退回货物清单，联系相应厂家，将处理结果及时反馈给客户。

（3）负责制定产品维修的费用标准，并根据市场实际情况的变化，进行符合标准的调整和维护；负责管理产品维修用备件、配件及相关工具。

（4）负责收集、整理医疗器械不良事件信息，信息应包括患者姓名、年龄、性别、产品用途、事件发生日期、事件知悉日期、产品使用场所、产品使用人员、事件过程、采取的措施、产品名称、注册证（备案凭证）号、规格型号、生产企业名称、生产批（编）号、生产日期等。

2.技术支持工程师

（1）负责售前技术支持。

（2）负责医疗器械安装调试。

（3）负责培训、指导客户正确认识和使用、保养医疗器械。

（4）负责医疗器械在客户端的故障维护及信息反馈，做好保养、维修和设备升级等相关记录，解决售后技术使用问题。

（5）负责组织和实施面向客户的产品演示会、技术交流会、技术讲座等。

PPT

第二节　退货管理

案例讨论

案例　2019年3月15日，X公司在公司网站内登出“行业内首创30天无理由退货”承诺，承诺称从即日起，用户在使用本公司的产品：患者监护仪ZD××××之日起30天内，如对所购买产品感到任何的不满意，可直接与客服中心或销售人员进行联系，非人为故意损坏产品的，本公司将接受无理由退货，不需做出任何解释。

讨论　X公司发布此承诺后，该公司的退货管理承担的巨大风险有哪些？在退货过程中，公司应当注意哪些环节的操作？

医疗器械作为一种商品，购销过程中因各种原因导致的销后退回较难避免，尤其是骨科使用的医疗器械。同时，医疗器械不同于普通商品，其质量直接关系到患者身体健康，甚至生命安全，医疗器械经营企业从采购、入库验收、在库贮存和养护都要按照《规范》的规定严格执行，保证售出的医疗器械质量合格。但医疗器械从销售出库到发生退货前，这段时间内在储存、运输过程中受自然因素（光照、湿度、温度、空气、微生物）和人为因素等影响，有可能被污染、变质或损坏，直接影响其质量。如果将这样的退货品进行二次销售，则可能危害人体健康和生命安全，经营企业也将被取消经营资格。因此医疗器械经营企业在处理退货时，存在经济和法律的双重风险，企业应把退货环节与新产品入库环节视为同等重要，规范退货流程，建立退货制度和内容详细的退货单，避免退货时混入假劣医疗器械，这是企业风险控制的重要内容。

医疗器械经营企业应当加强对退货的管理，保证退货环节中医疗器械的质量和安全，防止混入假劣医疗器械。具体应做到以下几点。

（1）建立医疗器械退货管理制度或规程。

（2）应对退回的医疗器械进行核实，比对原销售记录、出库复核记录和退回医疗器械实物，确认是本企业销售的医疗器械。

（3）退回医疗器械与原记录信息不符的，应拒绝退货操作。

（4）不能提供冷藏、冷冻医疗器械售出期间储运温度数据或温度数据不符合要求的，应按不合格品处理。

（5）应建立医疗器械退回记录、退回医疗器械台账等。

一、医疗器械退货产品分类

医疗器械退货产品分为销后退回和购进退出的产品和销后退回的产品。

1.购进退出的产品　非质量原因的在库产品退货和拒收产品退货。

2.销后退回的产品　上级药品监督管理部门发文通知回收的产品和客户要求退货的产品。

二、购进退出产品的管理制度举例

（1）非质量问题或因其他原因需退出给供货方的产品，应经质量管理部门审核后，凭进货退出通知单通知配送部及时办理。

（2）非质量问题的购进拒收产品

1）不符合公司有关规定的，由质管部通知采购员办理退货手续。

2）属超合同、无合同的，由采购员与产品供货方联系后，办理相关手续。

（3）非质量问题的在库产品购进退出（批号调剂、产品滞销等），由采购人员与产品供货方联系，协商后办理退货手续。

（4）相关记录、凭证齐全，妥善保存至规定的年限。

三、销后退回产品的管理制度举例

（1）核对产品名称、产品批号、注册证号、商标、内外包装、说明书、规格型号等，不是本企业销售的产品，不予退、换货。销后退回的产品必须是本企业所售出的产品，并与原销售出库产品批号相符。

（2）销后退回的产品，由仓储部收货后，存放于有特殊颜色标识（黄色）的退货区，专人负责保管，并做好验收记录，记录保存年限应符合《规范》第九条的要求。

（3）退货原因为质量问题，企业应该给予换货或退款处理，同时填写《医疗器械退换货商品记录》；数量较大的，应填写《质量事故处理记录》或《质量事故报告表》，并把有质量问题的产品封存于不合格区，待进一步处理。若退货原因非质量问题，企业销售人员应同客户协商是否换货或退款；换货或退款的产品，应存放于待检区。上述销后退回的产品经验收合格的，由保管人员移入合格品区，并待销售；不合格的，经质管部确认后移入不合格品区，并填写登记表统一处理。

所有退回的医疗器械产品，尤其是第二、三类及无菌类、植/介入类医疗器械，均应按购进产品的验收标准重新组织验收，做出明确的验收结论，并记录。

（4）销后退回的产品验收时质量状况判断不明的，应通知质管部进行复查，必要时，送法定产品检验机构进行检验。

（5）已办理销后退回手续的不合格产品，按《不合格医疗器械产品管理制度》处理。

此外，上述购进退出及销后退回均需建立退货台账，并认真记录。

四、购进退出及销后退回管理工作程序举例

（1）购进退出医疗器械的管理工作程序

1）验收员在验收时拒收的医疗器械，应填写《医疗器械拒收报告单》，注明拒收原因，并上报业务部和质量管理部。由业务部负责与供货方联系退货事宜，并作好详细记录。

2）因滞销等非质量原因需要将已入库的医疗器械退回供货方的，综合业务部负责与供货方联系退货，退货流程按照《医疗器械退、换货管理制度》中的规定执行。

3）非本公司订购的医疗器械，由配送部联系发货单位后，办理有关退货手续。

（2）销后退回医疗器械的管理工作程序

1）购销合同或协议的异议期内，购货方提出退、换货要求时，应向业务人员出具购货票据及退、换货理由。

2）业务人员对票据及理由进行审查，特殊情况应由总经理审查批准。若同意退换货，业务人员开具《销后退回通知单》，一式五份，一份自留，另四份分送财务、仓库、质量管理部、退货单位；若不同意退货，应向客户详细解释原因。

3）仓管员应凭《销后退回通知单》接受退货并进行核对。系本仓库发出的货，将货收置于

退货区，通知验收员验收；非本仓库发出的货应拒收，并通知综合业务部门。

4）验收员凭仓管员提交的《产品（退货）入库质量验收通知单》按《医疗器械验收管理工作程序》进行实质性验收。

5）验收合格的，在《销后退货质量验收记录》上填写相应信息，并通知仓管员办理重新入库手续；验收不合格的，填报《不合格医疗器械审批表》报质量管理部确认，确认为不合格品后，通知仓管员将货搬移至不合格品区，并加以标识。

6）仓管员凭验收员出具的验收记录建立《退回医疗器械台账》。

第三节 客户投诉

PPT

客户投诉是指客户对企业产品质量或服务上的不满意，而提出的书面或口头上的异议、抗议、索赔和要求解决问题等行为。经营企业应以积极、正确的态度面对客户的投诉，而不是消极敷衍，甚至无视客户的正当要求。处理好客户的投诉，不仅能增强客户的信心，维持企业与客户的良好关系，还能发现企业经营过程中的质量管理缺陷，从而帮助企业更好地运营。

一、处理客户投诉的技巧和流程

（一）处理投诉的技巧

1.虚心接受客户投诉，耐心倾听对方诉说 客户只有在利益受到损害时才会投诉，作为客服人员要专心倾听，并对客户表示理解，并做好记录。待客户叙述完后，复述其主要内容并征询客户意见，对于较小的投诉，自己能解决的应马上答复客户。对于当时无法解答的，要做出时间承诺。在处理过程中无论进展如何，到承诺的时间一定要给客户答复，直至问题解决。

2.设身处地，换位思考 当接到客户投诉时，首先要有换位思考的意识。如果是本方的失误，首先要代表公司表示道歉，并站在客户的立场上为其设计解决方案。对问题的解决，也许有几套解决方案，可将自己认为最佳的一套方案提供给客户。如果客户提出异议，可再换另一套，待客户确认后再实施。当问题解决后，再次征求客户对该问题的处理意见，以争取下一次的合作机会。

（二）处理投诉的流程

一般情况下，客户投诉处理流程包括以下几个步骤。

1.记录投诉内容 在《客户投诉记录表》上详细记录客户投诉的全部内容，如投诉人信息、投诉时间、投诉内容、投诉要求等。

2.判断投诉是否成立 在了解客户投诉的内容后，要确定客户投诉的理由是否充分，投诉要求是否合理。如果投诉并不成立，就可以委婉的方式答复客户，以取得客户的谅解，消除误会。

3.确定投诉处理责任部门 依据客户投诉的内容，确定相关的具体受理部门和受理负责人。如果是运输问题，交储运部处理；属质量问题，则交质量管理部处理。

4.责任部门分析投诉原因 要查明客户投诉的具体原因及造成客户投诉的具体责任人。

5.公平提出处理方案 依据实际情况，参照客户的投诉要求，提出解决投诉的具体方案。如退货、换货、维修、折价、赔偿等。

6.提交主管领导批示 针对客户投诉问题，主管领导应对投诉的处理方案一一过目，并及时做出批示。根据实际情况，采取一切可能的措施，尽力挽回已经出现的损失。

7.实施处理方案 处罚直接责任者，通知客户，并尽快收集客户的反馈意见。对直接责任者和部门主管要根据有关规定做出处罚，依照投诉所造成的损失大小，扣罚责任人一定比例的绩效工资或资金。对不及时处理问题而造成延误的责任人也要追究相关责任。

8.总结评价 对投诉处理过程进行总结与综合评价，吸取经验教训，并提出改善对策，从而不断完善企业的经营管理和业务运作，提高客户服务质量和服务水平，降低投诉率。

二、投诉管理制度与人员职责

（一）投诉处理管理制度

在医疗器械经营的售后服务中，受理客户投诉是各部门和相关人员工作中的重要内容，也是相关人员较为经常遇到的问题。

对于医疗器械经营企业，应当按照质量管理制度的要求，制定售后服务管理操作规程，内容包括投诉渠道及方式、档案记录、调查与评估、处理措施、反馈和事后跟踪等。投诉管理的目的是通过处理客户投诉，发现并分析售出医疗器械的质量问题，查找企业质量管理漏洞，完善质量管理体系。

下面以某经营企业的《医疗器械质量查询和投诉处理管理制度》为例，举例说明投诉处理制度的内容。

示例

医疗器械质量查询和投诉处理管理制度

1.目的

规范医疗器械产品质量查询和投诉管理，确保所经营医疗器械产品的质量和服务质量。

2.范围

适用本企业医疗器械产品质量的查询和投诉管理。

3.定义

客户投诉是指客户对公司有关产品的质量及售后服务等的投诉和抱怨，以电话、传真、邮件、微信等形式向有关部门反映的行为活动。

4.职责

4.1所有部门负责客户投诉的接受并确保立刻反馈到质量管理部。

4.2质量管理部负责人收集所有从其他部门或其他渠道反馈回来的顾客投诉，并统筹及跟踪所有投诉的处理过程及结果，并将有关处理结果及时通知客户。

4.3相关部门经理或主管应在规定时间内处理投诉，并把结果及纠正预防措施书面反馈给质量管理部。

4.4管理者代表定期对所有客户投诉处理进行监控和审核，直至总经理审阅及批准后归档。通知客户后，客户一个月内若无新的反馈，则该投诉可作为已解决处理。

5.制度内容

5.1质管部为质量查询、投诉对外接收和答复的部门。若公司其他部门收到查询或投诉销售产品的质量及服务质量，均应及时转交质管部。

5.2质管部应根据客户投诉内容的性质、要求，及时调解处理。

5.3如客户投诉事项涉及医疗器械产品和服务质量重大问题的，质管部应当对投诉内容涉及的部门进行调查、核实，相关部门应积极配合，提供相关质量记录。

5.4 如客户投诉内容涉及医疗器械产品内在质量问题的，质管部应视情况提请有关部门进行仲裁，以使客户的投诉得到及时、妥善的处理。投诉处理后，应将有关资料整理归档（包括客户投诉记录、质量跟踪记录）。

5.5 如发现客户在宣传媒体上进行投诉，质管部应立即与有关媒体和投诉人联系，尽快了解问题，分清责任，做好善后，并做好记录。

5.6 如在购进、验收和在库医疗器械产品养护过程中发现质量问题，应及时通知质管部和采购部，并尽快向供货方进行质量查询，及时处理并做好记录（包括客户投诉记录、质量跟踪记录）。

5.7 在处理质量查询、投诉的过程中发现质量问题，质管部要查明原因，分清责任，及时处理，并制定防止类似问题再次发生的措施。

5.8 相关部门将投诉问题处理后，反馈给质量管理部（期限不得超过14个工作日）。质量管理部在此过程中应做好跟进工作，确保处理情况的反馈，并做好监督工作。如投诉处理后，客户不满意，可退回至相关部门再次跟进。

（二）投诉管理人员及职责

企业应当根据经营规模，配备专职或者兼职人员负责售后管理，对客户投诉的质量问题应查明原因，采取有效措施及时处理和反馈，并将上述信息及时记入档案，以便查询和跟踪；必要时应当通知供货者及医疗器械生产企业，协助处理客户的投诉。

有些企业并未重视客户投诉，因此将建立投诉档案也视为应付的工作；或者对客户的投诉内容没有引起重视，不做进一步的质量查询和分析，只为“息事宁人”，留下了产品质量隐患。

（三）对零售企业的要求

从事医疗器械零售业务的企业，也应制定投诉管理相关的制度，及相关人员的职责。此外，还应达到以下要求。

（1）在营业场所公布医疗器械监督管理部门的监督电话，如12315热线或当地监管部门的电话。

（2）在营业场所设置顾客意见簿，或者建立微博、微信等投诉渠道。

（3）不管采用何种投诉渠道，最终目的在于及时处理顾客对医疗器械质量的投诉。因此，零售企业应有专职或兼职人员负责响应顾客的投诉，并及时反馈。

上述措施的目的是保障消费者的权益，畅通消费者投诉和医疗器械质量信息反馈的途径，及时收集和处理顾客对医疗器械质量的投诉，对销售及售后服务过程的医疗器械安全风险进行有效控制。

知识链接

12315热线与12315平台

按照中央有关要求，市场监管部门已将原工商12315、原质检12365、原食药12331、原价监12358、原知识产权12330热线整合为12315热线及全国12315平台。根据《中华人民共和国消费者权益保护法》《市场监督管理投诉举报处理暂行办法》等法律、法规和规章的规定，投诉人可以通过该热线或平台就消费者权益争议向市场监管部门进行投诉。

全国12315平台的网址是http：//www.12315.cn/。

此外，为了便于对企业质量管理体系的业绩测量，确定客户当前或未来的需求和服务质量方面的要求、期望，及时反馈给企业有关部门并实施与客户沟通的有效安排，通过对客户满意程度进行量化分析，以便制定纠正和预防措施，不断提高监理服务技术水平，帮助企业进行改进，企业可建立客户满意度测评制度，在每年年终（或每12个月一次），企业对所有客户进行满意度调查。在调查中，对于基本满意及不满意以下的服务应追究其具体的评价要素和原因，并及时向企业有关部门和负责人反馈，以便企业立即采取相应措施进行纠正和改进，不断提高服务质量，使客户满意，从而有助于提高产品的市场占有率。

PPT

第四节　不良事件监测和报告

案例讨论

案例　2019年12月16日，一名儿童在医院输液时，家属发现一次性输液器里有异物（疑似虫）。据该医院称，家长发现异物后，当班护士立即停止输液，医务人员随即对患儿进行全面检查，经17小时严密观察后，患儿无不适，在征得家属同意后按计划出院，并嘱按时随访。6天后，X公司对“输液器异物”事件做出澄清。该公司承认，经初步核查涉事产品是其生产的，产品名称是“一次性使用精密过滤袋式输液器”，批号191026，注册证号是国械注准2015366××××。

讨论　本次事件是否构成医疗器械不良事件？事件发生后销售该输液器的经营企业应启动哪些程序？

2018年8月31日，国家市场监督管理总局和国家卫生健康委员会审议通过出台《医疗器械不良事件监测和再评价管理办法》，将不良事件监测制度的法律层级从规范性文件提升至部门规章，从制度层面进一步明确医疗器械不良事件监测和再评价企业主体责任和监管责任，规范和细化工作要求，强化监管手段和措施，提升强制力、约束力和震慑力，对推动医疗器械不良事件监测和再评价工作，及早发现产品风险、消除安全隐患、保护公众健康安全发挥着重要作用。

根据《规范》的规定，企业应当配备专职或者兼职人员，按照国家有关规定承担医疗器械不良事件监测和报告工作，应当对医疗器械不良事件监测机构、药品监督管理部门开展的不良事件调查予以配合。这明确了经营企业应当配备专人具体负责不良事件的监测工作，收集到的不良事件报告应当根据要求及时上报。

一、不良事件的概念

医疗器械不良事件，是指已上市的医疗器械，在正常使用情况下发生的，导致或者可能导致人体伤害的各种有害事件。

新的医疗器械不良事件的定义删除了原《医疗器械不良事件监测和再评价管理办法（试行）》中“质量合格”的表述，即因医疗器械产品质量问题导致的伤害事件或者故障事件均属于医疗器械不良事件的范围。

医疗器械不良事件报告应当遵循可疑即报的原则，即怀疑某事件为医疗器械不良事件时，均可以作为医疗器械不良事件进行报告。

导致或者可能导致严重伤害或者死亡的可疑医疗器械不良事件应当报告；创新医疗器械在首

个注册周期内，应当报告该产品的所有医疗器械不良事件。

常见的医疗器械不良事件包括伤害事件和故障事件等。

二、我国医疗器械不良事件监测体系

医疗器械不良事件监测，是指对医疗器械不良事件的收集、报告、调查、分析、评价和控制的过程。完善医疗器械不良事件报告和反馈体系，强化医疗器械不良事件监测是医疗器械上市后安全监管体系中的一个重要环节。近年来，我国的医疗器械不良事件监测体系日趋完善，主要分为以下三级。

（一）国家监测机构

国家监测机构负责接收医疗器械上市许可持有人（以下简称持有人）、经营企业及使用单位等报告的医疗器械不良事件信息，承担全国医疗器械不良事件监测和再评价的相关技术工作；负责全国医疗器械不良事件监测信息网络及数据库的建设、维护和信息管理，组织制定技术规范和指导原则，组织开展国家药品监督管理局批准注册的医疗器械不良事件相关信息的调查、评价和反馈，对市级以上地方药品监督管理部门批准注册或者备案的医疗器械不良事件信息进行汇总、分析和指导，开展全国范围内影响较大并造成严重伤害或者死亡以及其他严重后果的群体医疗器械不良事件的调查和评价。

（二）省级监测机构

省级监测机构是指省、自治区、直辖市药品监督管理部门指定的监测机构，组织开展本行政区域内医疗器械不良事件监测和再评价相关技术工作；承担本行政区域内注册或者备案的医疗器械不良事件的调查、评价和反馈，对本行政区域内发生的群体医疗器械不良事件进行调查和评价。

（三）市级和县级监测机构

协助开展本行政区域内医疗器械不良事件监测相关技术工作。

除上述医疗器械不良事件监测机构外，持有人、经营企业、使用单位应当履行各自与医疗器械不良事件相关的义务。

三、医疗器械不良事件的报告

在我国，报告医疗器械不良事件应当遵循可疑即报的原则，即怀疑某事件为医疗器械不良事件时，均可以作为医疗器械不良事件进行报告。同时，报告内容应当真实、完整、准确。

目前，我国已建立国家医疗器械不良事件监测信息系统（以下简称“系统”），持有人、经营企业和二级以上医疗机构应当注册为系统用户，应主动维护其用户信息，报告医疗器械不良事件。该系统网址为http：//maers.adrs.org.cn/console/login.ftl或http：//maers.adrs.org.cn。

医疗器械不良事件监测信息系统主要实现医疗器械生产企业、医疗器械经营企业、医疗器械使用单位通过软件平台快速上报医疗器械不良事件报告，国家药品监督管理局药品评价中心、省级监测机构及省内专业监测机构通过平台及时获取报告信息并进行处理。

经营企业、使用单位发现或者获知可疑医疗器械不良事件的，应当及时告知持有人，并通过系统报告。暂不具备在线报告条件的，应当通过纸质报表向所在地县级以上监测机构报告，由监测机构代为在线报告。系统收到经营企业和使用单位填报的不良事件后，将自动推送至持有人，即通过系统报送不良事件的经营企业和使用单位，只要填报信息完整，即已完成告知持有人的义务。

四、医疗器械经营企业不良事件的监测

经营企业应明确设立部门或指定人员负责医疗器械不良事件的监测和报告，明确各自的工作职责；制定不良事件监测管理制度和工作程序。

（一）工作职责

（1）承担医疗器械不良事件的报告责任。

（2）建立医疗器械不良事件监测制度，主动收集、报告医疗器械不良事件。

（3）设立或指定部门并配备与其经营规模相适应的机构或人员从事医疗器械不良事件监测相关工作。

（4）及时向其经营产品的持有人反馈所收集和获知的医疗器械不良事件，配合持有人对事件进行调查和评价。

（5）配合医疗器械监管及监测机构开展的医疗器械不良事件调查工作。

（6）开展本企业医疗器械不良事件监测相关法规的宣传培训。

（二）部门与人员

经营企业应设立或指定部门负责医疗器械不良事件监测工作，并指定熟悉医疗器械不良事件监测相关法规及具有医疗器械相关知识的人员负责该项工作。

医疗器械经营企业应当配备相对稳定的专（兼）职人员负责医疗器械不良事件监测工作。其应具备以下基本条件。

（1）具有较强的责任心和使命感。

（2）熟悉医疗器械不良事件监测工作相关法规。

（3）具有医学、医疗器械相关专业背景。

（4）熟悉本企业产品或经营产品的相关信息。

（5）具有较强的沟通和协调能力。

（三）管理制度

建立本企业医疗器械不良事件监测制度，至少应包括不良事件收集、上报、控制等工作程序，不良事件监测记录及档案管理制度等。

（四）工作内容与程序

1.收集与反馈

（1）医疗器械经营企业应主动收集本企业经营的医疗器械所发生的不良事件，并及时反馈到相关医疗器械上市许可持有人。

（2）企业应告知用户收集其医疗器械不良事件的途径，如电话、传真、网址等，以方便用户提供医疗器械不良事件报告。

2.报告 医疗器械经营企业应注册为全国医疗器械不良事件监测系统用户，通过国家医疗器械不良事件监测信息网络按照规定报告；暂不具备在线报告的，应当通过纸质向监测技术机构报告。医疗器械不良事件报告应遵循可疑即报的原则，报告内容应真实、完整、准确。

（1）个例医疗器械不良事件　企业发现或者获知可疑医疗器械不良事件的，应当及时告知持有人。其中，导致死亡的还应当在7日内，导致严重伤害、可能导致严重伤害或者死亡的在20日内，通过国家医疗器械不良事件监测信息系统报告。流程如图8-2所示。

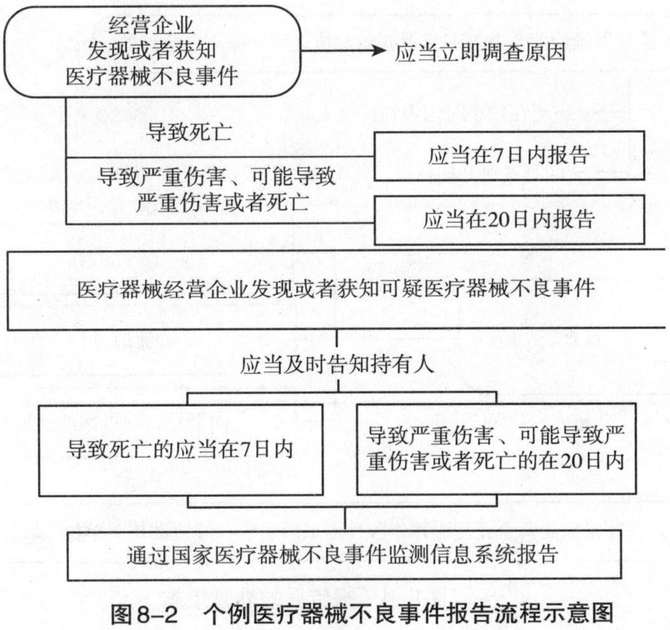

图8-2　个例医疗器械不良事件报告流程示意图

（2）群体医疗器械不良事件　发现或获知医疗器械群体不良事件后，应当在12小时内上报所在地省级药品监督管理部门和卫生行政部门，同时告知持有人；对每一事件应当在24小时内提交个例报告。

企业认为必要时，可越级报告，但应及时告知被越过的所在地省级药品监督管理部门、卫生行政部门和医疗器械不良事件监测技术机构。流程如图8-3所示。

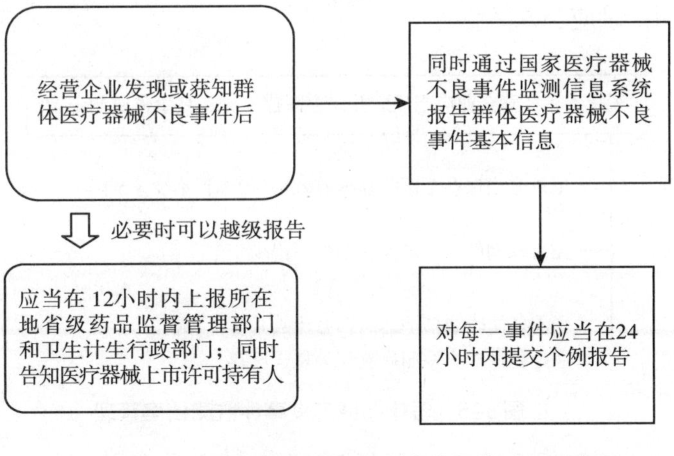

图8-3　群体医疗器械不良事件报告流程示意图

3.控制　发现或知悉医疗器械不良事件后，医疗器械经营企业应做好以下几点。

（1）经营企业应积极配合各级监管部门及持有人对医疗器械不良事件的调查、处理，必要时可采取暂停销售等控制措施，并做好事件涉及产品的封存和记录保存等工作。

（2）经营企业对医疗器械群体不良事件应高度重视，必要时应迅速开展自查，对产品贮存、流通过程，同型号、同批次产品进行追溯，制定应急预案，协助有关单位采取控制措施（图8-4）。

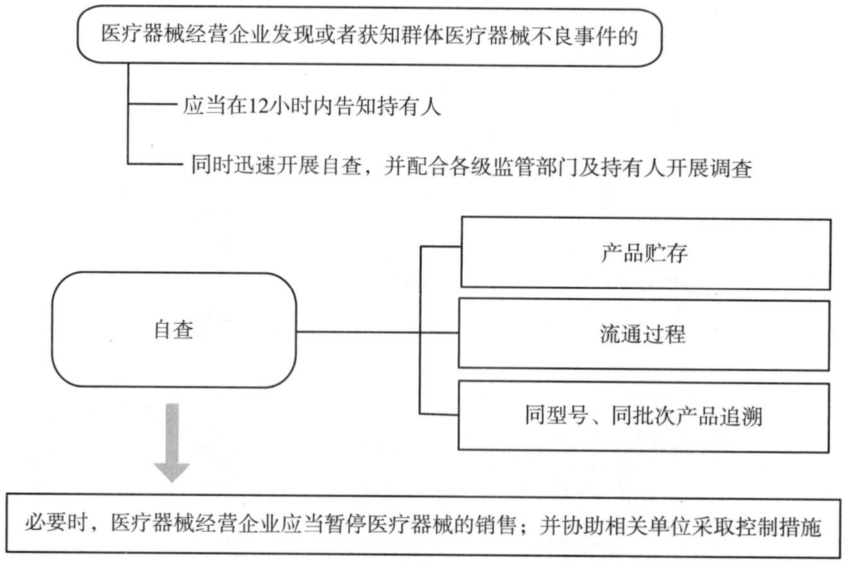

图8-4　报告后的处置措施

4.记录与档案管理　经营企业应建立医疗器械不良事件监测相关的制度，并及时做好记录和保存工作。

（1）保存医疗器械不良事件监测制度文件与记录，建立本企业监测档案。

（2）记录包括《医疗器械不良事件报告表》，医疗器械不良事件发现、收集、报告和控制过程中的有关资料等。

（3）记录应保存至医疗器械有效期后2年且不少于5年；无有效期的不得少于5年（图8-5）。植入性医疗器械的监测记录应当永久保存。

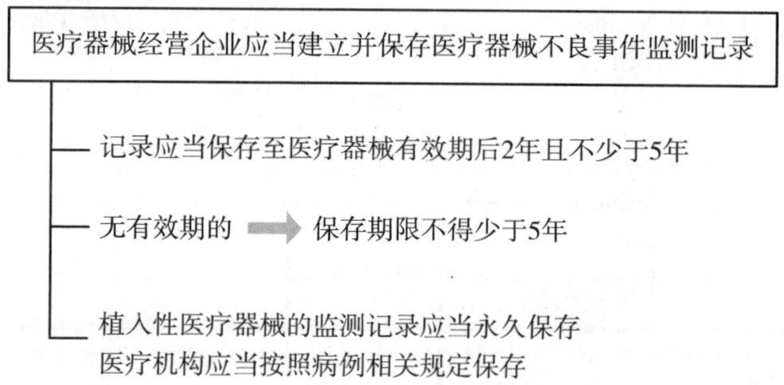

图8-5　医疗器械不良事件监测档案管理

（五）医疗器械经营企业法律责任

医疗器械经营企业有下列情形之一的，由县级以上药品监督管理部门和卫生行政部门依据各自职责责令改正，给予警告；拒不改正的，处5000元以上2万元以下罚款。

（1）未按照要求建立医疗器械不良事件监测工作制度。

（2）未按照要求配备与其经营规模相适应的机构或者人员从事医疗器械不良事件监测相关工作的。

（3）未保存不良事件监测记录或者保存年限不足的。

（4）应当注册而未注册为国家医疗器械不良事件监测信息系统用户的。

（5）未及时向持有人报告所收集或者获知的医疗器械不良事件的。

（6）未配合持有人对医疗器械不良事件调查和评价的。

（7）其他违反本办法规定的。

知识链接

常见医疗器械的不良事件

以下常见的医疗器械在使用中可能会发生导致或者可能导致人体伤害的可疑不良事件。

1.体温计　测量结果不准确、水银柱不上升/下降、不能计数等。

2.血糖仪　血糖测量值不准确、血糖值显示不清晰、屏幕不显示等。

3.血管内支架　支架脱载、无再流、支架内血栓形成、再狭窄等。

4.人工晶体　角膜水肿、角膜损伤、前房积血、眼内炎、青光眼、瞳孔变形移位、人工晶体位置异常等。

5.一次性使用输液器　患者寒战、高热、恶心、呕吐、输液器漏液、有异物等。

6.婴儿培养箱　温度失控、警报失灵等。

7.隐形眼镜　角膜上皮损伤、角膜水肿、角膜炎、角膜新生血管、干眼症、巨乳头性结膜炎、急性红眼、度数回推、镜片破损等。

8.骨科植入物　植入物变形、折弯、断裂、松动、脱落、磨损等。

9.呼吸机　潮气量过大、通气量不足、氧流量不稳定、管路漏气等。

第五节　应立即停止经营的情形

PPT

案例讨论

案例　某市监管人员在对某经营企业的医疗器械抽验过程中发现其所经营的医用电子体温计（规格：TM-20××，批号：T160××××）测量时间不符合标准规定项。

讨论　本次抽查检验产品不合格后，该经营企业应采取哪些行动？

医疗器械产品是隐藏着安全风险的特殊产品，对进入市场前后的产品进行风险分析、评价和控制是一项具有重大意义的工作。当医疗器械被发现存在严重质量安全问题或不符合相应的技术标准或技术要求时，医疗器械经营企业应立即停止经营，防止医疗器械不良事件或质量事故的发生。

《医疗器械监督管理条例》第六十七条规定："医疗器械受托生产企业、经营企业发现生产、经营的医疗器械存在前款规定情形的（注：指医疗器械不符合强制性标准、经注册或者备案的产品技术要求，或者存在其他缺陷的），应当立即停止生产、经营，通知医疗器械注册人、备案人，并记录停止生产、经营和通知情况。"

因此，除了上一节中提到发生医疗器械不良事件，必要时企业可采取暂停销售的控制措施外，出现以下情形时，也应立即停止经营。

一、不符合强制性标准

《医疗器械标准管理办法》第四条规定："医疗器械标准按照其效力分为强制性标准和推荐性标准。对保障人体健康和生命安全的技术要求，应当制定为医疗器械强制性国家标准和强制性行业标准。"

医疗器械生产企业生产的医疗器械属于应符合强制标准的，如质量不符合该标准，则经营企业应立即停止经营。如：一次性使用静脉留置针应符合的标准为YY 1282—2016，检测发现某品牌该产品的导管断裂力小于标准规定的最小断裂力，则该产品不符合上述强制性行业标准，经营企业应停止该品牌一次性使用静脉留置针的经营。

二、不符合注册或者备案的产品技术要求

《医疗器械生产监督管理办法》第四十一条规定："医疗器械注册人、备案人发现生产的医疗器械不符合强制性标准、经注册或者备案的产品技术要求，或者存在其他缺陷的，应当立即停止生产，通知相关经营企业、使用单位和消费者停止经营和使用……"与此相对应的，《医疗器械经营监督管理办法》第四十二条规定："医疗器械经营企业发现其经营的医疗器械不符合强制性标准、经注册或者备案的产品技术要求，或者存在其他缺陷的，应当立即停止经营，通知医疗器械注册人、备案人等有关单位，并记录停止经营和通知情况。"

因此，不管是主动发现还是被动通知，一旦出现上述情形，经营企业均应立即停止经营相关产品。

三、出现严重质量问题

医疗器械严重质量问题是指内部或外部信息发现的可能对公众用械安全造成严重后果的情形。

1. 内部信息来源 企业通过检查、在库管理、出库复核、退货等环节获取质量信息。如某经营企业在售货过程中发现，其所销售的一次性使用口罩橡皮筋拉力不合格，在佩戴过程中易脱落，则经营企业应立即停止经营上述口罩。

2. 外部信息来源 医疗器械质量公告、监管部门公布的信息、客户投诉举报、客户通报信息。如某经营企业在监督管理部门公布的公告中发现，其所销售的一次性使用手术衣在国家抽检中不符合标准规定（抗渗水性和阻微生物穿透），该经营企业应立即停止经营上述手术衣。

在售后服务过程中，客户投诉举报或客户通报信息是最为直接和快速的外部信息来源，根据上述来源对产品质量进行核实，当发现产品确实存在质量问题时，企业应立即停止经营。

《规范》第六十三条规定："企业发现其经营的医疗器械有严重质量问题，或者不符合强制性标准、经注册或者备案的医疗器械产品技术要求，应当立即停止经营，通知相关生产经营企业、使用单位、购货者，并记录停止经营和通知情况。同时，立即向企业所在地食品药品监督管理部门报告。"

该条明确了医疗器械要求停止经营的情形，以及相应的处置措施。企业应建立质量报告制度，并确认其内容包括了上述要求。日常经营过程中，严格执行质量报告制度，做好相关记录。

第六节 召回管理

医疗器械的安全有效，直接关系到人民群众的身体健康和社会和谐稳定，是重大的民生和公

共安全问题。上市后的产品如果存在缺陷且不能被及时地召回并加以控制，就有可能危害消费者的健康和安全。因此，国家建立并实施医疗器械产品召回制度，对控制上市后存在缺陷的医疗器械产品风险，消除器械安全隐患，保护公众安全具有重要作用。在其他国家和其他领域的实践也表明，召回制度是维护消费者安全和权益的有力保证。

基于医疗器械召回制度的这一重要性，为强化医疗器械召回的监督管理，切实推动企业召回主体责任的落实，根据《医疗器械监督管理条例》，原国家食品药品监管总局制定颁布了《医疗器械召回管理办法》，并于2017年5月1日起施行。

医疗器械召回制度的施行，不仅是控制医疗器械风险、促进生产技术进步、完善产品设计的有效方法，也是推动生产企业提高产品质量意识，规范市场竞争秩序的重要措施。

虽然境内医疗器械产品注册人或者备案人、进口医疗器械的境外制造厂商在中国境内指定的代理人是实施医疗器械召回的责任主体，但医疗器械经营企业仍有义务协助责任主体做好相关的召回工作。

一、医疗器械召回的定义

医疗器械召回，是指医疗器械生产企业按照规定的程序对其已上市销售的某一类别、型号或者批次的存在缺陷的医疗器械产品，采取警示、检查、修理、重新标签、修改并完善说明书、软件更新、替换、收回、销毁等方式进行处理的行为。

《医疗器械召回管理办法》所称存在缺陷的医疗器械产品包括以下内容。

（1）正常使用情况下存在可能危及人体健康和生命安全的不合理的风险的产品。

（2）不符合强制性标准、经注册或者备案的产品技术要求的产品。

（3）不符合医疗器械生产、流通质量管理有关规定导致可能存在不合理风险的产品。

（4）其他需要召回的产品。

二、医疗器械召回的分类

根据医疗器械召回的启动情况不同，医疗器械召回分为主动召回和责令召回。

1.主动召回　医疗器械生产企业按照有关要求或根据产品不良事件等信息对生产的医疗器械产品进行质量评估，确定医疗器械产品存在缺陷的，由生产企业主动实施的召回，是企业的法定义务。

2.责令召回　药品监督管理部门经过调查评估，认为医疗器械生产企业应当召回存在缺陷的医疗器械产品而未主动召回的，责令医疗器械生产企业实施的医疗器械召回。在实践中，应当以企业主动召回为主，政府部门责令召回为辅。

三、医疗器械召回的分级

根据医疗器械缺陷的严重程度，医疗器械召回分为以下几级。

1.一级召回　使用该医疗器械可能或者已经引起严重健康危害的。

2.二级召回　使用该医疗器械可能或者已经引起暂时的或者可逆的健康危害的。

3.三级召回　使用该医疗器械引起危害的可能性较小但仍需要召回的。

医疗器械生产企业应根据具体情况确定召回级别并根据召回级别与医疗器械的销售和使用情况，科学设计召回计划并组织实施。

四、经营企业及其质量负责人的职责或义务

（一）经营企业的职责或义务

（1）医疗器械经营企业应当积极协助、配合医疗器械生产企业对缺陷产品进行调查、评估，并提供有关资料。

（2）主动配合生产企业履行召回义务，按照召回计划及时传达、反馈医疗器械召回信息，控制和收回缺陷产品，并建立医疗器械召回记录。

（3）企业发现其经营的医疗器械可能为缺陷产品的，应当立即暂停销售该医疗器械，及时通知医疗器械生产企业或者供货商，并向所在地省、自治区、直辖市药品监督管理部门报告。

（4）药品监督管理部门可以对医疗器械不良事件或者可能存在的缺陷进行分析和调查，医疗器械经营企业应当予以配合。

（二）经营企业的法律责任

医疗器械经营企业违反上述第（3）条规定的，责令停止销售、使用存在缺陷的医疗器械，并处5000元以上3万元以下罚款；造成严重后果的，由原发证部门吊销《医疗器械经营许可证》。

医疗器械经营企业拒绝配合有关医疗器械缺陷调查、拒绝协助医疗器械生产企业召回医疗器械的，予以警告，责令限期改正；逾期拒不改正的，处3万元以下罚款。

召回的医疗器械给患者造成损害的，患者可以向医疗器械生产企业要求赔偿，也可以向医疗器械经营企业要求赔偿。患者向医疗器械经营企业要求赔偿的，医疗器械经营企业赔偿后，有权向负有责任的医疗器械生产企业追偿。

（三）质量负责人

信息反馈发现售出的医疗器械存在缺陷的，应当立即报告质量负责人，经质量负责人确认后立即通知相关部门停止销售，并及时向企业负责人汇报。

质量负责人应当协助医疗器械生产企业开展有关医疗器械缺陷的调查评估，并提供有关资料。对医疗器械缺陷进行评估的主要内容如下。

（1）产品是否符合强制性标准、经注册或者备案的产品技术要求。

（2）在使用医疗器械过程中是否发生过故障或者伤害。

（3）在现有的使用环境中是否造成伤害，是否有科学文献研究相关实验或者验证能够解释伤害发生的原因。

（4）伤害所涉及的地区范围和人群特点。

（5）对人体健康造成的伤害程度。

（6）伤害发生的概率。

（7）发生伤害的短期和长期后果。

（8）其他可能对人体造成伤害的因素。

质量负责人对召回医疗器械处理应当有详细的记录。在召回完成后，应当对召回效果进行评价，评价结果存档备查。

表8-1所示为医疗器械销售产品召回记录表举例，供读者参考。

表8-1　医疗器械销售产品召回记录

召回日期		品名	型号规格	单位	数量	召回单位	生产厂家	产品注册证号	生产批号	有效期	召回原因	质管员签字
月	日											

本章小结

医疗器械售后服务是医疗器械经营过程中的最后一个环节，包括产品安装、调试、维修、客户咨询、客户投诉处理、退货管理、医疗器械不良事件监测与再评价、产品召回等。

企业应配备与其经营范围和规模相适应的售后服务机构或人员，可自行提供售后服务，也可由有资质的第三方机构签约提供售后服务。不管采用何种形式，企业均应建立相应的售后服务制度，机构或人员均应履行职责。

医疗器械退货分销后退回和购进退出两种情况。经营企业应建立医疗器械退货管理制度或规程，对退回的医疗器械进行核实，确认是本企业销售的医疗器械，并建立医疗器械退回记录。

企业应重视客户投诉，应有专职或兼职人员来处理；设立投诉渠道，做好投诉内容的记录及后续的处理、反馈，让客户得到满意的答复。

企业应明确设立部门或指定人员负责医疗器械不良事件的监测和报告，明确各自的工作职责；制定不良事件监测管理制度和工作程序；主动收集和报告医疗器械不良事件，并配合生产企业或监管部门做好不良事件的调查工作。

企业发现其经营的医疗器械有严重质量安全问题，或者不符合强制性标准、经注册或者备案的医疗器械产品技术要求，应当立即停止经营，通知相关生产经营企业、使用单位、购货者，并记录停止经营和通知情况。同时，立即向企业所在地药品监督管理部门报告。

企业应主动配合生产企业履行召回义务，按照召回计划及时传达、反馈医疗器械召回信息，控制和收回缺陷产品，并建立医疗器械召回记录。

习题

习题

一、单选选择题

1.医疗器械经营企业应具备与经营的医疗器械相适应的（　　）的能力。

A.专业指导　　B.技术培训　　C.售后服务　　D.以上均是

2.下列说法中错误的是（　　）。

A.企业应按照采购合同与供货者约定质量责任和售后服务责任

B.由供货者提供安装、维修、培训等服务的，企业可以不设售后服务部门

C.由相关机构提供技术支持的，企业可以不设售后服务部门和相应的管理人员

D.企业自行提供安装、维修、培训等服务的，其人员应具备一定的资格

3. 医疗器械退货产品系指（　）的产品。

A. 销后退回　　B. 购进退出

C. 销后退回和购进退出　　D. 销后退出和购进退回

4. 非质量问题或因其他原因需退出给供货方的产品，应经（　）审核后，凭进货退出通知单通知配送部及时办理。

A. 客服部门　　B. 质量管理部门　　C. 配送部门　　D. 销售部门

5. 销后退回的产品，由仓储部收货后，存放于有（　）标识的退货区，专人负责保管，并做好验收记录。

A. 红色　　B. 绿色　　C. 黑色　　D. 黄色

6. 医疗器械不良事件，是指已上市的医疗器械，在（　）使用情况下发生的，导致或者可能导致人体伤害的各种有害事件。

A. 异常　　B. 正常　　C. 一般　　D. 其他

7. 医疗器械经营企业未按照要求建立医疗器械不良事件监测工作制度，并拒不改正的，处（　）罚款。

A. 2万以上　　B. 5万以上

C. 5000元以上2万元以下　　D. 1000元以上5000元以下

8. 医疗器械经营企业，客户投诉产品质量有问题，经核实确认产品质量不合格，且该批号产品未超过有效期的，应为购货企业办理（　）手续，同时根据情况向医疗器械供货企业进行产品质量查询。

A. 停售处理　　B. 退货处理　　C. 咨询处理　　D. 配送处理

9. 医疗器械召回分为（　）。

A. 主动召回和被动召回　　B. 责令召回和勒令召回

C. 主动召回和责令召回　　D. 主动召回和勒令召回

10.（　）召回是指使用该医疗器械可能或者已经引起暂时的或者可逆的健康危害。

A. 一级　　B. 二级　　C. 三级　　D. 四级

（盛　瑜）

第九章　医疗器械网络销售监督管理

微课

知识目标

1.掌握　医疗器械网络销售的总体要求；医疗器械网络销售企业应具备的资质与条件；为医疗器械网络交易提供服务的第三方平台应符合的要求。

2.熟悉　从事医疗器械网络销售的企业和医疗器械网络交易服务第三方平台提供者的义务及管理要求。

3.了解　从事医疗器械网络销售的企业和医疗器械网络交易服务第三方平台备案的相关流程与资料要求。

能力目标

1.学会　《医疗器械网络销售监督管理办法》的相关要求，合规经营。

2.具备　依法依规进行医疗器械网络销售的管理能力。

随着“互联网+”行动不断向前推进，医疗器械产业与互联网融合不断加快，医疗器械网络销售日趋活跃。因此，掌握医疗器械网络销售相关法律规范，明确医疗器械网络销售主体责任和监管责任，强化医疗器械网络销售合规经营，是促进新经济形态下医疗器械经营行为良性发展的重要基石之一。

PPT

第一节　概　述

互联网和电子商务的到来，正深刻影响和改变医疗器械的销售，引发传统模式的震动。与传统工业相比，医疗器械行业专业性较强，涉及医学、机械、电子、材料等多个学科，且与人身体健康和生命安全紧密相关，虽历经十几年的发展，却一直未与互联网形成良好的结合态势。另一方面，利用网络非法销售未经注册的医疗器械、虚假夸大宣传、欺骗消费者的问题也不断出现，如在网络交易服务第三方平台和一些网站非法销售注射用透明质酸钠、隐形眼镜等无证产品行为时有发生，给人民群众用械安全带来了一定风险。

从监管模式来看，与美国的“政府监管-行业自律-社会监督”三足鼎立的监管模式不同，我国主要依靠政府对医疗器械网络交易进行监管。2004年7月8日，国家食品药品监督管理总局发布了《互联网药品信息服务管理办法》（局令第9号，2017年11月17日经国家食品药品监督管理总局局务会议修正），用于规范通过互联网向用户提供药品（含医疗器械）信息的服务活动。2005年9月29日，国家食品药品监督管理总局发布了《互联网药品交易服务审批暂行规定》，用于规范限制互联网药品交易服务（包括医疗器械、直接接触药品的包装材料和容器），进一步规定了从事互联网药品交易服务的企业必须经过审查验收并取得互联网药品交易服务机构资格证书。

2017年12月，为进一步加强医疗器械网络销售和医疗器械网络交易服务监督管理，保障公众用械安全，根据《网络安全法》《医疗器械监督管理条例》等法律、法规，结合中共中央办公厅、国务院办公厅《关于深化审评审批制度改革鼓励药品医疗器械创新的意见》以及医疗器械网络销售监管工作的实际需要，国家食品药品监督管理总局制定了《医疗器械网络销售监督管理办法》（以下简称《办法》），并于2018年3月1日起实施，用以规范在我国境内从事医疗器械网络销售、提供医疗器械网络交易服务的行为。

《办法》共五十条，包括立法宗旨，适用范围，从事医疗器械网络销售的企业、医疗器械网络交易服务第三方平台提供者的义务，监督管理以及法律责任等内容。明确了"线上线下一致"原则，从事医疗器械网络销售的企业，其申请主体应当是依法取得医疗器械生产许可、经营许可或者办理备案的实体医疗器械生产经营企业，以及销售条件符合《医疗器械监督管理条例》和《办法》要求的医疗器械上市许可持有人（医疗器械注册人或者备案人），运营模式为通过自建网站（包含网络客户端应用程序）或医疗器械网络交易服务第三方平台销售医疗器械。

《办法》作为目前医疗器械网络交易监管最全面的一部法规，从六个方面对从事医疗器械网络销售的企业和医疗器械网络交易服务第三方平台提供者规定了主要义务。

1.履行备案义务 从事医疗器械网络销售的企业应向所在地设区的市级药品监督管理部门备案，相关信息发生变化的，应当及时变更备案信息。医疗器械网络交易服务第三方平台提供者应当向所在地省级药品监督管理部门备案。相关备案信息发生变化的，应当及时变更备案。

2.建立医疗器械质量管理相关制度 医疗器械网络交易第三方平台提供者应当建立并执行入驻平台的医疗器械生产经营企业核实登记、质量安全监测、交易安全保障、网络销售违法行为制止及报告、严重违法行为平台服务停止、安全投诉举报处理、消费者权益保护、质量安全信息公告等管理制度。

3.审查登记义务 医疗器械网络交易第三方平台提供者应当对申请入驻平台的医疗器械生产经营企业提供的医疗器械生产经营许可证件或者备案凭证、医疗器械注册证或者备案凭证、企业营业执照等材料进行核实登记，建立档案并及时更新，并与入驻平台的医疗器械生产经营企业签订入驻协议，明确双方义务及违约处置措施等相关内容。

4.资质、场所、技术条件及管理人员的相关要求 从事医疗器械网络销售的企业和医疗器械网络交易第三方平台提供者应当依法取得《互联网药品信息服务资格证书》，具备与其规模相适应的办公场所及数据备份、故障恢复等技术条件，设置专门的医疗器械网络质量安全管理机构或者医疗器械质量安全管理人员。

5.平台管理义务 医疗器械网络交易第三方平台提供者应当对平台上的医疗器械销售行为及信息进行监测，若发现入驻的医疗器械生产经营企业存在违法行为，应当立即对其停止网络交易服务，并保存有关记录，向所在地省级药品监督管理部门报告。发现入驻的医疗器械生产经营企业被药品监督管理部门责令停产停业、吊销许可证等的，应当立即对其停止提供网络交易服务。

6.记录义务 从事医疗器械网络销售的企业和医疗器械网络交易第三方平台提供者应当记录医疗器械交易信息，记录应当保存至医疗器械有效期后2年；无有效期的，保存时间不得少于5年；植入类医疗器械交易信息应当永久保存。应当采取技术措施，保障医疗器械网络销售数据和资料真实完整、安全可追溯。

紧随《办法》的发布实施，各地方监管部门也加紧制定本辖区内的实施细则，保证《办法》的实施和落地。如2018年4月8日，北京市发布了《北京市医疗器械网络销售监督管理办法实施细则（试行）》的通知，在《办法》的基础上，制定了适用于北京地区行业特色的配套文件，从制度层面进一步明确了医疗器械网络销售主体责任和监管要求，如针对规定办公场所、计算机系统具体应达到的条件做出明确说明；明确了质量管理机构应有什么职责、要建立什么样的组织架构等。

另一方面，作为医疗器械监督管理的重点工作，2019年4月15日，国家药品监督管理局印发了医疗器械“清网”行动工作方案。

“清网”行动启动后，各级药品监督管理部门积极落实属地监管责任，深入查处利用网络非法经营医疗器械的违法行为，医疗器械网络交易服务第三方平台主体责任意识明显提升，网络销售违法违规情况得到遏制，违法现象明显减少，有力地保障了公众用械安全。

PPT

第二节　医疗器械网络销售

案例讨论

案例　1. 王某是某医疗器械零售企业的业务员，利用微信朋友圈将隐形眼镜、N95口罩等产品按市场价格销售给微信“朋友”。据查，他所销售的隐形眼镜和N95口罩均为医疗器械注册产品。

2. A企业于2018年4月2日办理医疗器械网络销售备案后，在第三方服务平台“某某旗舰店”上将一次性使用输液器（带针）（注册证编号：国械注准2014366××××）和B企业生产的一次性使用无菌导尿包（注册证编号：粤械注准2016266××××）销售给消费者。经查，A企业拥有医疗器械经营许可证、第二类医疗器械经营备案凭证。

讨论　1. 王某的做法是否符合《办法》的要求？

2. A企业是否属于超范围经营？

医疗器械网络交易是指通过互联网提供医疗器械交易服务的电子商务活动。根据目前我国医疗器械网络交易的模式，可以分成从事医疗器械网络销售的企业和医疗器械网络交易服务第三方平台提供者两种。

医疗器械网络销售企业，是指通过网络销售医疗器械的医疗器械上市许可持有人（医疗器械注册人或者备案人）和医疗器械生产经营企业，包括向企业进行原料采购、产品采购、批发以及向个人消费者进行零售等活动的企业。例如，之前颁发B证的B2B（Business to Business）企业、颁发C证的B2C（Business to Customer）企业，以及此前未被纳入监管的新型O2O（Online to Offline）交易模式，即线下门店与互联网的结合，用户可在相应APP或网站上下订单，门店根据订单进行配送，实现送医疗器械上门的服务。随着网络的发展，越来越多的交易模式都将产生，而新法规中对于医疗器械交易内涵的扩大，能更好地适应不断发展的医疗器械网络交易经营模式。

拓展阅读

2017年1月，国务院发布了《第三批取消中央指定地方实施行政许可事项的决定》（国发〔2017〕7号），取消了（第三方平台除外）地方监管部门对于B2B平台（药品生产企业、批发企业之间的互联网药品交易平台，对应《互联网药品交易服务资格证书》B证）、B2C平台（企业向个人消费者提供互联网药品交易服务的平台，对应《互联网药品交易服务资格证书》C证）的审批。

一、应具备的资质与条件

（一）应具备的资质

在我国境内从事医疗器械网络销售，其本质上依然是医疗器械经营行为的一种，应当为销售的医疗器械产品质量负责，保证医疗器械的安全、有效。应当按照《医疗器械监督管理条例》等规定具备与经营规模和经营范围相适应的经营场所和贮存条件，以及与经营的医疗器械相适应的质量管理制度和质量管理机构或者人员，并取得经营许可或者办理备案。因此从事医疗器械网络销售的企业应具备以下资质。

（1）从事医疗器械网络销售的企业，其申请主体应当是依法取得医疗器械生产许可、经营许可或者办理备案的实体医疗器械生产经营企业以及销售条件符合《医疗器械监督管理条例》和《办法》要求的医疗器械上市许可持有人（医疗器械注册人或备案人）。

（2）持有人通过网络销售其医疗器械，医疗器械生产企业受持有人委托通过网络销售受托生产的医疗器械，不需要办理经营许可或者备案，但其销售条件应当符合《医疗器械监督管理条例》和《办法》的要求。

（3）持有人委托开展医疗器械网络销售的，应当评估确认受托方的合法资质、销售条件、技术水平和质量管理能力，对网络销售过程和质量控制进行指导和监督，对网络销售的医疗器械质量负责。

（二）应具备的条件

（1）从事医疗器械网络销售的企业，应当制定医疗器械网络销售质量管理制度，明确质量管理机构或者质量管理人员的岗位职责、权限，保证医疗器械质量安全。

（2）从事医疗器械网络销售的企业，应当通过自建网站或者医疗器械网络交易服务第三方平台开展医疗器械网络销售活动。通过自建网站开展医疗器械网络销售的企业，应当依法取得《互联网药品信息服务资格证书》，并具备与其规模相适应的办公场所以及数据备份、故障恢复等技术条件，其网站或者网络客户端应用程序应当能够符合经营全过程管理及质量控制要求。

（3）从事医疗器械网络销售的企业，应当填写医疗器械网络销售信息表，将企业名称、法定代表人或者主要负责人、网站名称、网络客户端应用程序名、网站域名、网站IP地址、电信业务经营许可证或者非经营性互联网信息服务备案编号、医疗器械生产经营许可证件或者备案凭证编号等信息事先向所在地设区的市级药品监督管理部门备案。未按照规定备案的，由县级以上地方药品监督管理部门责令限期改正，给予警告；拒不改正的，向社会公告，处1万元以下罚款。相关信息发生变化的，应当及时变更备案，未及时变更的由县级以上地方药品监督管理部门责令改正，给予警告；拒不改正的，处5000元以上2万元以下罚款。

（4）从事医疗器械网络销售的企业，应当按照医疗器械标签和说明书标明的条件贮存和运输医疗器械。委托其他单位贮存和运输医疗器械的，应当对被委托方贮存和运输医疗器械的质量保障能力进行考核评估，明确贮存和运输过程中的质量责任，确保贮存和运输过程中的质量安全。

二、证件展示

（一）医疗器械网络销售备案凭证

《办法》中明确指出，从事医疗器械网络销售的企业，应向所在地设区的市级药品监督管理部门备案。

医疗器械网络销售备案需要的资料如下。

（1）《医疗器械网络销售信息表》（表9-1）。

表9-1　医疗器械网络销售信息表（浙江省）

<table>
<tr><td>医疗器械网络
销售类型*</td><td colspan="6">□自建类　□入驻类</td></tr>
<tr><td rowspan="2">联系人*</td><td>姓名</td><td>身份证件类型</td><td>证件号</td><td>电话</td><td>传真</td><td>电子邮件</td></tr>
<tr><td></td><td></td><td></td><td></td><td></td><td></td></tr>
<tr><td rowspan="11">主体信息</td><td colspan="2">企业名称*</td><td colspan="4"></td></tr>
<tr><td colspan="2">住所*</td><td colspan="4"></td></tr>
<tr><td colspan="2">社会信用代码*</td><td colspan="4"></td></tr>
<tr><td colspan="2">经营场所或生产场所*</td><td colspan="4"></td></tr>
<tr><td colspan="2">库房地址*</td><td colspan="4"></td></tr>
<tr><td colspan="2">主体业态（可多选）*</td><td colspan="4">□医疗器械生产　□医疗器械批发
□医疗器械零售　□医疗器械批零兼营</td></tr>
<tr><td colspan="2">医疗器械生产（经营）
许可证或备案凭证编号*</td><td colspan="4"></td></tr>
<tr><td colspan="2">互联网药品信息服务
资格证书编号（自建类必填）</td><td colspan="4"></td></tr>
<tr><td colspan="2">经营范围*</td><td colspan="4"></td></tr>
<tr><td colspan="2">法定代表人*</td><td colspan="4"></td></tr>
<tr><td colspan="2">企业负责人*</td><td colspan="4"></td></tr>
<tr><td rowspan="7">网站信息
（自建类）</td><td colspan="2">网站名称*</td><td colspan="4"></td></tr>
<tr><td colspan="2">网络客户端应用程序名</td><td colspan="4"></td></tr>
<tr><td colspan="2">网站域名*</td><td colspan="4"></td></tr>
<tr><td colspan="2">网站IP地址*</td><td colspan="4"></td></tr>
<tr><td colspan="2">服务器存放地址*</td><td colspan="4"></td></tr>
<tr><td colspan="2">非经营性互联网信息服务备案编号*</td><td colspan="4"></td></tr>
<tr><td colspan="2">电信业务经营许可证编号</td><td colspan="4"></td></tr>
<tr><td rowspan="4">入驻医疗器械网络交易服务第三方平台信息
（入驻类）</td><td colspan="2">医疗器械网络交易服务第三方平台名称*</td><td colspan="4">医疗器械网络交易服务第三方平台备案凭证编号*</td></tr>
<tr><td colspan="2"></td><td colspan="4"></td></tr>
<tr><td colspan="2"></td><td colspan="4"></td></tr>
<tr><td colspan="2"></td><td colspan="4"></td></tr>
<tr><td colspan="7">本单位承诺填报信息全部真实、合法、有效，并承担一切法律责任。同时，保证按照法律、法规的要求从事医疗器械网络销售活动。

法定代表人（负责人）签字：

单位盖章：
年　月　日</td></tr>
</table>

填表说明：

一、本表按照实际内容填写，*号内容为必填项目，其他不涉及的可缺项。其中，企业名称、社会信用代码、住所、法定代表人等按照营业执照内容填写；经营场所或生产场所、库房地址、医疗器械生产（经营）许可证或备案凭证编号、企业负责人等按照医疗器械生产（经营）许可证、第一类医疗器械生产备案凭证、第二类医疗器械经营备案凭证内容填写。

二、本表经营范围应当按照医疗器械经营许可证、第二类医疗器械经营备案凭证内容填写，主体业态仅为“医疗器械生产”的，应填写“仅限本厂生产医疗器械”。

三、本表填报内容应使用A4纸双面打印，不得手写。

（2）《营业执照》复印件。

（3）《医疗器械生产许可证》《医疗器械经营许可证》或者《第二类医疗器械经营备案凭证》复印件。

（4）申请企业属于自建类网站的，应当提交《互联网药品信息服务资格证书》复印件、电信业务经营许可证复印件（如有）和非经营性互联网信息服务备案说明。

（5）申请企业属于入驻类网站的，应当提交与所有拟入驻的医疗器械网络交易服务第三方平台签订的入驻协议复印件，例如现在入驻电商平台的，都需要办理医疗器械网络销售备案证。

（6）申请企业申报材料时，具体办理人员非企业法定代表人，企业应当提交《授权委托书》。

所在地设区的市级药品监督管理部门对申请材料进行审核。经确认申请内容填写齐全，符合法定形式的，应当决定予以受理。申请内容不齐全或者不符合法定形式的，应当告知申请人需要修改的全部内容。申请人填写材料符合要求，现场予以备案，下发医疗器械网络销售备案表。

拓展阅读

随着政府“简政放权”及“最多跑一次”的不断深化，该申报备案业务可通过网络进行申报。以浙江为例，通过“浙江政务网”实现网络全程申报备案流程。申请人在浙江政务服务网进行网上申报，审核部门对提交材料是否齐全、是否符合法定形式、是否属实进行审查。网上审批通过后，生成医疗器械网络销售备案表，申请人通过网站自行获取备案凭证。

医疗器械网络销售信息表备案编号的编排方式（以浙江为例）：

（浙×）网械企备字［××××］第×××××号

第一位×代表备案企业所在地市的简称，第二位到第五位×代表4位数备案年份，第六到十位×代表5位备案流水号。

（二）互联网药品信息服务资格证书

《互联网药品信息服务资格证书》是互联网药品信息服务提供者从事互联网药品信息服务的必要资质证明。根据《互联网药品信息服务管理办法》的有关规定，拟提供互联网药品信息服务的网站，应当在向国务院信息产业主管部门或者省级电信管理机构申请办理经营许可证或者办理备案手续之前，按照属地监督管理的原则，向该网站主办单位所在地省、自治区、直辖市药品监督管理部门提出申请，经审核同意后取得提供互联网药品信息服务的资格。

《办法》中也明确提出：通过自建网站开展医疗器械网络销售的企业，应当依法取得《互联网药品信息服务资格证书》，并具备与其规模相适应的办公场所以及数据备份、故障恢复等技术条件；医疗器械网络交易服务第三方平台提供者应当依法取得《互联网药品信息服务资格证书》，具备与其规模相适应的办公场所以及数据备份、故障恢复等技术条件，设置专门的医疗器械网络质量安全管理机构或者配备医疗器械质量安全管理人员。

药品监督管理部门对拟申请提供互联网药品信息服务的互联网站进行审核，符合条件的核发《互联网药品信息服务资格证书》，《互联网药品信息服务资格证书》的格式由国家药品监督管理局统一制定。新版《互联网药品信息服务资格证书》分正本和副本，自2019年9月1日起启用。

（1）申请提供互联网药品信息服务的企业需具备如下条件。

1）互联网药品信息服务的提供者应当为依法设立的企事业单位或者其他组织。

2）具有与开展互联网药品信息服务活动相适应的专业人员、设施及相关制度。

3）有两名以上熟悉药品、医疗器械管理法律、法规和药品、医疗器械专业知识，或者依法经资格认定的药学、医疗器械技术人员。

（2）申请提供互联网药品信息服务的企业，应当填写国家药品监督管理局统一制发的《互联网药品信息服务申请表》，向网站主办单位所在地省、自治区、直辖市药品监督管理部门提出申请，同时提交以下材料。

1）《营业执照》复印件。

2）网站域名注册的相关证书或者证明文件。从事互联网药品信息服务网站的中文名称，除与主办单位名称相同的以外，不得以“中国”“中华”“全国”等冠名；除取得药品招标代理机构资格证书的单位开办的互联网站外，其他提供互联网药品信息服务的网站名称中不得出现“电子商务”“药品招商”“药品招标”等内容。

3）网站栏目设置说明（申请经营性互联网药品信息服务的网站需提供收费栏目及收费方式的说明）。

4）网站对历史发布信息进行备份和查阅的相关管理制度及执行情况说明。

5）药品监督管理部门在线浏览网站上所有栏目、内容的方法及操作说明。

6）药品及医疗器械相关专业技术人员学历证明或者其专业技术资格证书复印件、网站负责人身份证复印件及简历。

7）健全的网络与信息安全保障措施，包括网站安全保障措施、信息安全保密管理制度、用户信息安全管理制度。

8）保证药品信息来源合法、真实、安全的管理措施、情况说明及相关证明。

省、自治区、直辖市药品监督管理部门在收到申请材料之日起5日内做出受理与否的决定，受理的，发给受理通知书；不受理的，书面通知申请人并说明理由，同时告知申请人享有依法申请行政复议或者提起行政诉讼的权利。

对于申请材料不规范、不完整的，省、自治区、直辖市药品监督管理部门自申请之日起5日内一次告知申请人需要补正的全部内容；逾期不告知的，自收到材料之日起即为受理。

省、自治区、直辖市药品监督管理部门自受理之日起20日内对申请提供互联网药品信息服务的材料进行审核，并做出同意或者不同意的决定。同意的，由省、自治区、直辖市药品监督管理部门核发《互联网药品信息服务资格证书》，同时报国家药品监督管理局备案并发布公告；不同意的，应当书面通知申请人并说明理由，同时告知申请人享有依法申请行政复议或者提起行政诉讼的权利。国家药品监督管理局对各省、自治区、直辖市药品监督管理部门的审核工作进行监督。

《互联网药品信息服务资格证书》有效期为5年。有效期届满，需要继续提供互联网药品信息服务的，持证单位应当在有效期届满前6个月内，向原发证机关申请换发《互联网药品信息服务资格证书》。原发证机关进行审核后，认为符合条件的，予以换发新证；认为不符合条件的，发给不予换发新证的通知并说明理由，原《互联网药品信息服务资格证书》由原发证机关收回并公告注销。省、自治区、直辖市药品监督管理部门根据申请人的申请，应当在《互联网药品信息服务资格证书》有效期届满前做出是否准予其换证的决定。逾期未做出决定的，视为准予换证。

（3）互联网药品信息服务提供者变更下列事项之一的，应当向原发证机关申请办理变更手续，填写《互联网药品信息服务项目变更申请表》，同时提供下列相关证明文件。

1）《互联网药品信息服务资格证书》中审核批准的项目（互联网药品信息服务提供者单位名称、网站名称、IP地址等）。

2）互联网药品信息服务提供者的基本项目（地址、法定代表人、企业负责人等）。

3）网站提供互联网药品信息服务的基本情况（服务方式、服务项目等）。

省、自治区、直辖市药品监督管理部门对申请人的申请进行审查时，应当公示审批过程和审批结果。申请人和利害关系人可以对直接关系其重大利益的事项提交书面意见进行陈述和申辩。依法应当听证的，按照法定程序举行听证。

未取得或者超出有效期限使用《互联网药品信息服务资格证书》从事互联网药品信息服务的；提供互联网药品信息服务的网站未按规定在网站主页显著位置标注《互联网药品信息服务资格证书》编号的；已经获得《互联网药品信息服务资格证书》，但超出审核同意的范围提供互联网药品信息服务的；提供不真实互联网药品信息服务并造成不良社会影响的；擅自变更互联网药品信息服务项目等，由国家药品监督管理局或者省、自治区、直辖市药品监督管理部门给予警告，责令限期改正，情节严重者，移送相关部门，依照有关法律、法规给予处罚。

三、产品发布

从事医疗器械网络销售的企业，发布产品信息时除应当遵守《办法》外，还应符合《中华人民共和国电子商务法》《中华人民共和国广告法》等相关法律、法规的要求。

（一）企业资质展示

企业应当在其主页面显著位置展示其医疗器械生产经营许可证件或者备案凭证，产品页面应当展示该产品的医疗器械注册证或者备案凭证。相关展示信息应当画面清晰，容易辨识。其中，医疗器械生产经营许可证件或者备案凭证、医疗器械注册证或者备案凭证的编号还应当以文本形式展示。相关信息发生变更的，应当及时更新展示内容。

未按要求展示医疗器械生产经营许可证或者备案凭证、医疗器械注册证或者备案凭证的，由县级以上地方药品监督管理部门责令改正，给予警告；拒不改正的，处5000元以上1万元以下罚款。

（二）经营范围要求

（1）企业在网上发布的医疗器械产品范围不得超出其生产经营许可或者备案的范围。

（2）医疗器械批发企业从事医疗器械网络销售，应当销售给具有资质的医疗器械经营企业或者使用单位。

（3）医疗器械零售企业从事医疗器械网络销售，应当销售给消费者个人。销售给消费者个人的医疗器械，应当是可以由消费者个人自行使用的，其说明书应当符合医疗器械说明书和标签管理相关规定，标注安全使用的特别说明。

（三）产品信息要求

网络销售医疗器械具有虚拟性和易转移性等特点，如购进医疗器械时并未按相关法律、法规要求从有生产经营资质的正规渠道购进，为了降低成本而选择价格低、质量不过关的产品，甚至是地下工厂生产的假冒产品。网络销售产品在网上发布、宣传时，监督或审核程序没有传统媒体严格，任意夸大医疗器械的适用范围与疗效，甚至盗用名医或名人形象宣传疗效的现象屡禁不止。因此，网络销售医疗器械在发布产品信息时，需要注意以下要求。

（1）企业在网上发布的医疗器械名称、型号、规格、结构及组成、医疗器械注册证编号或者备案凭证编号、注册人或者备案人信息、生产许可证或者备案凭证编号、产品技术要求编号，应当与经注册或者备案的相关内容保持一致。

（2）使用准确、通俗易懂的语言，完整、正确地描述产品属性及其他参数，用以介绍商品的实际情况，让买家对商品有更全面的了解，突出商品的优势和特点，涉及医疗器械产品适用范围、禁忌证等信息，应当与经注册或者备案的相关内容保持一致，不能随意夸大。

（3）企业发布的产品图片应与产品名称、描述一致，不得出现侵权图片，排版应美观整齐，方便网站浏览者阅读。

四、网络销售管理

医疗器械网络销售、医疗器械网络交易服务的监督管理由国家药品监督管理局负责指导，并组织开展全国医疗器械网络销售和网络交易服务监测。省级药品监督管理部门负责医疗器械网络交易服务的监督管理。

对从事医疗器械网络销售的企业违法行为的查处，由其所在地县级以上地方药品监督管理部门管辖。未经许可或者备案从事医疗器械网络销售，能确定违法销售企业地址的，由违法销售企业所在地县级以上地方药品监督管理部门管辖；不能确定违法销售企业所在地的，由违法行为发生地或者违法行为结果地的县级以上地方药品监督管理部门管辖。通过医疗器械网络交易服务第三方平台销售的，由医疗器械网络交易服务第三方平台提供者所在地省级药品监督管理部门管辖；经调查后能够确定管辖地的，及时移送有管辖权的药品监督管理部门。

从事医疗器械网络销售的企业应当记录医疗器械销售信息，记录应当保存至医疗器械有效期后2年；无有效期的，保存时间不得少于5年；植入类医疗器械的销售信息应当永久保存。相关记录应当真实、完整、可追溯。

从事医疗器械网络销售的企业，应当按照医疗器械标签和说明书标明的条件贮存和运输医疗器械。委托其他单位贮存和运输医疗器械的，应当对被委托方贮存和运输医疗器械的质量保障能力进行考核评估，明确贮存和运输过程中的质量安全责任，确保贮存和运输过程中的质量安全。

第三节　医疗器械网络交易服务

PPT

根据《网络交易管理办法》的相关定义，网络交易服务是指为网络商品交易提供第三方交易平台、宣传推广、信用评价、支付结算、物流、快递、网络接入、服务器托管、虚拟空间租用、网站网页设计制作等营利性服务。其中，第三方交易平台，是指在网络商品交易活动中为交易双方或者多方提供网页空间、虚拟经营场所、交易规则、交易撮合、信息发布等服务，供交易双方或者多方独立开展交易活动的信息网络系统。

医疗器械作为关系人民生命安全的特殊商品，其网络交易服务的内容应受到更为苛刻的限制。《办法》第四条规定：“医疗器械网络交易服务第三方平台提供者，是指在医疗器械网络交易中仅提供网页空间、虚拟交易场所、交易规则、交易撮合、电子订单等交易服务，供交易双方或者多方开展交易活动，不直接参与医疗器械销售的企业。”医疗器械网络交易服务第三方平台与医疗器械网络销售企业并称医疗器械网络销售的两大合规主体。

一、应具备的资质与条件

医疗器械网络交易服务第三方平台提供者，应当是经工商行政管理部门登记注册并领取营业执照的企业法人，同时应当依法取得《互联网药品信息服务资格证书》，具备与其规模相适应的办公场所以及数据备份、故障恢复等技术条件，设置专门的医疗器械网络质量安全管理机构或者配备医疗器械质量安全管理人员。因此医疗器械网络交易服务第三方平台提供者应具备以下要求。

（1）医疗器械网络交易服务第三方平台应当为依法取得《营业执照》《互联网药品信息服务资格证书》的企业，并配备医疗器械质量安全管理人员。

（2）医疗器械网络交易服务第三方平台医疗器械质量安全管理人员应当熟悉医疗器械监督管理的法律法规、规章规范。

（3）医疗器械网络交易服务第三方平台设置专门的医疗器械网络质量安全管理机构的，可以设置包括质量控制、数据管理、客户服务、运营维护等部门，履行医疗器械质量监管、交易双方及产品资质审核、售前售中售后服务、网络交易安全等职责。

（4）医疗器械网络交易服务第三方平台医疗器械网络质量安全管理机构相关部门的办公场所宜相对独立，办公场所不得设在房屋规划用途为“住宅”、军事管理区（不含可租赁区）以及其他不适合办公的场所。

（5）医疗器械网络交易服务第三方平台提供者应当建立医疗器械网络交易服务质量保障体系，制定包括企业核实登记、质量安全监测、交易安全保障、网络销售违法行为制止及报告、严重违法行为平台服务停止、安全投诉举报处理、消费者权益保护、质量安全信息公告、医疗器械信息管理、数据管理、客户服务管理、岗位培训等制度。

二、证件展示

医疗器械网络交易服务第三方平台提供者应当向所在地省级药品监督管理部门备案。

医疗器械网络交易服务备案需要的资料如下。

（1）《医疗器械网络交易服务第三方平台备案表》（表9-2）。

（2）《营业执照》原件、复印件。

（3）法定代表人或者主要负责人、医疗器械质量安全管理人身份证明原件、复印件。

（4）组织机构与部门设置说明。

（5）办公场所地理位置图、房屋产权证明文件或者租赁协议（附房屋产权证明文件）原件、复印件。

（6）《电信业务经营许可证》原件、复印件或者非经营性互联网信息服务备案说明。

（7）《互联网药品信息服务资格证书》原件、复印件。

（8）医疗器械网络交易服务质量管理制度等文件目录。

（9）网站或者网络客户端应用程序基本情况介绍和功能说明。

（10）其他相关证明材料。

表9-2　医疗器械网络交易服务第三方平台备案表（浙江省）

联系人*	姓名	身份证件类型	证件号	电话	传真	电子邮件
备案主体信息	企业名称*					
	住所*					
	办公场所*					
	社会信用代码*					
	互联网药品信息服务资格证书编号*					
	法定代表人					
	姓名*		联系电话*			
	身份证件类型*					
	证件号码*					
	主要负责人					
	姓名*		联系电话*			
	身份证件类型*					
	证件号码*					
	医疗器械质量安全管理人					
	姓名*		联系电话*			
	身份证件类型*					
	证件号码*					
网站信息	网站名称*					
	网络客户端应用程序名					
	网站域名*	（网站主页面域名）				
	网站IP地址*	（网站主页面IP地址）				
	服务器存放地址*					
	非经营性互联网信息服务备案编号*					
	电信业务经营许可证编号					

本单位承诺备案填报信息和提交的材料全部真实、合法、有效，并承担一切法律责任。同时，保证按照法律、法规的要求提供医疗器械网络交易服务。

法定代表人（负责人）签字：

单位盖章：

年　月　日

填表说明：

一、本表按照实际内容填写，*号内容为必填项目，其他不涉及的可缺项。其中，企业名称、社会信用代码、住所、法定代表人等应按营业执照内容填写。

二、本表填报内容应使用A4纸双面打印，不得手写。

省级药品监督管理部门应当当场对企业提交材料的完整性进行核对，符合规定的予以备案，发给医疗器械网络交易服务第三方平台备案凭证；提交资料不齐全或者不符合法定情形的，应当一次性告知需要补充材料的事项。

省级药品监督管理部门应当在备案后7个工作日内向社会公开相关备案信息。备案信息包括企业名称、法定代表人或者主要负责人、网站名称、网络客户端应用程序名、网站域名、网站IP地址、电信业务经营许可证或者非经营性互联网信息服务备案编号、医疗器械网络交易服务第三方平台备案凭证编号等。在医疗器械网络交易服务第三方平台提供者备案后3个月内，对医疗器械网络交易服务第三方平台开展现场检查。

医疗器械网络交易服务第三方平台备案凭证的格式由国家药品监督管理局统一制定。医疗器械网络交易服务第三方平台备案凭证由省级药品监督管理部门印制。

医疗器械网络交易服务第三方平台备案凭证编号的编排方式为（×）网械平台备字〔××××〕第×××××号。其中：第一位×代表备案部门所在地省、自治区、直辖市的简称；第二到五位×代表4位数备案年份；第六到十位×代表5位数备案流水号。

医疗器械网络交易服务第三方平台提供者名称、法定代表人或者主要负责人、网站名称、网络客户端应用程序名、网站域名、网站IP地址、电信业务经营许可证或者非经营性互联网信息服务备案编号等备案信息发生变化的，应当及时变更备案。医疗器械网络交易服务第三方平台提供者，应当在其网站主页面显著位置标注医疗器械网络交易服务第三方平台备案凭证的编号。

拓展阅读

关于医疗器械网络销售和医疗器械网络交易服务第三方平台备案工作：国家食品药品监督管理总局办公厅于2018年发布了关于实施《医疗器械网络销售监督管理办法》有关事项的通知（食药监办械监〔2018〕31号），其在“医疗器械生产经营许可备案信息系统”中增加了医疗器械网络销售和医疗器械网络交易服务第三方平台备案等功能，并于2018年3月1日起正式启用。办理医疗器械网络销售和医疗器械网络交易服务第三方平台备案、变更等业务时，相关监管人员和企业有关人员可从国家药品监督管理局政务服务门户（http://www.nmpa.gov.cn/WS04/CL2424/）“在线服务”栏目中的“医疗器械生产经营许可备案信息系统”点击进入。

为规范和指导各省、自治区、直辖市医疗器械网络交易服务第三方平台现场检查工作，统一检查要求和尺度，确保检查工作质量，根据《医疗器械监督管理条例》《互联网信息服务管理办法》《医疗器械经营监督管理办法》《办法》等相关法规，各省级药监部门相继出台了《医疗器械网络交易服务第三方平台现场检查细则》，如北京、浙江、四川、福建、湖南等，用以医疗器械网络交易服务第三方平台备案后的现场检查和日常监督检查。

三、网络交易服务管理

医疗器械网络交易服务第三方平台提供者应当建立包括入驻平台的企业核实登记、质量安全监测、交易安全保障、网络销售违法行为制止及报告、严重违法行为平台服务停止、安全投诉举报处理、消费者权益保护、质量安全信息公告等管理制度。

对申请入驻平台的企业提供的医疗器械生产经营许可证件或者备案凭证、医疗器械注册证或者备案凭证、企业营业执照等材料进行核实，建立档案并及时更新，保证入驻平台的企业许可证件或者备案凭证所载明的生产经营场所等许可或者备案信息真实。第三方平台应当与入驻平台的企业签订入驻协议，并在协议中明确双方义务及违约处置措施等相关内容。

对平台上的医疗器械销售行为及信息进行监测，发现入驻网络交易服务第三方平台的企业存在超范围经营、发布虚假信息、夸大宣传等违法违规行为，无法取得联系或者存在其他严重安全隐患的，应当立即对其停止网络交易服务，并保存有关记录，向所在地省级药品监督管理部门报告。

发现入驻网络交易服务第三方平台的企业被药品监督管理部门责令停产停业、吊销许可证件等处罚，或者平台交易的产品被药品监督管理部门暂停销售或者停止销售的，应当立即停止提供相关网络交易服务。

网络交易服务第三方平台网站或者网络客户端应用程序应当具有网上订购、支付结算、订单流转、交易状态查询、评价投诉、退换产品等交易管理功能；具有质量公告和相关信息发布管理功能，并在网站醒目位置及时发布产品质量安全隐患等相关信息。

医疗器械网络交易服务第三方平台应当记录在其平台上开展的医疗器械交易信息，记录应当保存至医疗器械有效期后2年；无有效期的，保存时间不得少于5年；植入类医疗器械交易信息应当永久保存。相关记录应当真实、完整、可追溯。

对不按规定建立并执行相关质量管理制度，存在质量安全隐患的，监督管理部门可以责令暂停网络销售或者暂停提供相关网络交易服务。对存在质量安全问题的，药品监督管理部门可对第三方平台提供者、网络销售企业的法定代表人或者主要负责人进行约谈。拒不执行暂停网络销售决定或者约谈后拒不按照要求整改的，网络销售企业、第三方平台提供者及其法定代表人或者主要责任人将被列入失信企业和失信人员名单，并向社会公开。

本章小结

近年来，随着互联网和移动通信技术的不断发展，国内涌现了众多电商平台。比起去实体店购买医疗器械，“网购”医疗器械变得更加方便快捷。而医疗器械是直接影响公众健康的特殊商品，一旦出现不良事件，将会损害消费者的身体健康，因此，医疗器械网络交易监管的重要性不言而喻。我国的医疗器械网络交易监管工作已经正式展开，这是一个良好的开端，《办法》充分考虑了之前监管工作中存在的诸多问题，并进行了完善。最显著的变化就是将取得医疗器械网络交易资格的方式由审批制变为备案制，更有助于企业自身的责任意识的不断完善建立。此外，根据《办法》的规定，负责监管医疗器械网络销售的药品监督管理部门工作人员不履行职责或者滥用职权、玩忽职守、徇私舞弊的，依法追究行政责任；构成犯罪的，移送司法机关追究刑事责任。然而面对错综复杂的监管环境，监管模式仍需在实际监管工作中不断完善，才可使我国的医疗器械网络交易焕发出“互联网+医疗器械”行业的光彩，迎来高速健康的发展。

习题

习题

一、单项选择题

1.医疗器械网络交易服务第三方平台提供者应当依法取得（　）。

A.《互联网从业资格证书》　　B.《互联网药品信息服务资格证书》

C.《互联网药品交易服务资格证书》　　D.《互联网经营许可证》

2.省级药品监督管理部门应当在医疗器械网络交易服务第三方平台提供者备案后，（　）个月内，对医疗器械网络交易服务第三方平台开展现场检查。

A. 1　　B. 3　　C. 4　　D. 5

3.医疗器械网络交易服务第三方平台备案凭证由（　）印制。

A.国家药品监督管理局　　B.省级药品监督管理部门

C.县级以上地方药品监督管理部门　　D.省级人民政府主管部门

4.从事医疗器械网络销售的企业应当记录医疗器械销售记录，销售记录应当保存至医疗器械有效期后（　）。

A. 1年　　B. 2年　　C. 5年　　D.永久

5.下列属于医疗器械网络交易服务第三方平台备案凭证编号的编排方式的是（　）

A.国网械平台备字（2018）第00001号　　B.国网械平台注字（2018）第00001号

C.浙网械平台备字（2018）第00001号　　D.鲁网械平台注字（2018）第00001号

6.《医疗器械网络销售监督管理办法》开始实施的时间是（　）。

A. 2014.12.12　　B. 2015.10.15　　C. 2018.3.1　　D. 2015.8.17

7.未取得医疗器械经营许可从事网络第三类医疗器械销售，情节严重的，（　）年内不受理相关责任人及企业提出的医疗器械许可申请。

A. 2　　B. 3　　C. 4　　D. 5

8.从事医疗器械网络销售的企业，应当填写相关信息向（　）备案。

A.国家药品监督管理部门　　B.省级药品监督管理部门

C.设区市级药品监督管理部门　　D.县级以上地方药品监督管理部门

9.医疗器械网络交易服务第三方平台提供者应当向所在地（　）备案。

A.国家药品监督管理部门　　B.省级药品监督管理部门

C.设区市级药品监督管理部门　　D.县级以上地方药品监督管理部门

10.医疗器械网络交易服务第三方平台提供者发现入驻网络交易服务第三方平台的企业存在严重安全隐患的，应当立即对其停止网络交易服务，并保存有关记录，向所在地（　）报告。

A.国家药品监督管理部门　　B.省级药品监督管理部门

C.设区市级药品监督管理部门　　D.县级以上地方药品监督管理部门

二、简答题

1.从事医疗器械网络销售的企业和医疗器械网络交易服务第三方平台提供者有哪些主要义务？

2.医疗器械网络销售的贮存和配送要求有哪些？

3.对违法违规医疗器械网络销售企业、医疗器械网络交易服务第三方平台提供者主要责任人的惩戒措施有哪些？

（卢凌美）

第十章　现场检查

微课

知识目标

1. **掌握**　《医疗器械经营质量管理规范现场检查指导原则》的内容，相关数据的统计方法及对结果的判定和运用。

2. **熟悉**　现场检查时需要参照的其他法规性文件；属地化管理原则下应参考的文件。

3. **了解**　现场检查的一般流程。

能力目标

1. **学会**　《医疗器械经营质量管理规范现场检查指导原则》的应用。

2. **具备**　对照《规范》《医疗器械经营质量管理规范现场检查指导原则》等法规文件，进行合规自查的能力。

为强化医疗器械经营质量监督管理，规范和指导医疗器械经营质量管理规范现场检查工作，根据《规范》，原国家食品药品监督管理总局组织制定了《医疗器械经营质量管理规范现场检查指导原则》(以下简称《指导原则》)，并于2015年10月15日正式发布。

此《指导原则》的制定与发布，为现场检查提供了制度保障与操作指南，不仅可作用监管部门实施各类监督检查的依据，同时也可用于企业自身的对标自查。从现场检查的维度，将《规范》的每一个条款，又做了进一步的延伸，给出了检查方法与检查要点。

需要说明的是，医疗器械产品种类繁多，产品特性复杂，且管理流程长，《指导原则》并不能完全和详尽地涵盖相关细节，因此在现场检查过程中，应以《指导原则》为总索引，但还需要参阅其他相关的规范性文件，这些将在本章第二节中做相关阐述。

PPT

第一节　《医疗器械经营质量管理规范现场检查指导原则》基本使用方法

一、适用范围

《指导原则》适用于药品监管部门对第三类医疗器械批发/零售经营企业经营许可（含变更和延续）的现场核查，第二类医疗器械批发/零售经营企业经营备案后的现场核查，以及医疗器械经营企业的各类监督检查。

现场检查时，应当按照《指导原则》中包含的检查项目和所对应的重点检查内容，对医疗器械经营企业实施《规范》情况进行检查。

二、编号规则

《指导原则》中的条款编号，其编号规则为：×1.×2.×3，其中×1为《规范》中章的顺序号；×2为同一章内条的顺序号；×3为同一条内细化的顺序号。

例如，表10–1条款对应的编号为2.5.1，即《规范》第二章中的第五条中的第一个检查项目。

表10–1 《指导原则》节选示例

章节	条款	内容
职责与制度	2.5.1	企业法定代表人或者负责人是医疗器械经营质量的主要责任人，全面负责企业日常管理。 重点查看企业相关制度文件或职责权限文件，确认文件内容是否明确企业法定代表人或者负责人是医疗器械经营质量的主要负责人；查看法定代表人或者负责人履行职责的相关记录（如法定代表人或者负责人授权文件、任命文件签发，资源配置批准，重大事项决定等），确认其是否全面负责企业日常管理工作。

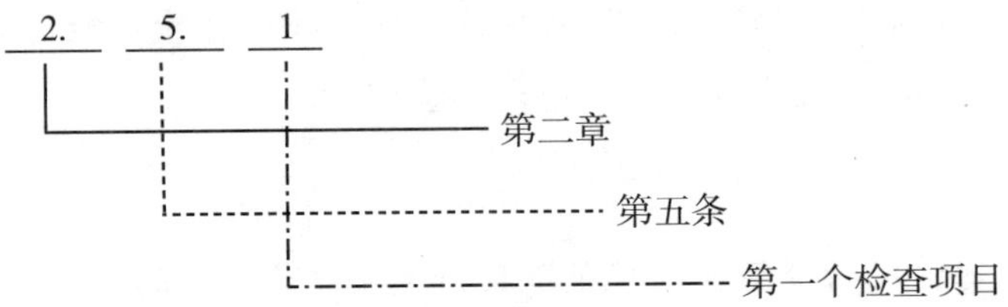

三、检查项目定义

1.合理缺项 医疗器械经营企业可根据其经营方式、经营范围、经营品种等特点，确定合理缺项项目，并书面说明理由，由检查组予以确认。例如，表10–2中，条款4.31是针对“为其他医疗器械生产经营企业提供贮存、配送服务”企业的要求，对于只做医疗器械批发、零售的企业，此项即为合理缺项。

表10–2 《指导原则》节选示例

章节	条款	内容
设施与设备	※4.31	企业为其他医疗器械生产经营企业提供贮存、配送服务，还应当符合以下要求： （一）具备从事现代物流储运业务的条件； （二）具有与委托方实施实时电子数据交换和实现产品经营全过程可追溯、可追踪管理的计算机信息平台和技术手段； （三）具有接受食品药品监督管理部门电子监管的数据接口； （四）食品药品监督管理部门的其他有关要求。 现场检查为其他医疗器械生产经营企业提供贮存、配送服务的企业是否具备从事现代物流储运业务的条件（包括经营场所、库房面积，库房设施设备配备、人员配备、运输车辆及其冷藏、冷冻设施设备、温湿度等自动监控传输设备等）； 查看企业是否制定与受托储运相关的质量管理制度并实施，抽查相关记录； 检查企业是否具有与委托方实施实时电子数据交换和实现产品经营全过程可追溯、可追踪管理的计算机信息平台和技术手段并确认是否具有接受食品药品监督管理部门电子监管的数据接口。 食品药品监管部门对受托为其他医疗器械生产经营企业提供贮存、配送服务有更详细规定的，应确认企业是否符合相关规定。

2.一般项目 条款一列只有数字序号，没有“※”标识的检查条款为一般项，例如表10–1中的“2.5.1”，前面没有“※”标识。《指导原则》中的一般项目共有54项。

3.关键项目 条款一列数字序号前，有“※”标识的检查条款为关键项，例如表10–2中在数字序号“4.31”前面有“※”标识。《指导原则》中的关键项目共有28项。

4.“一般项目中不符合要求的项目数比例”的计算方法 《指导原则》所指的一般项目中不符合要求的项目数比例，其计算方法如下。

$$一般项目中不符合要求的项目数比例=\frac{一般项目中不符合要求的项目数}{一般项目数总数-一般项目中确认的合理缺项项目数}\times 100\%$$

例如：假设某企业应符合关键项目数总数为28项，一般项目数总数为54项。经过检查发现有3个一般项目中确认的合理缺项，0个关键不符合项，4个一般不符合项，那么该企业的“一般项目中不符合要求的项目数比例”计算过程如下。

一般项目中不符合要求的项目数=4，一般项目数总数=54，一般项目中确认的合理缺项项目数=3，代入上面的计算式子中，即可得出比例。

$$一般项目中不符合要求的项目数比例=\frac{4}{54-3}\times 100\% \approx 7.84\%$$

四、检查结论与判定

现场检查时，应依据《指导原则》逐项进行检查，根据检查结果，进行判定。判定准则如下。

（1）在对第三类医疗器械批发/零售经营企业经营许可（含变更和延续）的现场核查中。

1）通过检查　经营企业适用项目全部符合要求的为“通过检查”。

2）未通过检查　有关键项目不符合要求或者一般项目中不符合要求的项目数＞10%的为“未通过检查”。药品监管部门根据审查情况，做出是否准予许可的书面决定。

3）限期整改　关键项目全部符合要求，一般项目中不符合要求的项目数≤10%的为“限期整改”，企业应当在现场检查结束后30天内完成整改并向原审查部门一次性提交整改报告。经复查后，整改项目全部符合要求的，药品监管部门做出准予许可的书面决定；在30天内未能提交整改报告或复查仍存在不符合要求项目的，药品监管部门做出不予许可的书面决定。

（2）在对医疗器械经营企业的各类监督检查和第二类医疗器械批发/零售经营企业经营备案后的现场核查中。

1）通过检查　经营企业适用项目全部符合要求的为“通过检查”。

2）限期整改　有项目不符合要求的为“限期整改”。

（3）检查中发现违反《医疗器械监督管理条例》和《医疗器械经营监督管理办法》有关规定的，应依法依规处理。

五、现场检查输出

1.现场检查表　现场检查时，应依据《指导原则》逐项进行检查，并填写“附件1《医疗器械经营质量管理规范现场检查表》”（图10-1），记录清楚企业的基本信息，以及检查日期、检查类型和检查依据，并将检查过程中发现的不符合项进行记录和描述；之后统计不符合要求的项目数及一般项目总数等，并确认合理缺项数，按照前述方法计算出“一般项目中不符合要求的项目数比例”。

最后，检查组成员签字、被检查企业负责人签字、盖章。

附件1

医疗器械经营质量管理规范现场检查表

企业名称				
组织机构代码				
法定代表人				
经营场所				
库房地址				
经营方式	□批发　□零售　□批零兼营			
检查日期	____年____月____日			
检查类型	□首次许可　□变更许可　□延续许可　□其他			
	□首次备案　□变更备案　□其他			
	□监督检查			
	□限期整改后复查			
检查依据	□医疗器械经营质量管理规范 □其他			

不符合项目	序号	不符合项条款号（关键项目前加※）	不符合项描述
	不符合项：关键项__项，一般项__项。 一般项目中确认的合理缺项__项。 一般项目中不符合要求的项目数比例__%。		
检查组成员签字	组员		
	组长		观察员
经营企业确认检查结果	经营企业负责人签字（公章） 年　月　日		
备注			

图10-1　医疗器械经营质量管理规范现场检查表

2.现场检查报告　填写完《医疗器械经营质量管理规范现场检查表》后，检查组还应填写“附件2《医疗器械经营质量管理规范现场检查报告》”（图10-2）。首先由检查组给出被检查企业实施《规范》的评价意见，然后做出检查结论，最后由检查组成员签字确认。

附件1

医疗器械经营质量管理规范现场检查报告

一、检查组对企业实施《医疗器械经营质量管理规范》的评价意见
二、检查组建议
□通过检查　□未通过检查 □限期整改：应在____年____月____日前完成整改 □其他：
三、检查组成员签字
组长： 组员： 检查日期：

图10-2　医疗器械经营质量管理规范现场检查报告

PPT

第二节　现场检查时涉及的其他规范性文件

医疗器械产品种类繁多，产品特性复杂。截至2017年9月，在发布《医疗器械分类目录（2017年版）》之前，我国约有7.7万余个医疗器械注册证和3.7万个医疗器械备案凭证，大至医用磁共振设备、X射线计算机体层摄影设备（CT），小至棉签、医用防护口罩，都属于医疗器械。数量庞大的医疗器械，涉及机械、电子、物理、生物、材料、计算机、人工智能等诸多学科和领域，这种复杂的组合技术导致医疗器械的产品质量特性存在巨大差异。因此也决定了医疗器械管理的复杂性。

除了种类繁多，医疗器械还存在着管理流程长的特点，很多经营医疗设备的企业，不仅需要将医疗器械采购、贮存、运输、交付给医疗机构，还需要在医疗机构现场进行安装与调试，乃至为医疗人员进行培训，以及设备使用过程中的维护和维修。因此，其管理流程比药品更长。

由此可见《指导原则》并不能完全和详尽地涵盖相关细节，因此在现场检查过程中，应以《指导原则》为总索引，但还需要参阅其他相关的规范性文件，在此罗列一些国家药品监督管理局发布的相关文件并加以说明。需要注意的是，法规、规范的更新是动态的，应以国家药品监督管理局、各省市监督管理部门发布的实时信息为准。

（一）《医疗器械经营企业分类分级监督管理规定》

文号：（食药监械监〔2015〕158号）

【主要内容】

为提高医疗器械经营企业监督管理科学化水平，明确各级食品药品监督管理部门的监管责任，提升监管效能，保证公众用械安全。

本规定中的分类分级监督管理，是指食品药品监督管理部门根据医疗器械的风险程度、医疗器械经营企业业态、质量管理水平和遵守法规的情况，结合医疗器械不良事件及产品投诉状况等因素，将医疗器械经营企业分为不同的类别，并按照属地监管的原则，实施分级动态管理的活动。

医疗器械经营企业分为三个监管级别。

三级监管为风险最高级别的监管，主要是对医疗器械经营环节重点监管目录涉及的经营企业，为其他医疗器械生产经营企业提供贮存、配送服务的经营企业，上年度存在行政处罚且整改不到位和存在不良信用记录的经营企业进行的监管。

二级监管为风险一般级别的监管，主要是对除三级监管外的经营第二、三类医疗器械的批发企业进行的监管。

一级监管为风险较低级别的监管，主要是对除二、三级监管外的其他医疗器械经营企业进行的监管。

医疗器械经营企业涉及多个监管级别的，按最高级别对其进行监管。

设区的市级食品药品监督管理部门应结合监管实际，依据确定的监管级别，制定本行政区域内医疗器械经营企业的监督检查频次和覆盖率，原则要求如下。

（1）实施三级监管的经营企业，设区的市级食品药品监督管理部门组织每年检查不少于一次，角膜接触镜类和计划生育类产品各地可根据监管需要确定检查频次。对整改企业跟踪检查覆盖率要达到100%，直至企业整改到位。

（2）实施二级监管的经营企业，县（区）级食品药品监督管理部门每两年检查不少于一次。对整改企业跟踪检查覆盖率要达到100%，直至企业整改到位。

（3）实施一级监管的经营企业，县（区）级食品药品监督管理部门按照有关要求，随机抽取本行政区域内30%以上的企业进行监督检查，3年内达到全覆盖。

【现场检查相关性】

用于确定针对不同情况下的医疗器械经营企业的风险级别判定，进而确定该医疗器械经营企的监管频次。

（二）《医疗器械经营环节重点监管目录及现场检查重点内容》

文号：（食药监械监〔2015〕159号）

【主要内容】

针对无菌类、植入材料和人工器官类、体外诊断试剂类、角膜接触镜类、设备仪器类、计划生育类六大类产品，对其经营风险点和现场检查重点内容做出规定（图10-3）。

附件

医疗器械经营环节重点监管目录及现场检查重点内容

类别	品种（类）目录	经营环节风险点	现场检查重点内容
一 无菌类	1.一次性使用无菌注射器（含自毁式、胰岛素注射、高压造影用） 2.一次性使用无菌注射针（含牙科、注射笔用） 3.一次性使用输液器（含精密、避光、压力输液等各型式） 4.一次性使用静脉输液针 5.一次性使用静脉留置针 6.一次性使用真空采血器 7.一次性使用输血器 8.一次性使用塑料血袋 9.一次性使用麻醉穿刺包 10.人工心肺设备辅助装置（接触血液的管路、滤器等） 11.血液净化用器具（接触血液的管路、过滤/透析/吸附器械） 12.氧合器 13.血管内造影导管 14.球囊扩张导管 15.中心静脉导管 16.外周血管套管 17.动静脉介入导丝、鞘管 18.血管内封堵器械（含封堵器、栓塞栓子、微球） 19.医用防护口罩、医用防护服	1.合法资质 2.仓储管理 3.质量追溯	1.检查合法资质 （1）所经营产品是否取得医疗器械注册证、合格证明文件 （2）医疗器械经营许可证或备案凭证、营业执照，经营范围是否覆盖所经营产品 （3）供货者的医疗器械产生（经营）许可证或备案凭证、营业执照，经营范围是否覆盖所经营产品 （4）销售人员的授权书是否符合要求 2.检查仓储管理 （1）仓库设施设备及维护记录 （2）温湿度日常监控记录 （3）产品存储状态是否与说明书要求一致 （4）产品包装有否开封或破损 （5）效期预警记录 3.检查质量追溯 （1）计算机信息管理系统能否保证经营的产品可追溯（第三类） （2）供货者随货同行单 （3）进货验收记录 （4）出库复核查验记录 （5）销售记录（批发） （6）退货产品或不合格品的处置记录 （7）说明书和标签的内容是否与经注册的相关内容一致，是否存在标签标示不全、储存要求标示不请，进口产品是否有中文说明书、中文标签

图10-3 《医疗器械经营环节重点监管目录及现场检查重点内容》节选

【现场检查相关性】

在现场检查中，遇到无菌类、植入材料和人工器官类、体外诊断试剂类、角膜接触镜类、设备仪器类、计划生育类六大类产品时，《医疗器械经营环节重点监管目录及现场检查重点内容》提纲挈领且具针对性地对重点内容进行了阐述。便于检查人员在需要时快速地锁定问题与风险，也可以在许可和例行检查中，现场检查人员在逐条执行《指导原则》后，针对其经营产品类别，利用此《医疗器械经营环节重点监管目录及现场检查重点内容》进行复查与风险遗漏的识别。

（三）《医疗器械冷链（运输、贮存）管理指南》

文号：（2016年第154号公告）

【主要内容】

为保证医疗器械生产经营企业和使用单位在运输与贮存过程中使产品符合其说明书和标签标示的特定温度要求，特制定本指南。

冷链管理医疗器械是指在运输与贮存过程中需要按照说明书和标签标示要求进行冷藏、冷冻管理的医疗器械。本指南适用于医疗器械生产经营企业和使用单位对医疗器械运输与贮存的质量管理。

文件针对从事冷链管理医疗器械的收货、验收、贮存、检查、出库、运输等工作相关的人员、设备、校准验证、操作流程、制度以及应急预案等方面提出了更具针对性、更细致的要求。

【现场检查相关性】

在现场检查中，遇到该企业具备冷链医疗器械经营范围时，需要依据《医疗器械冷链（运输、贮存）管理指南》进行更加细致的检查与判定。

（四）《医疗器械网络销售监督管理办法》

文号：（国家食品药品监督管理总局令第38号）

【主要内容】

为加强医疗器械网络销售和医疗器械网络交易服务监督管理，保障公众用械安全，根据《中华人民共和国网络安全法》《医疗器械监督管理条例》《互联网信息服务管理办法》等法律、法规，制定本办法。

在中华人民共和国境内从事医疗器械网络销售、提供医疗器械网络交易服务及其监督管理，应当遵守本办法。

从事医疗器械网络销售的企业、医疗器械网络交易服务第三方平台提供者应当遵守医疗器械法规、规章和规范，建立健全管理制度，依法诚信经营，保证医疗器械质量安全。

从事医疗器械网络销售的企业，是指通过网络销售医疗器械的医疗器械上市许可持有人（医疗器械注册人或者备案人，以下简称持有人）和医疗器械生产经营企业。

医疗器械网络交易服务第三方平台提供者，是指在医疗器械网络交易中仅提供网页空间、虚拟交易场所、交易规则、交易撮合、电子订单等交易服务，供交易双方或者多方开展交易活动，不直接参与医疗器械销售的企业。

文件对医疗器械网络销售企业的类别以及相对应的备案要求、取证相关要求、页面展示要求、质量记录管理要求，以及储运医疗器械等提出要求。

【现场检查相关性】

在现场检查中，遇到该企业具有网络销售行为时，需要依据《医疗器械网络销售监督管理办法》进行检查与判定。

（五）《医疗器械召回管理办法》

文号：（国家食品药品监督管理总局令第29号）

【主要内容】

为加强医疗器械监督管理，控制存在缺陷的医疗器械产品，消除医疗器械安全隐患，保证医疗器械的安全、有效，保障人体健康和生命安全，制定本办法。中华人民共和国境内已上市医疗器械的召回及其监督管理，适用本办法。

本办法所称医疗器械召回，是指医疗器械生产企业按照规定的程序对其已上市销售的某一类别、型号或者批次的存在缺陷的医疗器械产品，采取警示、检查、修理、重新标签、修改，并完善说明书、软件更新、替换、收回、销毁等方式进行处理的行为。

医疗器械经营企业、使用单位发现其经营、使用的医疗器械可能为缺陷产品的，应当立即暂停销售或者使用该医疗器械，及时通知医疗器械生产企业或者供货商，并向所在地省、自治区、直辖市食品药品监督管理部门报告；使用单位为医疗机构的，还应当同时向所在地省、自治区、直辖市卫生行政部门报告。

文件对医疗器械召回涉及的医疗器械缺陷的调查与评估、主动召回、责令召回、法律责任等进行了规定和明确。

【现场检查相关性】

在现场检查中，检查企业相关医疗器械召回的制度流程及实施记录时，需要依据《医疗器械召回管理办法》进行更加详细的检查与判定。

（六）《医疗器械通用名称命名规则》

文号：（国家食品药品监督管理总局令第19号）

【主要内容】

规范医疗器械通用名称的命名对于准确识别、正确使用医疗器械至关重要，是医疗器械监管的重要基础性工作。医疗器械产品种类繁多、组成结构差异较大，医疗器械命名管理的总体思路是“规则统领、术语支持、数据库落地”。按照上述要求，需要建立一个“规则-术语-通用名称数据库”架构的医疗器械命名系统。出台通用名称命名规则，可以对目前产品名称中存在的词语结构、禁用词等问题进行规范，解决因命名不准确、不科学而导致的医疗器械名称混乱、误导识别等问题；在此基础上，分领域建立命名术语和通用名称数据库，对通用名称的层次、顺序、术语等进行系统规范，逐步实现医疗器械命名规范化管理。

文件明确了命名应当遵循的原则、通用名称的内容要求和组成结构，并对核心词和特征词的内容进行了限定和说明，明确了通用名称的禁止性内容等。

【现场检查相关性】

在现场检查中，检查企业相关经营产品时，需要依据《医疗器械通用名称命名规则》进行检查与识别，名称不符合通用名称命名规则的，应延伸至上游生产企业进行溯源核查。

（七）《医疗器械分类目录》

文号：（2017年第104号公告）

【主要内容】

医疗器械分类管理是国际通行的管理模式，科学合理的医疗器械分类是医疗器械注册、生产、经营、使用全过程监管的重要基础。

新《医疗器械分类目录》按照医疗器械技术专业和临床使用特点分为22个子目录，子目录由一级产品类别、二级产品类别、产品描述、预期用途、品名举例和管理类别组成。判定产品类别时，应当根据产品的实际情况，结合新《医疗器械分类目录》中产品描述、预期用途和品名举例进行综合判定。新《医疗器械分类目录》主要特点如下。

（1）架构更具科学性，更切合临床实际。借鉴美国以临床使用为导向的分类体系，参考《欧盟公告机构用框架目录》的结构，将原来《医疗器械分类目录》的43个子目录整合精简为22个子目录，将260个产品类别细化调整为206个一级产品类别和1157个二级产品类别，形成三级目录层级结构。

（2）覆盖面更广泛，更具指导性和操作性。增加2000余项产品预期用途和产品描述，将原来《医疗器械分类目录》1008个产品名称举例扩充到6609个。

（3）合理调整产品管理类别，提升了产业现状与监管实际的适应性，为优化监管资源配置提供了依据。根据产品风险程度和监管实际，对上市时间长、产品成熟度高及风险可控的40种医疗器械产品降低管理类别。

【现场检查相关性】

在现场检查中，检查企业相关经营产品时，随着新旧目录的切换，将会遇到不同时期的《医疗器械经营许可证》以及《医疗器械经营企业许可证》，其上载明的医疗器械注册证号以及经营范围的经营类别，需要依据《医疗器械分类目录》进行检查与识别，详细识别其产品类别与经营范围的合规性。

（八）《医疗器械不良事件监测和再评价管理办法》

文号：（国家市场监督管理总局令第1号）

【主要内容】

医疗器械不良事件监测是实施医疗器械上市后监管的重要工作内容，是强化医疗器械全生命周期科学监管，提高监管成效的重要举措。

为加强医疗器械不良事件监测和再评价，及时、有效控制医疗器械上市后风险，保障人体健康和生命安全，制定本办法。在中华人民共和国境内开展医疗器械不良事件监测、再评价及其监督管理，适用本办法。

文件对医疗器械不良事件监测和再评价的职责与义务，以及医疗器械不良事件报告与评价、个例医疗器械不良事件、群体医疗器械不良事件、定期风险评价报告、重点监测、风险控制、再评价、监督管理、法律责任等进行了明确规定。

【现场检查相关性】

在现场检查中，检查企业相关医疗器械不良事件监测的制度流程及实施记录时，需要依据《医疗器械不良事件监测和再评价管理办法》进行更加详细的检查与判定。

PPT

第三节　属地化管理原则下的检查依据

依据《医疗器械监督管理条例》（国务院令第276号）中第三条“国务院药品监督管理部门负责全国医疗器械监督管理工作。国务院有关部门在各自的职责范围内负责与医疗器械有关的监督管理工作”和第四条“县级以上地方人民政府应当加强对本行政区域的医疗器械监督管理工作的领导，组织协调本行政区域内的医疗器械监督管理工作以及突发事件应对工作，加强医疗器械监督管理能力建设，为医疗器械安全工作提供保障。县级以上地方人民政府负责药品监督管理的部门负责本行政区域的医疗器械监督管理工作。县级以上地方人民政府有关部门在各自的职责范围内负责与医疗器械有关的监督管理工作”。

我国的医疗器械经营企业监管具有属地化特点，因此在国家局制定的《办法》《规范》以及

《指导原则》的框架下，各省市还会依据属地的经济与企业现状，制定属地化的规范性文件，以指导属地的监管工作。

以北京市为例。北京市药品监督管理局就依据本市情况，制定了属地化的监管细则，及相关附录。相关文件目录如下。

《北京市〈医疗器械经营监督管理办法〉实施细则（2017年修订版）》

附件1：北京市《医疗器械经营质量管理规范》现场检查评定细则

附录1：计算机信息管理系统检查评定细则

附录2：经营企业为其他生产经营企业提供医疗器械贮存、配送服务现场检查评定细则

附录3：医疗器械经营企业冷链产品贮存、运输管理检查评定细则

附件2~11：各种办事表格

上海、广州、武汉、湖南等很多省市，也都依据自身情况，出台了属地的管理细则以及检查细则，因此在这些地区进行现场检查时，还应遵循属地的管理实施细则。

PPT

第四节　现场检查过程的 PDCA

按照国际通用的质量体系审核《ISO 19011—2018管理体系审核指南》的要求，其中第6章对实施审核进行了比较详细的描述与规定，其目录结构如图10-4所示。

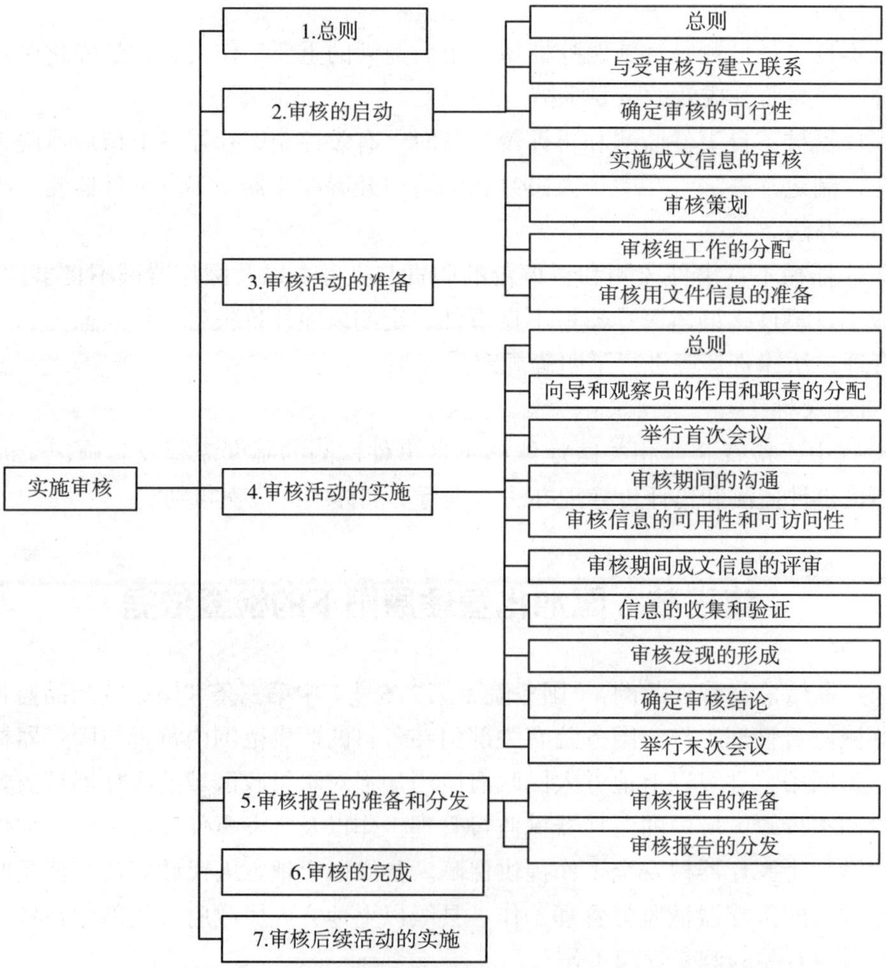

图10-4 《ISO 19011—2018管理体系审核指南》第6章目录结构

在医疗器械经营企业的现场检查中，虽然没有非常具体的流程规定，但实施过程也大体采用此方式实施，依据PDCA的闭环管理逻辑分为审核准备、审核实施、审核报告及审核后续活动等四个部分。

一、审核准备

（一）与受审核方建立联系

除了不预先告知的飞行检查之外，一般在审核前，检查组长需要与受检查单位进行联系，以明确审核时间以及审核的可行性；并应对现场检查过程中企业所需在场的人员以及相关条件，提出要求。

知识链接

飞行检查

根据《药品医疗器械飞行检查办法》（国家食品药品监督管理总局令第14号）中的定义，药品医疗器械飞行检查，是指药品监督管理部门针对药品和医疗器械研制、生产、经营、使用等环节开展的不预先告知的监督检查。

国家药品监督管理局负责组织实施全国范围内的药品医疗器械飞行检查。地方各级药品监督管理部门负责组织实施本行政区域的药品医疗器械飞行检查。

药品医疗器械飞行检查应当遵循依法独立、客观公正、科学处置的原则，围绕安全风险防控开展。药品监督管理部门及有关工作人员应当严格遵守有关法律法规、廉政纪律和工作要求，不得向被检查单位提出与检查无关的要求，不得泄露飞行检查相关情况、举报人信息及被检查单位的商业秘密。

被检查单位对药品监督管理部门组织实施的药品医疗器械飞行检查应当予以配合，不得拒绝、逃避或者阻碍。

（二）审核活动的准备

审核准备需要确认审核组构成，包括审核组人员、时间以及审核员的资格，确定后，进行审核组内部的工作及时间分工，与组内其他审核员沟通一致。

在以上取得一致后，审核组应对需要被审核企业的文件资料进行审阅，包括但不限于以下情况。

1.未获证企业　企业的申请资料。

2.已获证企业　《医疗器械经营许可证》或备案凭证；医疗器械经营企业往年的年报；医疗器械经营企业往年的现场检查情况；医疗器械经营企业往年的抽查、违法违规及通报情况；其他需要的资料。

依据《医疗器械经营监督管理办法》第十条，从事第三类医疗器械经营的企业应提交的资料包括：法定代表人（企业负责人）、质量负责人身份证明、学历或者职称相关材料复印件；企业组织机构与部门设置；医疗器械经营范围、经营方式；经营场所和库房的地理位置图、平面图、房屋产权文件或者租赁协议复印件；主要经营设施、设备目录；经营质量管理制度、工作程序等文件目录；信息管理系统基本情况；经办人授权文件。

二、现场检查实施

（一）首次会议

检查组到达现场后，一般会召集企业相关人进行一个简短的首次会议，会议内容包括宣读声明、明确检查目的和检查计划，由检查组长主持并介绍检查组成员，企业负责人介绍概况及企业受审核人员等。

（二）现场检查

依据现场审核时间和内容，一般审核组会分组实施审核。依据《规范》，参照《指导原则》以及属地化的细则文件，逐项对企业的实施情况进行检查。

检查通常采用询问、现场查看、调阅计算机系统、调阅记录单等方式，逐条款确认企业的实施与规范的要求是否符合。

针对一些设备功能类的检查，还可以采用模拟检查的方式，例如针对冷库中的温湿度监测探头的工作状态，可以采用对其探头进行温湿度干扰的方式，测试其探头在温湿度超范围时，是否会依据规范和相关文件要求，进行相关的监测、报警与补偿措施。由于此温湿度超标点会在温湿度系统中进行自动记录，因此应在超标记录中记录相应的测试原因，避免造成后续客户及其他相关方对此超标点的困扰。

针对一些计算机系统功能类的检查，可以采用查看权限表、查阅基础档案、搜索单据、核对计算机记录、查看备份日志等方式，对相关要求进行检查与核实。

针对一些高风险产品以“穿行测试”的方式进行检查，例如从流程末端的运输记录中抽查某批次产品，然后向上延伸至此批次产品从首营、采购合同、采购单、入库验收、在库贮存、在库检查、销售合同、销售单、出库复核记录、出库记录；通过“穿行测试”的方法，可以更流程化和系统化地检查企业的流程管理能力，也可增加抽样的随机性和主观性，更有利于发现问题。

（三）审核期间的沟通

通过不同的检查方法，审核组完成了相关检查任务后，审核组各位成员间应进行沟通。对于各自检查项目特别是不符合项进行陈述，审核组成员之间可以针对检查的内容进行相互求证，若发现存在信息矛盾和不一致时，可以进行更深入的核实与延伸检查。

三、不符合项描述

针对不符合项的描述，应考虑如下内容：描述或引用审核准则；审核证据；不符合陈述；相关的审核发现（适当时）。

表10-3是摘录自某市药品监督管理部门公示的检查公告内容，供读者学习参考其中关于不符合项的描述。

表10-3　某药品监督管理部门的检查公告（检查日期：2018年12月13日）

不符合项条款号	不符合项描述
《规范》第五条	企业当场未能提供质量负责人屈某的任命文件
《规范》第九条	企业未按照质量管理制度建立进货查验（包括采购、验收）记录、医疗器械召回记录
《规范》第十二条	企业《医疗器械经营许可证》经营范围包括：6846植入材料和人工器官、6877介入器材，企业未配备医学相关专业大专以上学历，并经过生产企业或供应商培训的人员

续表

不符合项条款号	不符合项描述
《规范》第十四条	企业现场提供的培训记录内容中《医疗器械监督管理条例》为2000年版废止法规，未对现行《医疗器械监督管理条例》等法律法规开展培训
《规范》第十五条	企业提供的员工健康证已于2018年12月4日到期。现场未能提供其他有效的健康证明
《规范》第十九条	库房未按《规范》要求设立发货区
《规范》第二十一条	库房未配备防虫、防鼠的设施设备
《规范》第二十八条	企业未对库房内的温湿度计进行定期校准
《规范》第三十条	企业在用的计算机管理系统为“×××Ⅱ”。该系统不具有：①医疗器械验收、出库、复核等环节的质量控制功能；②对库存医疗器械的有效期进行自动跟踪和控制功能；③医疗器械近效期预警及超过有效期自动锁定等功能
《规范》第三十三条	企业现场提供了供货者北京某科贸有限公司随货同行单，但未与其签署采购合同或协议
《规范》第三十三条	经查企业由天津某科技发展有限公司购进“便携式数字化彩色超声诊断仪”。企业与该供货者签订的购销合同中缺少“注册证号”的内容，且合同中产品名称写为“彩色超声诊断系统”，与《医疗器械注册证》产品名称不一致
《规范》第三十六条	经查企业由天津某医疗器械有限公司购进牙科综合治疗机。该供货者提供的销货单中缺少“储运条件”和“收货地址”的内容，但企业在收货时，未采取相应措施
《规范》第三十八条	经查企业《采购验收入库记录》，牙科综合治疗机的验收记录中未填写“注册证号”“生产批号或者序列号”“有效期”“生产企业”等内容
《规范》第四十七条	经查企业《员工花名册》，闫某某为销售人员。企业未提供该销售人员的授权书底根，且授权书中未载明授权销售的地域
《规范》第四十八条	经查企业《企业销售记录表》（2018年11月20日），牙科综合治疗机的销售记录中未填写“注册证号”“生产批号或者序列号”“有效期”“生产企业许可证号”等内容
《规范》第五十一条	出库复核记录未填写注册证号或备案凭证编号等内容

四、确定审核结论

审核组组长需要确认审核组所实施的检查内容是否完整、齐全。确认无须再补充审核后，审核组应填写《医疗器械经营质量管理规范现场检查表》，明确不符合项以及不符合项内容的描述；之后将不符合项按照关键项、一般项进行加和，并确认合理缺陷项数，进而计算出一般不符合项目数比例。

审核组应填写《医疗器械经营质量管理规范现场检查报告》，针对被检查企业对实施规范的评价意见，并做出检查结论。

五、末次会议

现场检查结束前，会召集企业相关人员进行一个简短的末次会议，会议内容包括宣读声明、明确检查过程中发现的不符合项以及宣布检查结论，末次会议上企业人员可以对所发现的不符合项提出异议。若需要补充相关材料或补充审核等，由审核组长安排。

审核组和企业不存在异议后，双方在《医疗器械经营质量管理规范现场检查表》《医疗器械经营质量管理规范现场检查报告》上签字、盖章确认。

六、审核后续活动

（一）限期整改

限期整改的企业，应当在现场检查结束后30天内完成整改并向原审查部门一次性提交整改报告。经复查后，整改项目全部符合要求的，药品监督管理部门做出准予许可的书面决定；在30天内未能提交整改报告或复查仍存在不符合要求项目的，药品监督管理部门做出不予许可的书面决定。

（二）违法违规

检查中发现违反《医疗器械监督管理条例》和《医疗器械经营监督管理办法》有关规定的，应依法依规处理。

本章小结

本章主要以《指导原则》的应用为主线进行了相关内容的介绍，包括对一般项、关键项及合理缺项的解释，“一般项目中不符合要求的项目数比例”的计算方法，以及检查结论与判定。

在现场检查时，应根据经营企业的经营范围参考国家药品监督管理局发布的其他规范性文件，以及属地化管理原则下地方药品监督管理局的相关文件。

现场检查一般过程：审核准备→现场检查实施→不符合项描述→确定审核结论→末次会议→审核后续活动。

由于《指导原则》是从监管的角度来提要求的，因此本章亦从这个角度描述检查内容和过程。企业完全可以借此开展自查，查漏补缺，并熟悉检查流程，以提高应对实际检查的水平，为顺利通过检查奠定基础。

习题

习题

一、单项单选题

1. 在《医疗器械经营质量管理规范现场检查指导原则》中，在条款列的序号前有（　）标记的为关键项。

A.*　　B.★　　C.△　　D.※

2. 某企业应符合关键项目数总数为28项，一般项目数总数为54项。经过检查发现有4个一般项目中确认的合理缺项，0个关键不符合项，5个一般不符合项，那么该企业的“一般项目中不符合要求的项目数比例”为（　）%。

A. 9.26　　B. 10.0　　C. 7.40　　D. 6.10

3. 接上一题，若该企业从事第三类医疗器械批发，上述情况是在对其进行经营许可的现场核查中发生的，那么根据上述检查结果，应判定该企业（　）。

A. 通过检查　　B. 未通过检查　　C. 限期整改　　D. 不予许可

4. 按《医疗器械经营企业分类分级监督管理规定》，医疗器械经营企业分为（　）个监管级别。

A. 2　　B. 3　　C. 4　　D. 5

5.《医疗器械经营环节重点监管目录及现场检查重点内容》针对（　）大类产品的经营风险点和现场检查重点内容，做出了规定。

A. 5　　B. 6　　C. 7　　D. 8

6. 在现场检查中，若该企业有网络销售行为，需要依据（　）进行检查与判定。

A.《医疗器械网络销售监督管理办法》

B.《医疗器械经营企业分类分级监督管理规定》

C.《医疗器械经营环节重点监管目录及现场检查重点内容》

D.《医疗器械不良事件监测和再评价管理办法》

7. 针对一些高风险产品，以（　）方式进行检查。

A. 模拟检查　　B. 穿行测试　　C. 询问　　D. 现场查看

8. 审核组完成了相关检查任务后，若发现存在信息矛盾和不一致，应（　）

A. 由组长做出选择　　B. 组员投票决定

C. 客观记录这些信息　　D. 进行更深入的核实与延伸检查

9. 限期整改的企业，应当在现场检查结束后（　）天内完成整改并向原审查部门一次性提交整改报告。

A. 15　　B. 20　　C. 30　　D. 60

二、简答题

1. 如何确定合理缺项？

2. 现场检查时参照的规范或文件有哪些？

（赵　宇）

参考答案

第一章

1.A　2.B　3.A　4.C　5.A　6.C　7.D　8.A

第二章

1.C　2.D　3.C　4.D　5.B　6.B　7.B　8.B　9.A　10.C

第三章

1.B　2.B　3.D　4.D　5.D　6.D　7.B　8.A　9.C　10.C

第四章

1.D　2.B　3.D　4.D　5.D　6.A　7.A　8.D　9.A　10.D

第五章

1.C　2.B　3.D　4.A　5.B　6.D　7.A　8.B　9.A　10.B

第六章

1.A　2.C　3.B　4.D　5.C　6.C　7.B　8.D　9.B　10.C

第七章

1.D　2.D　3.C　4.D　5.C　6.B　7.C　8.A　9.D　10.C

第八章

1.D　2.C　3.C　4.B　5.D　6.B　7.C　8.B　9.C　10.B

第九章

1.B　2.B　3.B　4.B　5.C　6.C　7.D　8.C　9.B　10.B

第十章

1.D　2.B　3.C　4.B　5.B　6.A　7.B　8.D　9.C